BASTEI
LÜBBE

Elizabeth Fuller

Wenn du den Emu am Himmel siehst

Ins Deutsche übertragen
von Hartmut Huff

BASTEI
LÜBBE

BASTEI-LÜBBE-TASCHENBUCH
Band 14303

Erste Auflage: Februar 2000

Deutsche Erstveröffentlichung

Originaltitel: When You See the Emu in the Sky
Originalverlag: William Morrow and Company, Inc., New York
Karten: David Cain

Einbandgestaltung: QuadroGrafik, Bensberg
Titelfoto: Image Bank
Satz: hanseatenSatz-bremen, Bremen
Druck und Verarbeitung: Ebner Ulm
Printed in Germany
ISBN 3-404-14303-5

FÜR REUEL
und zum Gedächtnis an
RANDY ALLEN (1957 – 1995)
und
für Max Eulo und all meine Freunde
in Enngonia

DARWIN
INDIAN
OCEAN
STUART
NORTHERN
HGHWY
TERRITOR
WESTERN
ALICE SPRINGS
AYERS ROCK
(ULURU NATIONAL PARK)
SOUTH
AUSTRALIA
AUSTRALIA
PERTH
0 100 200 400 Miles

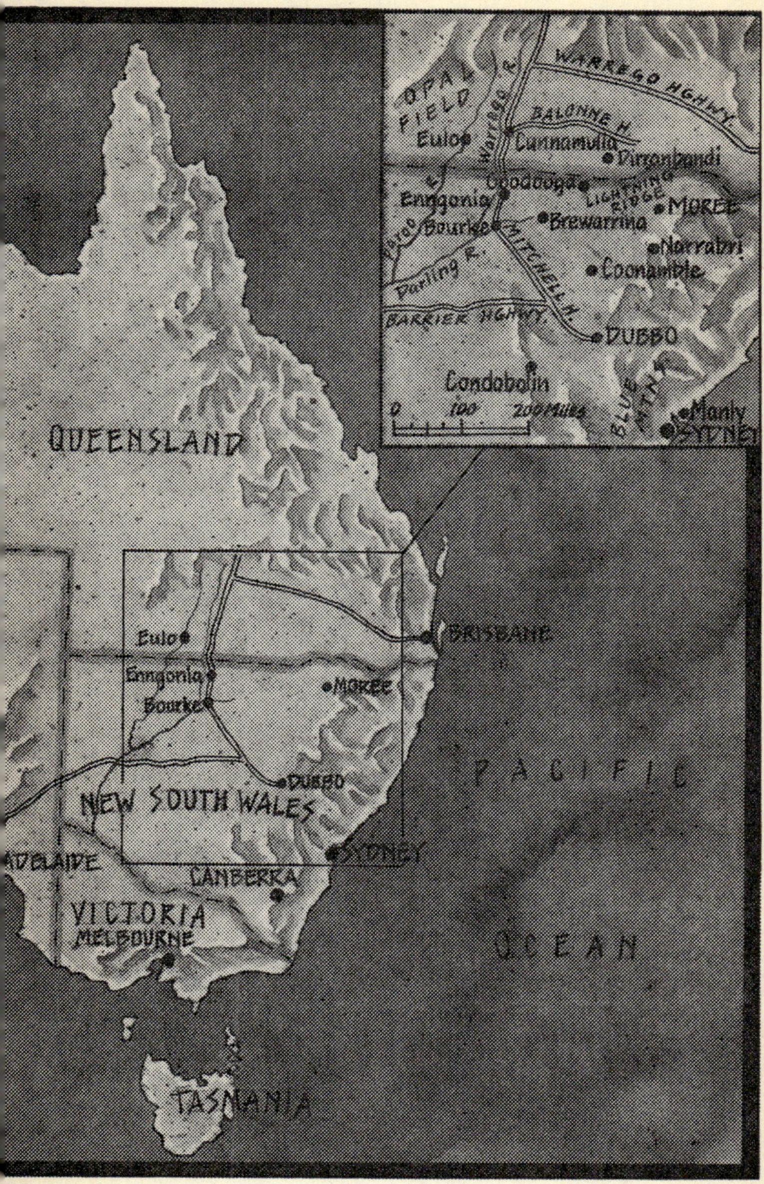
OPAL FIELD
WARREGO HGHWY.
BALONNE H.
Eulo
Cunnamulla
Dirranbandi
Goodooga
LIGHTNING RIDGE
Enngonia
MOREE
Bourke
Brewarrina
Narrabri
Darling R.
MITCHELL H.
Coonamble
BARRIER HGHWY.
DUBBO
Condobolin
0 100 200 Miles
Manly
SYDNEY
QUEENSLAND
Eulo
BRISBANE
Enngonia
MOREE
Bourke
DUBBO
PACIFIC
NEW SOUTH WALES
SYDNEY
ADELAIDE
CANBERRA
VICTORIA
MELBOURNE
OCEAN
TASMANIA

Danksagungen

Meinen herzlichsten Dank an Vater Ted Kennedy, Schwester Dorothy und Schwester Pat für all die Freundlichkeit, die sie mir während meines Aufenthaltes in Australien erwiesen.

Dazu gilt drei weiteren Freunden aus dem Down Under meine Dankbarkeit – Joan und Tony Kenrick und Anthony Gaha, die unermüdlich die Rechtschreibung der Aborigines-Worte in dem Manuskript prüften.

Auf dieser Seite des Globus möchte ich Gerald und John Dorman, meinen zwei wundervollen Stiefsöhnen, danken. Gerald dafür, daß er mir seinen Laptop-Computer zur Verfügung stellte, nachdem meiner den Geist aufgegeben hatte, und John dafür, daß er Chris immer bereitwillig zu Golfplätzen fuhr und ihn dort abholte, wenn er da war, so daß ich ohne Unterbrechung schreiben konnte. Ich möchte auch nicht meine Freundin Mary Ann Roehm vergessen, die ebenfalls mehr als genug für mich gefahren ist.

Dank an meine Literaturagentin Roberta Pryor, die die glänzende Idee hatte, den Vorschlag für diese Geschichte an Liza Dawson zu schicken. Und Dank an Liza, weil sie ihr gefiel, sie kaufte und sie Elmer Luke weitergab, meinem brillanten, klugen und geduldigen

Verleger, der diese Geschichte, die mir so sehr am Herzen liegt, bis zu ihrer Vollendung lenkte. Nicht zuletzt möchte ich meinem Sohn Christopher dafür danken, daß er soviel Vertrauen zu mir hatte – nun ja, irgendwie –, mich tief in das Outback zu begleiten. Und, ach ja, Dank auch dafür, Christopher, daß Du darauf verzichtet hast, mein Büro als Putting Grün zu benutzen, während ich schrieb!

Anmerkung des Übersetzers

Englischen oder amerikanischen Slang ins Deutsche zu übersetzen ist für jede Übersetzerin, jeden Übersetzer zuweilen problematisch. Zu leicht gleitet man bei der Wortwahl in Falsches oder Komisches ab. Der Text leidet oft bei der Übertragung, der Adaption, weil manches nicht übertragbar ist, vieles zu landestypisch und mithin uns fremd. Verkrampft gesuchte deutsche Pendants, gesuchte Umgangssprache und dergleichen mehr können nur lächerlich wirken und dem Original schaden.

Dieses wundervolle Buch lebt nicht nur vom Australenglisch, das sich vom englischen und amerikanischen Englisch unterscheidet, sondern mehr noch vom Australenglisch-Idiom der Aborigines, der Ureinwohner Australiens, das eigenen Sprachgesetzen unterliegt. Nicht von ungefähr hat Liz Fuller dieses Aborigines-Australenglisch auf Rechtschreibung überprüfen lassen.

Das Aborigines-Idiom mit seiner ihm eigenen Schreibweise ist nicht ins Deutsche übertragbar. Ich habe deshalb bei den Dialogen auf Pseudoslang bzw. eine entsprechende Schreibweise verzichtet und diese ins Hochdeutsche übersetzt in der Hoffnung, daß die gewählte Form alles das vermittelt, was Liz Fuller zu sagen hat. Ich denke, daß dies an ihrer Botschaft nichts ändert.

1. Kapitel

Die Sonne hatte gerade begonnen unterzugehen und verwandelte den Himmel, der sich über dem weiten, flachen westlichen Horizont wölbte, in ein surrealistisches Rot. Es war die schönste, aber auch die gefährlichste Zeit, um im australischen Outback zu fahren. Bei Sonnenuntergang und in der Morgendämmerung sind die Känguruhs unterwegs. Sie sind nicht gefährlich, aber sie springen auf die Straße, als gehörte sie ihnen. Ein Riesenkänguruh kann bis zu vier Zentner wiegen und bei jedem sich bewegenden Fahrzeug ebensoviel Schaden anrichten wie umgekehrt.

In Australiens unermeßlich weitem Inneren ist es nicht ungewöhnlich, daß man Hunderte von Meilen fährt, ohne ein anderes Auto oder ein Haus oder eine Tankstelle zu sehen. Reisenden wird geraten, viel in Flaschen abgefülltes Wasser mitzunehmen und die Fahrt in einer Karawane zu machen. Selbst die riesigen Lastzüge fahren zu viert, fünft oder sechst in einer Kolonne. Sie werden ›road trains‹, Straßenzüge, genannt – eine Mischung aus einem Lastwagen und einem Zug. Jeder ist zehn oder zwölf Meter lang und zieht einen Anhänger, der ›dog‹ genannt wird. Manchmal sind sechs ›dogs‹ angehängt. Und wenn man diese Sattelschlepper über den Highway heranbrausen sieht, kann man nur schnellstens die Straße verlassen. Die Straßen sind so schnurgerade, daß man die Lastzüge über Meilen herankommen sehen kann. Gewöhnlich transportieren sie Vieh auf dreiachsigen Hängern. Wenn die Straßenzüge näherkommen und Staub, Steine und Viehmist aufwirbeln, machen die urigen Fahrer wie die Riesenkänguruhs nicht die geringsten Anstalten, einem Platz zu machen.

Trotz all dem fühlte ich mich mit Max an meiner Seite sicher. Max war ein vollblütiger Aborigine, im Outback geboren und aufgewachsen. Er kannte die *billibongs*, die Wasserlöcher im Busch, aus den feierlichen Liedern, die seine Mutter ihn und seine Geschwister gelehrt hatte, als sie sehr jung waren. Durch die winzigen Veränderungen der Windrichtung wußte er, wann und wo es regnen würde. Er wußte, wie man Kaninchen aufspürte, indem er einfach sein Ohr auf den Boden legte. Er wußte, wie man Eidechsen jagte und ›witchetty grub‹, Insektenlarven ausgrub. Und er wußte, welche Blumen mit Nektar gefüllt waren, den man trinken konnte, und welche einen binnen weniger Stunden umbrachten. Da Max bei uns war, waren wir unbesorgt. Auf der anderen Seite war es beruhigend zu wissen, daß der Kofferraum unseres Autos mit Wasservorräten und vertrauten Lebensmitteln gefüllt war. Bevor wir Sydney verließen, füllten Chris, mein zwölfjähriger Sohn, und ich eine Reisetasche mit Erdnußbutter, Rosinen, Robert-Tims-Kaffeebeuteln, Cadbury-Schokoladenriegeln, Instanthaferbrei, Schokoladenkeksen, kleinen Ecken von pasteurisiertem Käse, mit allem, was wir finden konnten, um den Hunger zu stillen, dies nur für den Fall, daß das Essen aus der freien Natur, das Max uns angekündigt hatte, nicht bekömmlich für uns war.

Wir hatten an diesem Morgen von Sydney aus eine sechsstündige Bahnfahrt begonnen, bei der wir in jedem Ort im Busch hielten, der während der Tage des Goldrausches im letzten Jahrhundert gegründet worden war. Als wir in Dubbo ankamen, einer recht großen Outback-Stadt, vierhundert Kilometer nordwestlich von Sydney gelegen, holte uns ein Mann vom Mietwagenverleih ab. Auf einem der Formulare, die ich zu unterschreiben hatte, stand fett gedruckt, daß ich für die ersten tausend Dollar des Schadens aufkommen müsse, falls ich mit einem Känguruh zusammenstieße. »Wie oft passiert das denn?« fragte ich.

»Ein armer kanadischer Kerl hat gerade gestern eins erwischt«, sagte er und ließ eine Spur von Mitgefühl erkennen.

»Was hat er mit dem toten Känguruh gemacht?« fragte mein Sohn.

Der Mann war zu sehr damit beschäftigt, meinen Paß, mein Visum und meinen in Connecticut ausgestellten Führerschein zu prüfen, um zu antworten.

Chris wollte das nicht auf sich beruhen lassen. Er versuchte es mit seinem besten Aussie-Akzent: »Hat er's auf den Grill gelegt?«

Der Agent nahm einen lungenzerfetzenden Zug aus seiner selbstgedrehten Zigarette und sagte: »Wer ist der Witzbold?«

»Der junge Bursche ist mein Kumpel«, meldete Max

sich zu Wort. »Ich bring' ihn und seine Mum nach Enngonia, wo mein Volk lebt. Bisher hatten wir noch nie Weiße bei uns.«

»Ach, ja?« sagte der Agent, rückte seinen Buschhut zurecht und musterte uns drei. Ich gewann den Eindruck, daß wir hier kein normaler Anblick waren.

Während Max und Chris nach draußen gingen, um mit dem Beladen des Wagens zu beginnen, beendete der Agent den Papierkram. »Dann macht also Ihr Aborigine-Begleiter eine Wanderung mit Ihnen«, sagte er, während er mir den Mietvertrag überreichte.

»Etwas in der Art«, erwiderte ich. Ich steckte die gelbe Kopie in meinen Paß und folgte ihm hinaus zu einem roten Holden, der zwischen einem Wagen mit verbeulter Front und einem Jeep mit einem ›roo bar‹ – einem Stahlrahmen, der als Schutz gegen Känguruhs vor den Kühlergrill montiert war –, stand. Der Jeep war doppelt so teuer wie der Holden.

»Is' draußen im Busch verdammt hart«, sagte er mit einem Blick auf den verbeulten Wagen und gab mir die letzte Gelegenheit, mich doch für den teuren Jeep mit Vierradantrieb zu entscheiden. »Können froh sein, daß Sie 'nen Reinblütigen dabei haben.« Er nickte respektvoll zu Max. Max lächelte und nickte zurück.

Während Max die Reifen untersuchte, warf der Agent einen Blick auf den Tachometer und kritzelte den Kilometerstand auf seine Handfläche. »Wie weit fahren Sie denn, Mum?«

Max meldete sich. »Back o'Bourke.«

»Oh, Back o'Bourke.« Der Agent saugte Luft ein, als ob er sich nicht einmal tot dorthin bringen lassen würde.

Es gibt eine in ganz Australien verbreitete Redewendung, daß jemand in Back o'Bourke lebt, wenn er sehr weit entfernt wohnt. Dafür gibt es einen guten Grund. Bourke ist der Punkt, von dem es keine Rückkehr gibt. Wagt man sich weiter, ist man im Land Back o'Bourke – im Jenseits. Jenseits des Tores zum Unbekannten. Aber für Max war es nicht das Jenseits. Es war das Land, in dem er aufgewachsen war – das Land, in dem er fischte, jagte und von der Traumzeit hörte, in der die Geister der Ahnen durch das Land zogen und Menschen, Tiere, Flüsse, Ozeane, Himmel, Berge und heilige Stätten schufen. Diese heiligen Stätten gibt es im Outback im Überfluß. Sie waren die Orte, an denen die Großen Geister auf ihrer Reise Rast machten. Für viele von uns westlichen Menschen ist die Traumzeit poetisch und lyrisch, für die Aborigines aber ist sie der Kern ihres Seins. Sie alle sind mit einem Ahnen verbunden.

Die Erde ist die Quelle des Lebens, und die Identität und Stellung des Aborigines in seinem Stamm gründet sich auf den Ort, an dem er geboren ist. Die Erde besitzt und beherrscht ihn – und nicht umgekehrt. Also müssen die Aborigines in Harmonie und Ausgeglichenheit leben. Max drückte das auf seine eigene Weise aus. »Wir sind die Verwalter unseres Landes. Wir nehmen nur, was wir brauchen. Keine Made zuviel. Wenn du mein Volk kennenlernst, wirst du verstehen, wie die Aborigines leben und denken.«

Ich hoffte nur, wenn Chris und ich Max' Volk kennenlernten, daß wir nichts tun oder sagen würden, was sie kränken könnte. Ich sagte Max dies, aber er war viel zu sehr mit dem Frühstücksmenü beschäftigt. Seine Schwester würde ihre Spezialität vorbereiten. »Erst wenn ihr Katies Weizenkuchen probiert habt, wißt ihr, was wirklich köstlich ist«, sagte Max und machte sich auf diese Weise selbst Appetit.

»Um wieviel Uhr wird gefrühstückt?« fragte Chris.

»Wann immer es dir dein Bauch sagt«, erwiderte Max. »Aborigines essen zu anderen Zeiten als Weiße.«

»Cool«, sagte Chris.

»Chris«, warf ich ein, »ich glaube, wir werden eine Menge neuer Dinge lernen, die cool sind.« Soviel wußte ich sicher. Aber was ich an diesem frühen Herbstabend, an dem wir in Max' knochentrockenes Dorf kamen, nicht wußte, war, warum zum Himmel ich überhaupt dort war. Ich wußte nicht, warum ich meinen Sohn mitten im Schuljahr aus dem Unterricht genommen hatte, und warum ich jeden gesparten Cent, mit dem später sein Collegebesuch finanziert werden sollte, für diese Reise ausgab. Eines aber wußte ich sicher. Max war völlig anders als jeder andere Mensch, den ich je kennengelernt hatte. Das hatte nichts mit seiner tiefschwarzen Haut und seinen kornblumenblauen Augen zu tun, oder damit, daß er im Outback geboren und aufgewachsen und ich in den weißen Vorstädten von Cleveland Heights erzogen worden war. Es war etwas viel Elementareres als das. Da war etwas hinter den Pforten seiner Augen, das mir zuwinkte. Von unserem ersten Hallo an konnte ich das Gefühl nicht abschütteln, daß wir aus einem bestimmten Grund zusammengekommen waren. Und so hatten wir uns binnen weniger kurzer Wochen meiner Begegnung mit Max auf eine Reise gemacht, die mich bald in eine Welt der Kraft, der

Mystik und tiefer spiritueller Bindung mit den Gesetzen des Universums ziehen sollte.

Zwei Monate zuvor, am 1. Februar 1995, hatten Christopher und ich auf dem JFK International Airport uns über den schmalen Gang der 767 des American Airways Flug 117 zu unseren Plätzen 38 A und B begeben. Wir waren wie L. L. Bean Lastmulis bepackt. Ich hatte eigentlich erwartet, daß einer der Flugbegleiter uns anhalten würde, weil wir mehr als die erlaubten zwei Stücke Handgepäck pro Person mit uns schleppten. Wir nahmen auf unseren Sitzen Platz, und Augenblicke später verkündete der Flugkapitän, daß wir starten würden. Die Glocke läutete, und das Flugzeug rumpelte über die Piste. Christopher begann sofort nach der Tüte zu greifen, die für Luftkrankheit bereit liegt. »Wir haben das Dramamine vergessen«, platzte er heraus und erbrach sich dann in den Plastikbeutel. Als das Flugzeug sich über der Freiheitsstatue in die Kurve legte, machte ich mich auf den Weg zur Kombüse, um Papiertücher zu holen.

Ich wurde schnell zu meinem Platz zurückverfrachtet und aufgefordert, so lange zu warten, bis das Anschnallzeichen erloschen war. Nachdem das geschehen war, kamen zwei Flugbegleiter mit feuchten Handtüchern, Dramamine und einem Ginger Ale zur Beruhigung von Christophers Magen zu unserer Rettung. Sie waren schon im Begriff, wieder wegzugehen, als der männliche Flugbegleiter stehenblieb und sich mir nochmals zuwandte. Ich dachte, er wolle mir für noch etwas anderes, was ich getan hatte, einen Verweis erteilen.

Er musterte mein Gesicht kurz und fragte dann ein

wenig schüchtern: »Kann es sein, daß ich Sie vor ein paar Monaten in New York in einem Theaterstück gesehen habe? *Me and Jezebel?*«

»Aber ja«, sagte ich und trug soviel falsche Bescheidenheit zur Schau, daß Chris seine Augen verdrehte.

»Also, ich bin Rob«, sagte der Flugbegleiter und streckte seine Hand aus. »Ihr Stück war einfach toll! Und das ist alles wirklich wahr, nicht wahr?«

»Jedes Wort.« Bevor ich das weiter ausführen konnte, winkte Rob einen anderen Flugbegleiter heran und begann dann, das ganze Stück zu rekapitulieren.

»Die Dame hier hat dieses Off-Broadway-Stück über den Abend geschrieben, an dem Bette Davis zum Abendessen in ihr Haus kam und dann einzog. Sie spielte sich selbst. Und Randy Allen, dieser Mann, spielte die Rolle von Bette Davis.« Rob wandte sich an mich und rief aus: »Sie beide waren sagenhaft!«

»Danke«, sagte ich scheinbar erfreut, erzählte ihm aber nicht, daß das ›sagenhafte‹ Stück abgesetzt worden war. Und ich erzählte ihm auch nicht, daß ich nach unserer letzten Vorstellung vom Theater nach Hause gefahren war und wie ein kleines Kind geschluchzt hatte.

»Dann muß dies der Chris sein, der im Stück erwähnt wird?« fragte Rob.

»Ja«, sagte Chris und stopfte eine frische Brechtüte in die Sitztasche vor sich. Er war jetzt wieder so gut wie neu.

»Erinnerst du dich, wie es war, Bette Davis in eurem Haus zu haben?«

»An einem Morgen gab sie mir mal Froot Loops, aber an den Bonbons klebte Zigarettenasche«, sagte Chris spitzbübisch. »Und sie sagte zu meiner Mutter immer, sie solle meinen Vater endlich sausen lassen.« Er trank sein Ginger Ale und sprach weiter. Er war bereits ein Meister darin zu wissen, was ankam.

»Wo ist dein Dad jetzt?« Rob kicherte.

»Mein Dad ist tot.«

»Das tut mir leid«, sagte Rob und schaute echt betroffen drein.

»Ist schon okay«, sagte Chris mit einem Blick in meine Richtung, um sich zu vergewissern, ob ich damit einverstanden war. Vier Jahre nach Johns Tod prüften wir uns gegenseitig noch immer. Aber jetzt war es mehr ein Ritual als Schmerz.

Rob wandte sich an mich und sagte: »Es tut mir wirklich leid.«

»Ist schon gut«, sagte ich. »Ist inzwischen ja eine Weile her.«

Das war ich. Unerschütterlich. Eine starke Frau. Ich war Rose Kennedy. Ich war Mame. Ich war Mutter Teresa. Ich war jeder andere, nur nicht ich.

»Es ist wirklich toll, daß Sie mit Ihrem Sohn nach Australien fliegen«, fuhr Rob fort.

»Ja«, sagte ich. »Ich möchte ihm die Augen für eine Welt öffnen, die größer als Connecticut ist.«

Sei dir selbst gegenüber ehrlich, Liz. Du fliehst nach Australien, weil dein Stück abgesetzt worden ist und dein bester Freund, dein Mitspieler in deinem sogenannten Stück, in Philadelphia an AIDS stirbt und du alles an Tod, Krankheit und Enttäuschung erlebt hast, was man nur ertragen kann.

»Du bist ein Glückspilz, daß du eine solche Mutter hast«, sagte Rob voller Bewunderung.

»Eigentlich ist meine Mum ein bißchen verrückt«, sagte Chris. »Vor zwei Jahren hat sie mich mitgenommen, um sechs Monate lang bei den Amish zu leben.«

Robs Augenbrauen hoben sich. »Ist das wahr?«

»Ja«, sagte ich. »Ich habe mich immer gefragt, wie es wäre, einmal so zu leben wie sie.«

Aber auch dies war nur ein Teil der Geschichte. Zwei Jahre nach Johns Tod hatte ich eine sehr schwere Zeit, weil ich mich noch immer daran gewöhnen mußte, für Chris zugleich Mutter und Vater zu sein. Was die Situation schlimmer machte, war, finanziell über die Runden zu kommen, obwohl ich einen Teil unseres Hauses vermietet hatte, um so die Hypothek bezahlen zu können. Dann las ich eines Tages in *The New York Times* einen Reisebericht über die Amish und wie zufrieden sie auf ihren idyllischen Farmen waren, auf denen die ganze Familie in Frieden und bei harter Arbeit an einem Strang zog. Mehr denn je wollte ich diesen friedlichen Lebensstil für Chris und mich haben. Drei Monate später, nachdem unser Haus ganz vermietet war, beluden Chris und ich das Auto und fuhren sechshundert Meilen westwärts, um auf einer Milchfarm in Winesburg, Ohio, ein schlichtes und einfaches Leben zu führen.

Es war eine echte Pferd-und-Wagen-Stadt mit nur einer Hauptstraße. Die einzige Einkaufsmöglichkeit bot ein Laden, in dem man alles bekommen konnte, von Schuhen über Kekse bis hin zu Pferdefutter. Vormittags schrieb ich, und an den Nachmittagen spazierte ich zu dem Winesburg Restaurant hinüber, aß den Tageskuchen und trank eine Tasse Kaffee. Während dieser gemütlichen Besuche begann ich eine ziemlich überraschende Entdeckung zu machen: Die Amish haben die gleichen Schwächen wie jeder andere.

Nachdem der Schock sich gelegt hatte, begann ich mich diesen Menschen zu öffnen, und darauf begannen sie sich überraschenderweise mir zu öffnen. Schließlich war ich eng mit zwei Frauen befreundet. Ann, eine keckgesichtige Brünette, war Mitte Zwanzig – eine Kassiererin in dem Laden. Jeden Nachmittag um zwei ging sie mit ihrem Sandwichpaket ins Hinterzimmer, um Mittag zu essen, schaltete einen Schwarzweißfernseher ein und sah sich *The Young and the Restless* an. Fernsehen ist den Amish verboten. Meine andere Freundin, Mary, war Anfang Vierzig. Sie erinnerte mich an Meryl Streep. Eines Tages erzählte ich ihr das, aber sie wußte nicht, wer Meryl Streep war. Neben all den Arbeiten auf der Farm kümmerte Mary sich um ihre alten Eltern und ihren geistig zurückgebliebenen Bruder, aber jeden Nachmittag um drei spazierte sie die fünfzehn Meter von dem weißverschalten Haus der Familie zur Scheune, stieg dort in die schwarze Kutsche und gönnte sich zwei Camel – ohne Filter! Nach dem Abendessen griff sie in der Abgeschiedenheit ihres hellgrünen Schlafzimmers in die unterste Schublade ihrer Kommode und holte eine Flasche Wild Turkey und einen Aschenbecher heraus. Sie öffnete das Fenster einen Spalt breit, setzte sich in den handgearbeiteten Schaukelstuhl ihres Großvaters und entfloh mit einem Liebesroman von Barbara Cartland – mit Hilfe der Taschenlampe, die sie bei Whitmer's General gekauft hatte. Elektrizität ist neben jeder Art von Lesen außer der Bibel verboten. Ann und Mary träumten davon, eines Tages den richtigen Mann zu finden und Kinder zu haben. Mary verbrachte viel Zeit damit, sich um ihre biologische Uhr Sorgen zu machen, und Ann machte sich Gedanken darüber, ob ihr künftiger Ehemann – wer immer das sein würde – treu sein würde.

Christopher besuchte die örtliche Schule, auf der er intellektuell aufblühte. Die Schulphilosophie war Arbeit und Selbstdisziplin. Aber man glaubte auch, daß Kinder überschüssige Energie loswerden müßten, und so gab es im Laufe eines Schultages drei Unterbrechungen. Ich spazierte oft zu der kleinen Dorfschule hinüber und beobachtete die Kinder auf dem Spielplatz. Die Jungen drängten sich dann um den Basketballkorb, und die Mädchen stießen sich gegenseitig auf den Schaukeln ab. Bis auf die Häubchen und Overalls war es das ganz typische Bild, wie es jede Schule im Land bietet.

»Tja«, sagte unser Flugbegleiter Rob, »ich würde ganz gerne mal dorthin gehen, für *ein* Wochenende vielleicht.«

Er war im Begriff zu gehen, als Chris fragte: »Gibt es in Australien gute Golfplätze?«

»Einige der besten der Welt.«

»Cool. Ich hab' meine Golfschläger mitgenommen, und wenn mein Dad uns nächsten Monat besucht, werden wir Golf spielen.«

»Dad?« fragte Rob verwirrt.

»Oh, ich habe einen neuen Dad«, erklärte Chris. »Mein alter Dad war Schriftsteller. Mein neuer Dad ist Pilot und Golfspieler.«

Robs Gesicht erhellte sich. »Chris, wenn du und dein

Dad die Grüns seht, werdet ihr im Golferhimmel sein«, sagte er. Und damit ging er zurück in die Kombüse, um mit dem Servieren der Getränke zu beginnen.

2. Kapitel

Ich stöpselte im Flugzeug die Kopfhörer ein, lehnte mich in dem engen Sitz zurück und dachte daran, daß ich Reuel wahrscheinlich nie kennengelernt hätte, wenn meine Mutter nicht gewesen wäre. John war gerade sechs Monate tot, als der Satz: »Wann wirst du dich endlich wieder einmal mit jemand verabreden?« zum Lieblingsrefrain meiner Mutter wurde. Worauf dann folgte: »Deinem Vater fällt auf, daß du zugenommen hast ... Du wirst schließlich nicht jünger ...«

»Mom, wenn ich soweit bin, werde ich ausgehen. Außerdem verwende ich all meine Zeit und Energie dafür, mein Stück zu schreiben.«

»Ach, und davon kannst du die Rechnungen bezahlen?« sagte sie im Hinblick auf die Wirklichkeit von Cleveland Heights. »Wach auf und begreif endlich, daß John nicht zurückkommt. Das Kind braucht einen Vater. Geh *jetzt* aus, solange du noch eine gute Figur hast. Wenn du noch viel länger wartest, wirst du wie deine Tante Harriet enden. Armes Ding. Ihr Leben lang hat sie so schwer gearbeitet – und für was? – für nichts ...«

»Ich bin nicht wie Tante Harriet«, sagte ich, mich verteidigend.

»Dann schau dich mal an«, erwiderte meine Mutter und beendete damit jede Diskussion.

Die bloße Andeutung, ich könnte so wie die arme Tante Harriet enden, veranlaßte mich, Verabredungen zu treffen, doch nur um festzustellen, daß eine vierzigjährige Witwe, die ein paar überflüssige Pfunde hat, alles andere als sehr wählerisch zu sein hatte.

»Mom«, sagte ich eines Abends nach einer qualvollen Verabredung am Telefon, »ich werde nicht mehr ausgehen.«

»Sag das nicht. Du bist eine junge, hübsche Frau. Du wirst einen netten Mann kennenlernen. Du mußt einfach nur weitersuchen.«

»Nein, nicht mehr«, sagte ich. »Ich war mit dem Besten verheiratet. Ich begnüge mich nicht mit weniger. Mom, John fand, ich sei die schönste Frau, die er je gesehen hatte. Ich will ihn wiederhaben.« Ich begann zu weinen.

»Als dein Vater und ich die ersten Male miteinander verabredet waren, kam er immer mit einer weißen Gardenie.«

»Das ist wirklich süß«, sagte ich und riß mich zusammen. »Hat er das wirklich getan?«

»Ganz bestimmt.«

Meine Mutter war eine Meisterin darin, ihre Kinder von schmerzlichen Themen abzulenken.

»Mom«, sagte ich, »John war meine Sonne, mein Mond und meine Sterne.« Ich begann wieder zu weinen.

»Die ganze Familie deines Vaters sagte ihm, er solle mich nicht heiraten.«

»Das habe ich nicht gewußt.«

»Ich war eine arme Irin«, sagte sie.

»Das ist schrecklich.«

»So war das damals.«

»Aber ich dachte, sie seien wirklich ganz verrückt nach dir gewesen.«

»Oh, nachdem wir verheiratet waren, änderte sich alles. Dein Großvater lehrte mich, italienisch kochen. Er pflegte immer zu sagen, ich könne eine bessere Calzone machen als Mama.«

»Papa war ein ganz schöner Schäker«, sagte ich.

»Das sind sie alle.«

»Und warum mache ich mir dann Gedanken?« fragte ich.

»Manche sind nicht so schlecht.«

Ein Jahr und mehrere Monate nach diesem Gespräch rief ich meine Mutter an, um ihr wirklich große Neuigkeiten mitzuteilen. »Mom«, sagte ich, »erinnere dich, wie ich dir einmal erzählt habe, daß John meine Sonne, mein Mond und meine Sterne war.«

»Ich erinnere mich«, sagte sie. »Das hast du irgendwo gelesen.«

Ich holte tief Luft. »Also«, sagte ich, »ich habe mich gerade mit meinem Anker verlobt. Meinem Prüfstein. meinem besten Freund!«

»Laß ihn das nicht wissen.«

»Mom, du wirst ihn lieben. Ich kann's gar nicht erwarten, mit ihm nach Cleveland zu kommen.«

»Laß mich deinen Vater ans Telefon rufen.« Einen Augenblick später war sie wieder da. »Wie sagtest du noch gleich ist sein Vorname?«

»Reuel«, sagte ich.
»Was, zum Teufel, ist denn das für ein Name?«

Am Tag bevor Chris und ich nach Sydney flogen, rief ich meine Eltern an, um mich zu verabschieden.
»Du bist gerade ein Jahr verheiratet und machst eine so verrückte Reise«, sagte meine Mutter. Das war ihre Art, sich zu verabschieden. »Weißt du, daß dein Vater und ich fünfzig Jahre verheiratet sind und ich nur weg war, um euch Kinder zur Welt zu bringen?«
»Mom, das war deine Entscheidung.«
»Ich hatte keine Wahl. Und wenn ich die gehabt hätte, wohin hätte ich reisen sollen?«
»Erzähl es mir«, sagte ich.
»Nach Timbuktu«, schnappte sie. Seit ich Kind war, war Timbuktu ihr erfundener Fluchtort.
»Jetzt im Ernst, Mom.«
»Wie hätte ich deinen Vater verlassen können? Er hat nie in seinem Leben etwas gekocht. Weißt du, daß er mich gerade erst gestern gebeten hat, an der geronnenen Milch in seinem Kaffee zu riechen, um zu sehen, ob sie sauer ist? Und dann soll ich ihn für eine Woche allein lassen?«
Wie sollte ich meiner Mutter erzählen, daß sie ein wesentlicher Grund dafür war, weshalb ich fliege? Aus der Zeit, als ich ein kleines Mädchen war, erinnere ich mich daran, daß meine Mutter meinen Vater immer um Erlaubnis fragte, ob sie irgend etwas tun dürfte – gleich, ob es um den Kauf eines neuen Paars Schuhe ging, um den Gang zum Friseur oder ob sie zur Westseite von Cleveland fahren dürfte, um meine Großmutter abzuholen. Erlaubnis für absolut alles.

Sie war eine kluge, witzige Dame, die nie selbständig war.

»Mom«, sagte ich zu ihr, »als Reuel und ich heirateten, waren wir uns in einem einig: keiner von uns würde versuchen, das Leben des anderen zu beherrschen. Wir haben beide unsere Ehegatten verloren, und ich denke, daß wir uns deshalb viel bewußter sind, wie kostbar das Leben ist. Du weißt, daß dies keine Kostümprobe ist ...«

»Dein Stück ist abgesetzt, und du läufst davon«, sagte sie.

»Was?« Mom war auch gut darin, stundenlange Dialoge einfach abzuschneiden.

»Du hast gehört, was ich sagte«, erklärte sie. »Es ist genau wie damals, als du bei der Ohio State durchgerasselt bist und zwei Wochen später Stewardeß wurdest.«

Es hatte zwanzig Jahre gedauert, bis das Wort ›durchgerasselt‹ nicht mehr verletzte, sondern nur noch gelinde amüsierte. »Mom«, sagte ich, »wäre ich keine *Flugbegleiterin* geworden, hätte ich John Fuller nicht kennengelernt.«

»Und jetzt hast du Reuel – wieder einen wundervollen Mann – und du verläßt ihn.«

»Er bewundert meine Abenteuerlust.«

»Du bist genau wie deine Großmutter«, sagte sie.

Ich wertete das als Kompliment, obwohl es nicht als solches gemeint war. »Old Ma ist nie gereist.«

»Das wäre sie aber, wenn sie gekonnt hätte«, sagte meine Mutter. »Deine Großmutter war eine gute Frau, aber sie besaß wenig gesunden Menschenverstand. Gesunder Menschenverstand überspringt manchmal eine Generation.«

»Das hat Old Ma so unwiderstehlich gemacht«, sagte ich.

»Pah!«

»Mom, ich werde dir etwas Hübsches schicken, wenn ich dort bin.«

»Spar dir dein Geld.«

»Gib mir Dad«, sagte ich.

»Dein Vater kann nicht ans Telefon kommen. Hat die Gicht.«

Aber mein Vater meldete sich trotzdem. »Hast du noch alle Tassen im Schrank?« fragte er. »Ich dachte, schlimmer könnte es nicht kommen, als du mit meinem Enkel weggezogen bist, um bei den bekloppten Amish zu leben.«

Wie macht man seinem italoamerikanischen Vater, der sein ganzes Leben lang gearbeitet hat, um das größte Ziegelhaus der Straße zu bauen und sich einen Cadillac auf die Auffahrt zu stellen, klar, daß die Amish nicht *bekloppt* sind?

»Dad«, sagte ich, »ich werde dir aus Australien einen Buschhut schicken. Welche Kopfgröße hast du?«

»Siebeneinhalb. Aber spar dir dein Geld.«

Wir landeten kurz vor acht Uhr morgens auf dem Flughafen von Sydney. Als wir schließlich die Paßkontrolle hinter uns hatten, unsere amerikanischen Dollar in australische Dollar umgetauscht und unsere Taschen auf einem dieser stählernen Wagen gestapelt hatten, waren wir volle vierundzwanzig Stunden lang unterwegs gewesen. Chris schob den übervollen Wagen wie ein lebender Toter auf die Glasschiebetür zu, die zum Taxistand und zu den Bussen führte. Ich folgte ihm dichtauf, schleppte eine Schultasche und eine Leinentasche, die meinen Notebook-Computer nebst Portable Printer schützte. Ich zählte noch immer Gepäckstücke, um mich zu vergewissern, daß wir nichts vergessen hatten, als die elektronische Doppeltür sich plötzlich öffnete und wir draußen mitten im australischen Sommer standen.

»Wow!« sagte Chris und riß sich sein Sweatshirt vom Leib. »Ich hatte nicht gedacht, daß es so heiß sein würde!« Er atmete die milde Luft ganz tief ein, als wolle er sich vergewissern, daß sie Wirklichkeit sei. »Das ist echt besser als Winesburg, Ohio!«

Ich stand einen Augenblick lang da und nahm alles in mich auf. Sechsundzwanzig Grad. Eine schwache Brise. Kein Autogehupe. Bronzebraune Jungs, die grellbunte Surfbretter trugen. Keine Wolken. Australischer Akzent. Englischer Akzent. Indischer Akzent. Gebräunte Mädchen mit knappen Tops und dicksohligen Turnschuhen. Autos mit ›roo bars‹ und Lenkrädern auf der falschen Seite. Oh, richtig, wir waren ja Down Under. Niemand würde da sein, der sagte: »He, Liz, tut mir echt leid, daß dein Stück abgesetzt worden ist. Ach ja, übrigens, wie geht's denn Randy?«

»He, Mum!« Der Taxifahrer winkte uns zu. »Sie wollen nach Sydney rein?«

»Nein, wir wollen nach Manly!« rief ich zurück.

»Kein Problem«, sagte er. Er lud unsere Taschen für die fünfundvierzigminütige Fahrt an die North Shore in den Kofferraum seines Ford Falcon. In meinem Reiseführer hatte ich gelesen, daß man sich in Australien in einem Taxi nicht automatisch auf den Rücksitz setzt. Das zu tun deutete auf Klassenunterschied. Aber in dem Land gab es keinen Klassenunterschied, jedenfalls nicht unter den Weißen. Diese Tatsache wurde durch den witzigen Australier bestätigt, neben dem ich im Flugzeug gesessen hatte. »In Oz«, sagte er, »geht's allein um Charakter. Sozialer Status ist was für Ausländer. Bier und Barbecue, sich amüsieren, so heißt das Spiel.«

Chris setzte sich neben den Taxifahrer auf den Beifahrersitz. Während der Fahrer sich durch die Straßen von Sydney schlängelte und dann auf die Schnellstraße, die zur berühmten Hafenbrücke von Sydney führt, ließ er Chris alle möglichen nützlichen Informationen zukommen und auch einige schockierende Tatsachen.

Chris konnte es nicht glauben. »Sie meinen, es gibt hier nur *fünf* große Sender und *kein* Kabelfernsehen?« Er war so fassungslos, daß er nicht einmal einen flüchtigen Blick auf das Opernhaus von Sydney warf, auf dessen Anblick ich mich seit Verlassen des Flughafens gefreut hatte. Als ich endlich die majestätischen weißen Muscheln sah, die am Ufer aufragten, war ich voller Entzücken. Ich verknipste einen halben Film.

»Wie viele Fernsehsender habt ihr denn in Amerika, Kumpel?« fragte der Fahrer, der ebenso immun für die Hundert-Millionen-Dollar-Ikone zu unserer Rechten war.

»Wir haben an die *zweiundsechzig* Kanäle«, prahlte Chris. »Und nächstes Jahr werden's bestimmt *doppelt* soviel sein.«

Mein Sohn mochte zwar auf dem Vordersitz gesessen haben – noblesse oblige –, aber für Gandhi würde er sicher nicht gehalten werden. Ich nahm mir vor, Chris' Verhalten mit einem Trinkgeld wettzumachen, wenngleich australische Taxifahrer keins erwarten. Vielleicht, dieser Nachgedanke kam mir, würde ein Trinkgeld den Eindruck vermitteln, wir seien häßliche Amerikaner.

»Du wirst feststellen, daß kein Ort auf der ganzen Welt so wie Oz ist«, sagte der Fahrer voller Stolz.

»Was ist Oz?« fragte Chris.

»Hast du nie *Der Zauberer von Oz* gesehen, Kumpel?« fragte der Taxifahrer.

»Doch, hab' ich«, sagte Chris.

»Du weißt, wie Dorothy und ihre sonderbaren Begleiter sich auf die Suche nach einem Kerl in einem Land namens Oz machen?«

»Ja, und?«

»Tja, Kumpel, das ist hier, wo du jetzt bist. In Oz. Ein Land der Wunder und der Möglichkeiten«, sagte er und steckte seinen Arm aus dem Fenster. Zigarettenasche flog mir ins Gesicht.

»Da wären wir«, sagte der Taxifahrer, hielt langsam an und stellte das Taxameter ab. »Ist eines der Häuser da oben.«

Ich blickte voller Ehrfurcht auf all die alten Häuser – eine Mischung aus viktorianischem und altem New Orleans-Stil. Kunstvolle schmiedeeiserne Balkone, geschmückt mit Efeu und Blumen. Eine ältere Dame spritzte einen ohnehin sauberen Bürgersteig direkt neben unserem Taxi mit einem Schlauch ab.

»Mein Mann erzählte mir, daß das Wasser hier in umgekehrter Richtung durch den Ausguß abläuft« sagte ich zu dem Fahrer.

Er schenkte mir einen Blick, als wollte er sagen,

›Danke, aber der Fremdenführer bin ich‹. Er begann: »Manly – sieben Meilen von Sydney entfernt, aber tausend Meilen von allen Sorgen.«

Das Haus war keine bescheidene Florida-Ranch, wie ich es mir in den USA vorgestellt hatte. Es war ein altes viktorianisches Gebäude, das auf einem Hügel hockte, der zur einen Seite zum Hafen abfiel und zur anderen zur Bucht von Manly.

»Mom«, sagte Chris, »ist dieser Schutthaufen da oben unser Haus?«

»Sei nicht unverschämt«, schalt ich ihn.

»Ist ja grauenhaft.«

»Ich glaub', das macht dann siebenundzwanzig Dollar, Madam«, sagte der Taxifahrer, der in sich hinein kicherte.

Ich griff in meinen Kipling-Geldgürtel und zog einen Fünfziger heraus. Als er mir das Wechselgeld gab, tat er dies mit einem Gesichtsausdruck, der zu sagen schien, daß er eine finanzielle Belohnung dafür, daß er das Kind ertragen hatte, nicht nur erwartete, sondern sogar verdient hätte. Ich gab ihm einen Fünfer, und er half fröhlich, unsere Taschen an einem riesigen Morton Bay-Feigenbaum und über einen von Geranien gesäumten Ziegelweg zu tragen, bis hoch hinauf zu einer großen Haustür mit Pfefferkuchentäfelung in der unteren und geätztem Glas in der oberen Hälfte. Ein majestätisch wirkender Kakadu mit weißem Gefieder und einer sehr vornehmen gelben Kopffederhaube schwebte heran, um uns zu begrüßen.

»Diese verdammten Cockies«, sagte der Fahrer, während er ihn verscheuchte. »Wenn man sie einmal füttert, lassen sie einen nicht mehr in Ruhe.«

Ich steckte den Hausschlüssel in etwas, das wie ein Doppelschloß aussah. »Er paßt nicht«, sagte ich.

»Ich glaub' nich', daß hier jemand wohnt«, sagte der Taxifahrer, der durch das Fenster spähte.

»Das liegt daran, weil wir das gerade gemietet haben«, erklärte Chris.

»Ich kann keine Möbel entdecken.«

»Sie machen wohl Witze!« kreischte ich.

»Nun machen Sie sich mal nich' gleich in die Hose, Madam«, sagte er. Er ging los, um sich umzuschauen. Chris folgte ihm auf den Fersen.

Ein paar Minuten später entdeckten Chris und der Taxifahrer, daß das Haus in zwei getrennte Hälften unterteilt war, und unsere Hälfte befand sich auf der Rückseite.

»He, Mom«, rief Chris, »wir haben den ganzen Hinterhof!«

Ich nahm alles auf, was ich tragen konnte, und folgte dem Weg, der seitlich am Hause vorbei und in einen prachtvollen Garten führte, der mehr als nur ein Ausgleich für einen weniger schönen Eingang war. Im Innern war das Haus hell und luftig. Das Wohnzimmer war in Erdfarben gehalten, das Mobiliar war aus Rattan, und überall hingen Poster mit moderner Kunst. Vom Eßzimmer aus hatten wir Ausblick auf den Hafen. Ich sollte bald feststellen, daß man durch die Fährboote und das schnellere Jet Cat, die jede halbe Stunde vom Circular Quay in Sydney eintrafen, praktisch genau wußte, wie spät es ist. Oben befanden sich zwei sehr kleine Schlafzimmer, die nicht renoviert waren. Sie hatten einen süßen viktorianischen Charme, der fast an Fadenscheinigkeit grenzte, wenn man Gemütlichkeit und Altes nicht mochte. Jedes Zimmer hatte noch die originalen Balkontüren, die auf einen etwas bedenklichen Balkon führten, von dem aus man auf einen tropischen Garten blickte, in dem es eine mit rosa Rosen geschmückte Pergola im spanischen Stil gab. Die größere Hälfte meines Balkons wurde von der Krone eines riesigen blühenden Baum namens Frangipani in Beschlag genommen, der scharlachrote Blüten der Art hatte, wie sie auf Hawaii benutzt werden, um Leis zu winden. Beim Blick auf den Garten – eine Orgie von roten und rosa Farbtönen – dachte ich, welche *Qual* es werden würde, wenn der Frangipani in voller Blüte stand und meinen Arm mit seinen zarten Blüten streifte, während ich unter dem warmen, indigoblauen Himmel meinen Morgenkaffee trank.

Das Beste an allem aber war der Preis. Nur wenige Wochen bevor wir die Staaten verließen, hatten Freunde, die nördlich von Manly in einem kleinen Küstendorf namens Avalon wohnten, das Haus gefunden, indem sie Anzeigen in den Lokalzeitungen geschaltet hatten. Es stellte sich heraus, daß die Besitzerin mehr daran interessiert war, daß ihr Haus von einer amerikanischen Frau, die Pflanzen liebte und einen unglaublich wohlerzogenen Sohn hatte, gut behütet wurde, als einen Reibach mit der Miete zu machen. Wir schlossen den Mietvertrag mit mehreren Faxen und achthundert Dollar pro Monat ab.

Es war irgendwann gegen zwei Uhr morgens in der ersten Nacht, als ich durch ein dumpfes Geräusch vor meiner Schlafzimmertür geweckt wurde.

»Christopher!« rief ich. »Bist du das?«

Es kam keine Antwort. Ich rief wieder. Noch immer nichts. Ich mußte wohl geträumt haben. Ich drehte mich um und schlief wieder ein. Doch Augenblicke später hörte ich das Bumsen wieder. Es waren Schritte. Jemand lief über den mit Dielen ausgelegten Boden, nur wenige Meter von meinem Schlafzimmer entfernt.

»Christopher«, sagte ich aus meinem Bett, »was tust du da?«

Er antwortete nicht. Er spielte mir einen Streich. Natürlich, genau das war es. »Das ist nicht komisch, Christopher.«

Er hat die Orientierung verloren. Der Zeitunterschied hat ihn durcheinandergebracht. Vielleicht hatte er zuviel Sonne bekommen. Wir hatten den ganzen Nachmittag am Strand verbracht.

»Christopher, antworte mir!« forderte ich ihn auf.

Im gleichen Augenblick sagte mir irgend etwas, daß es nicht mein Sohn sei. Da war jemand anders im Haus. Wer konnte das sein? Es war mitten in der Nacht. Die Besitzerin? Sie war irgendwo in Europa. Meine Freunde, die das Haus für mich gefunden hatten? Die machten Urlaub in England. Hatte ich die Tür richtig verriegelt? Ja. Bevor wir zu Bett gingen, hatte ich die Vordertür und die Hintertür überprüft. Gab es noch eine weitere Tür, von der ich nichts wußte? Was war mit den Fenstern? Es waren große viktorianische Fenster. Ein leichter Zugang. Ich hatte mich nicht damit aufgehalten, nachzusehen, ob sie alle verschlossen waren. Die Balkone? Eine offene Einladung für einen Einbrecher. Er brauchte nur an dem Frangipanibaum hochzuklettern und dann durch die Balkontür einzutreten. Aber die Balkontüren waren alle verschlossen.

Falsche Sicherheit. Jeder Amateur kann ein Schloß aufbrechen. Der Keller? Im unteren Teil des Hauses hatte ich mich nicht umgesehen. Ich werde hier ganz still liegenbleiben. So tun, als schliefe ich tief. Zu spät. Wer immer da sein mag, weiß bereits, daß ich wach bin. Ich hätte nicht rufen sollen. Dumme Reaktion. Ich werde ihn alles mitnehmen lassen, was er haben will. Ich werde einfach abwarten. Aber was, wenn er versucht, Chris etwas anzutun? Gott, bitte. Bitte laß uns nichts passieren.

Das Telefon. Verdammt. Es war noch nicht angeschlossen. Ich hatte Bargeld bei mir. Ich werde zu meiner Kommode gehen, meine Brieftasche herausnehmen und ihm sagen, daß er alles haben kann. Nur in Ruhe lassen soll er uns. Mein Ring. Mein Diamantring. Reuel würde das verstehen. Ich werde den IBM-Computer dazugeben. Ich werde zum Fenster laufen, es öffnen und schreien so laut ich kann. Aber Chris? Dann stürzt er sich vielleicht auf Chris.

Warum lief er herum? Und lief? Und lief? War er vielleicht ein Psychopath? Wollte er uns erst quälen? Gab es Verbrechen in Australien? Nicht in der Stadt, in der wir waren. Die wirkte sicher. Cafétische draußen. Gelber Sandstrand. Zwei riesige Eissalons. Kein Abfall. Kneipen, sicher. Allerdings nur ein paar. Könnte ein Betrunkener sein. Ein harmloser Betrunkener. Gott, laß es bloß keinen Junkie sein. Alles andere, nur keinen Drogensüchtigen.

Inzwischen waren zehn Minuten vergangen, seit ich die Schritte zum ersten Mal gehört hatte. Alles war ruhig. Wer immer eingebrochen war, war gegangen. Ich tastete auf dem Boden herum und bekam eine klägliche Gummisandale zu fassen, die neben meinem Bett lag. Sie wie eine Axt haltend, begab ich mich in Chris' Zimmer. Er schlief tief, lag bäuchlings ausgestreckt auf einem Doppelbett und trug noch seine Badehose. Der Fernseher war ausgeschaltet. Seine Balkontüren standen weit offen, doch die Gittertür war verschlossen, genau so, wie wir sie gelassen hatten. Ich trat auf den Balkon hinaus. Es hatte sich dramatisch abgekühlt. Der duftende Frangipani kämpfte durch das Zirpen der Zikaden um Aufmerksamkeit. Vielleicht waren es die Zikaden? Das Wohnzimmer und die Küche waren unberührt. Unser Gepäck lag genau da, wo wir es hingestellt hatten. Die Türen waren doppelt verriegelt. Ich schaute aus dem Eßzimmerfenster. Auf der anderen Straßenseite war alles dunkel. Weit in der Ferne konnte ich schwache Lichter im Hafen sehen. Ich kehrte in Chris' Zimmer zurück und setzte mich auf die Bettkante, strich über seine sonnenverbrannte Stirn, lauschte und plante einen schnellen Fluchtweg für den Fall, daß ich wieder Geräusche hörte. Ich wartete noch ein wenig länger, deckte ihn dann vorsichtig mit einem Laken zu und ging wieder ins Bett.

Es war fast drei. Ich konnte nicht wieder einschlafen. Was, zum Himmel, konnte das gewesen sein? Brach jemand ein, ging zehn, fünfzehn Minuten lang draußen vor meiner Schlafzimmertür auf und ab und verschwand dann wieder? Und nahm nichts mit? Konnte ich wirklich Schritte gehört haben? Oder hatte der Jetlag das bewirkt, und ich hatte mir das alles nur eingebildet? Aber ich wußte, was ich gehört hatte. Wir sollten besser umziehen! Meine Kaution würde ich *nie* zurückbekommen. Gott, ich vermißte Reuel so sehr.

Ich konnte sein alles andere als fröhliches Gesicht sehen, als Chris und ich auf dem Kennedy-Flughafen in die Abflughalle gegangen waren. Was, wenn er insgeheim wütend auf mich war, weil ich ging – oder eine Affäre hatte, um sich zu rächen? Warum war ich überhaupt so versessen darauf gewesen, nach Australien zu kommen? Lief ich wirklich immer vor unerfreulichen Situationen davon? Meine Mom hatte die Zeit erwähnt, als ich zu der Fluggesellschaft gegangen war. Das hatte ich völlig vergessen. Sie brachte das mit meinem Durchrasseln in der Ohio State in Verbindung. Sie irrte sich. Es lag daran, daß meine Großmutter – Old Ma nannte ich sie immer – im Krankenhaus starb und ich es nicht ertragen konnte, sie so zu sehen. Old Ma war die Person auf der ganzen Welt, die mir am nächsten stand. Wir waren unzertrennlich – bis sie erkrankte. Nachdem John gestorben war, waren Randy und ich in den letzten zwei Jahren unzertrennlich gewesen – bis er krank wurde.

Ich blickte auf die Uhr. Vier Uhr morgens. Ich versuchte zu schlafen, während die Szene sich plötzlich ganz von selbst vor mir abspielte. Randy und ich hatten monatelang geprobt. Alles war so vorbereitet, wie es sein mußte. Dann passierte das Unvorstellbare. Am Tag vor der Premiere in New York brach Randy auf der Bühne zusammen. Es war herzzerreißend. Randy Allen über die Bühne taumelnd, mühsam atmend, mit unordentlichem Kostüm, unfähig, sich an seinen Text zu erinnern. Da war der erfahrene Produzent, Elliot Martin, in der ersten Reihe sitzend während der technischen Probe, sein so schrecklich kultiviertes Gesicht verzerrt in einem Zustand tiefen Schocks. Mark Graham, unser Regisseur, den Gang hinauf und hinunter rennend, bettelt »Randy, wir haben morgen Premiere. Reiß dich zusammen«. Katie Rader, die Inspizientin, oben in der Beleuchtungskabine. Ihre Stimme hallt durch das leere Theater. »Randy, geh bitte auf deinen Platz.« Randy verwirrt. Noch immer taumelnd. Noch immer seinen Text vergessend. Noch immer nicht am richtigen Platz. Katies Stimme hallt weiter: »Randy, du stehst im Licht. Geh bitte auf deinen Platz.« Elliot Martin, der Katie sagt, sie soll nach nebenan laufen und für Randy Tee und Kekse holen, um seinen Blutzuckerspiegel zu heben. Randy, am Tee nippend, an einem Keks knabbernd, sieht mich mit einem verzweifelten, fiebrigen, wilden Blick an. Er umklammert eine Ausgabe von *Playbill*, der Fachzeitschrift für die Theaterbranche, die gerade geliefert worden war. Unser Foto ist auf der Titelseite. »Liz«, sagt er mit dünner Stimme, »schau mal. Wir haben's endlich geschafft. Wir sind Off-Broadway.«

Immer wieder frage ich Randy, was das Problem ist. Ich gebe ihm keine Gelegenheit, es mir zu sagen. Ich biete ihm ein Bündel Erklärungen an. »Grippe? Erschöpfung? Nervosität?« Randy schaut mich an, ist nicht mehr ein sechsunddreißig Jahre alter perfekter Schauspieler, sondern ein verletzbarer sechsjähriger Junge, der kurz vor den Tränen steht. »Liz«, bettelt er, »hilf mir durch diese Probe. Wir haben morgen Premiere.«

Ich höre Elliots wohlklingende giftige Stimme in der dritten Reihe. »Wir fangen in weniger als vierundzwanzig Stunden an. Würde mir, *bitte*, jemand erklären, was zum Teufel hier los ist?« Mark antwortet dem Produzenten, der den Tony, den berühmten Theaterpreis, gewonnen hat. »Ich weiß es nicht. Randy hatte die Grippe, als er in Westport eintraf, um mit den Proben zu beginnen. Aber wir dachten, die hätte er hinter sich.«

Ich sehe Randy an. Er ist dünner als damals im Sommer, als wir Off-off-Broadway spielten. Die Wangen sind eingefallen. Er ist knochiger. Stiller. Launischer. Randy führt das auf die Grippeerkrankung zurück. Ich wende mich an Mark und Katie, und plötzlich wissen wir es alle. Aber keiner von uns will das Wort sagen, nicht zueinander und ganz sicher nicht zu Randy. AIDS. Selbst Elliot Martin, der Dutzende von Broadway-Aufführungen hinter sich hat und von dem Gott weiß wie viele seiner Schauspieler an derselben schrecklichen Sache gestorben sind, leugnet das. Er erklärt Randys Zustand weiter mit niedrigem Blutzukker und Erschöpfung. »Er braucht eine B12-Spritze«, sagt Elliot. Der Bühnenmeister – ein Schwuler – klettert die Leiter zur Beleuchtungskabine hoch und fragt Katie rundheraus, wie lange Randy schon AIDS hat. Katie zuckt ihre Schultern. Er fragt Mark. Mark streckt seine Hände aus und schnappt: »Was?« Der Bühnenmeister folgt mir hinter die Bühne. Ich mache gemeinsame Sache mit der anständigen Welt. Ich zucke auf diese ›Meine-Güte-ich-weiß-überhaupt-nicht-wovon-zum-Teufel-du-redest‹-Weise mit den Schultern. Sag mir doch jemand, daß dies nicht wahr ist. Er kann nicht AIDS haben. Was wird aus unserem Stück? Randy und ich haben zwei ganze Jahre daran gearbeitet, um dahin zu kommen, wo wir jetzt sind. Wenn Randy AIDS hat, wird es diese Produktion nicht geben. O Gott, wie kann ich nur so egoistisch sein?

Und später würden wir uns alle fragen, warum Randy uns das verschwiegen hat. Wir waren doch so eng mit ihm befreundet. Wir würden uns an all die vielen Male erinnern, die wir mit Randy zum Abendessen ausgegangen sind und wie wir ein paar Weinflaschen geköpft und uns einander mit verrückten Anekdoten ergötzt haben. Nicht einmal hat er gestanden: »He, Leute, wißt ihr was? Ich hab' AIDS.«

Katie ruft: »Beleuchtung und Ton sind klar. Liz, geh auf deinen Platz.« Ich frage Randy, ob er es wirklich schaffen kann. Seine Augen sind glasig. Er nickt schwach und stakst auf seinen hohen Absätzen in seine Garderobe, um sein Make-up aufzufrischen und das Kostüm für den ersten Akt anzuziehen. Ich trete von links auf die Bühne. Randy, völlig durcheinander, betritt sie hinter mir. Katie schreit: »Randy, warte auf dein Stichwort.« Schließlich tritt Randy durch die Doppeltür auf die Bühne, unsicher und undramatisch. Sein Make-up, normalerweise akribisch aufgelegt, ist über seine Zähne und sein Kinn verschmiert. Ein falscher Busen hängt aus seinem Kleid. Er erinnert sich nur an die Hälfte des Textes. Ich flüstere ihm die Zeilen zu. Ich beginne, die Rolle zu übertreiben. Elliot wendet sich an Mark. »Was macht sie denn da, zum Teufel? Das ist die schlimmste Spielerei, die ich je in meinem Leben gesehen habe.« Mark verteidigt mich. »Liz versucht, für Randy auszugleichen.« Elliot beginnt auf und ab zu gehen. Damit hat er nicht gerechnet. Er hat unser kleines Zwei-Personen-Stück von dem Ballroom Off-off-Broadway in das Actors' Playhouse an der Seventh Avenue im Village geholt. Es sollte nach all seinen Zigmillionen-Dollar-Musicals ein Sahnestück sein. Off-Broadway gab es keinen Druck. Keinen riesigen Verwaltungswasserkopf. Nur ein Bühnenbild. Katie ruft: »Randy, beweg dich nach rechts.« Randy stolpert über den Kaffeetisch. Elliot bricht die Probe ab. Randy schwankt zu seiner Garderobe. Als er die Bühne verlassen hat, bricht er zusammen.

Einen Monat später begannen wir die Aufführung mit Louise DuArt, einer großartigen Schauspielerin, doch das Publikum und die Kritiker wollten Randy, und so wurde die Produktion nach drei Wochen und ohne Hoffnung darauf, daß Randy zurückkehrte, abgesetzt. Randy hatte das Krankenhaus verlassen und war wieder in seinem Haus in Philadelphia, schwach, aber wieder auf den Beinen. Wir sprachen fast jeden Tag miteinander. Seine Stimmung schwankte mit der Anzahl seiner T-Zellen. Er hatte endlich damit aufgehört, sich dafür zu entschuldigen, uns nicht gesagt zu haben, daß er AIDS hatte. Ich hatte endlich aufgehört, mich dafür zu entschuldigen, daß ich ihm die Möglichkeit dazu nicht gegeben hatte. Unsere Beziehung basierte nicht länger auf Dialogen und Gelächter. Wir waren echte Freunde geworden. Randy sprach freimütig über seine Krankheit. Ich hörte freimütig zu. Aber ich sprach nicht offen. Ich bin immer schlecht darin gewesen, wenn es darum geht, reine Gefühle preiszugeben. Einmal schrieb ich ihm einen zweiseitigen Brief, in dem ich ihm sagte, daß der Gedanke an seinen Tod mich auffressen würde. Ich schickte ihn nie ab.

Der Arzt gab ihm noch sechs Monate. Randy wollte in Philadelphia sterben. Seine Mutter wollte, daß er nach Hause zurückkam, nach Indiana. Er war der Jüngste und stand seiner Mom am nächsten. Sie beteten einander an. Seit er ein kleiner Junge gewesen war, hatten sie sich sämtliche Filmklassiker gemeinsam angesehen. So kam er überhaupt mit Bette Davis, Judy Garland und Marilyn Monroe in Verbindung. Randy war der einzige von den Geschwistern, der das College besuchte. Er machte an der Universität von Kalifornien seinen Abschluß als Regisseur und setzte dann sein Theaterstudium in England fort. Seine erste Liebe galt der Schauspielerei – etwas, das sein Vater nicht reizvoll fand. Er stand seinem Vater, einem Automechaniker, der ihn immer aufforderte, ›männlicher zu sein‹, nicht nahe. Seine Mutter erzählte schließlich seinem Vater, daß Randy AIDS hatte. Sein Vater schluchzte: »Nicht mein kleiner Junge! Bitte, Gott! Nicht mein Junge!«

An den Tagen, an denen es Randy gutging, sprach er optimistisch über seine Zukunft. »Sobald ich wieder mehr T-Zellen habe«, erzählte er mir, während er mühsam Luft in seine verwüsteten Lungen sog, »bekomme ich eine Kombination neuer Medikamente ... Ich werde wieder arbeiten ... Liz, wir haben ein Angebot, das Stück in San Franzisco im kommenden Oktober aufzuführen.« Ich rechnete aus, daß es bis dahin noch neun Monate waren. Während eines Telefongesprächs begann Randy lose Pläne für einen Umzug nach Australien zu machen. Er war ein Jahr zuvor dortgewesen und hatte während des Schwulenkarnevals, einem der größten alljährlichen Ereignisse in Sydney, in einem Club eine Vorstellung gegeben. Vielleicht würde er kommen und mich in Australien besuchen, sagte er schwach und fügte hinzu: »Schatz, ich freue mich, daß du da hinfährst. Du machst das ganz richtig. Da gibt's nichts zu bedauern – verstehst du, Liz? Und wenn du dort bist, dann wünsche ich mir eine Handvoll von diesem gelben Sand.«

Als ich Randy am Tag vor meiner Abreise anrief, erzählte er mir, daß er beschlossen habe, heim nach Indiana zu fahren, um ein wenig die Kochkünste seiner Mutter zu genießen. Ihre Fleischklöße, sagte er, seien unglaublich. Er würde nur zehn Tage fort sein. Ich sollte unbedingt die Pfirsiche in Australien probieren. »Die schmelzen einem im Mund«, sagte er. »Iß einen für mich.«

Ich legte auf und dachte über die eindeutige Möglichkeit nach, daß ich Randy nie wiedersehen würde. Ich konnte das nicht ertragen. Verdammter Kerl. Erst Old Ma. Dann John. Jetzt Randy. Ich sollte lernen, Beziehungen nicht zu vertiefen. Kein Verlust. Kein Schmerz. Wer würde anrufen und verrückte Nachrichten von toten Filmdiven auf meinem Anrufbeantworter hinterlassen? Ich haßte es, daß ich angefangen hatte, mich so auf ihn zu verlassen, wie er sich auf mich verließ. Wie sollte ich jemals wieder einen Pfirsich sehen oder essen, ohne an ihn zu denken?

3. Kapitel

Für die strapazierten Nerven gab es nichts Beruhigenderes als nach einer unruhigen ersten Nacht im Down Under aufzuwachen, das Sonnenlicht durch die Balkontüren hereinströmen zu sehen und einen schneeweißen Kakadu, der auf einem Zweig mit roten Blüten hockte, der unter der 21 Grad heißen Sonne hervorhing. Der *Sydney Herald* meldete, daß es in New York fünf Grad Celsius seien und Schnee fiel. So ein Jammer, dachte ich, während ich meine Zähne in einen saftigen Pfirsich grub und an Randy dachte. Während der ganzen Zeit wurde ich von dem Kakadu beobachtet. Ich war mir nicht sicher, aber er sah aus wie der Vogel, den der Taxifahrer bei unserer Ankunft verscheucht hatte. Für den Fall, daß es so war, warf ich ihm ein Stück Brot zu, um die unzivilisierte Art, mit der er behandelt worden war, wettzumachen. Meine Freigebigkeit wurde nicht gewürdigt. Der fast fünfundvierzig Zentimeter große Vogel blickte auf das Brot hinunter und dann zu mir herüber und dachte wahrscheinlich: ›Komm mir nicht so, Schwester‹. Ich beobachtete ihn, um zu sehen, ob er zu dem Brot hüpfen würde. »Möchtest du Brot?« fragte ich in einem gönnerhaften ›Möchte-Polly-einen-Cracker?‹-Tonfall. Der Vogel richtete unerschrocken seine Augen auf mich und schaute völlig angewidert drein. »Okay, tut mir leid, wenn ich dich gekränkt habe«, sagte ich. »Du bist mit dieser stattlichen gelben Federhaube viel zu vornehm, um so herablassend angesprochen zu werden.«

»Mom«, rief Chris aus der Küche, »mit wem sprichst du da?«

»Komm her und sieh selbst.«

»Cooler Vogel«, sagte Chris, der in der Tür auftauchte, sein Mathematikbuch unter den Arm geklemmt.

»Erschreck ihn nicht«, bat ich ihn. »Er sitzt jetzt schon seit fünfzehn Minuten auf diesem Ast und starrt mich an.«

»Warum?«

»Wie soll ich das wissen?«

»Kann ich ihn füttern?« fragte Chris.

»Ich hab' ihm etwas Brot hingeworfen, aber er hat es nicht genommen«, sagte ich. »Es liegt da drüben auf dem Balkon.«

Chris hob das Brot auf und ging langsam zu dem Vogel. »Möchtest du etwas Brot, kleiner Freund?«

Der Vogel drehte seinen arroganten Kopf. *Kleiner Freund*?

»Chris, sieht er nicht königlich aus?«

»Ja, er sieht wie Prinz Charles aus.«

»Ein bißchen um den Schnabel.« Ich lachte. »Jetzt mach mit deinem Mathe weiter.«

»Prinz Charles«, sagte Chris in knappem, kurzem britischen Tonfall, »Ihr-Frühstück-ist-serviert.«

Und damit flog Prinz Charles davon. Aber er sollte zurückkehren. Tatsächlich sollte Prinz Charles bald ein ständiger Bestandteil des königlichen Haushaltes werden. Ich wünschte nur, er würde nicht vorbeikommen, wenn Chris seine Hausaufgaben machte.

Der folgende Abend war eine Wiederholung des ersten, aber mit einer Sonderzulage. Unheimlich klingende Musik drang von der Kellertreppe nach oben. Dieses Mal beschloß ich, das nicht für mich zu behalten. Als der Morgen kam, schickte ich Chris los, um Croissants und Orangensaft bei unserem Lebensmittelhändler an der Ecke zu besorgen, und ich ging nach nebenan, um unsere Nachbarin, Mrs. Simpson, zu besuchen. Am Tag unserer Ankunft hatten wir bereits kurz miteinander gesprochen. Ich hatte zwei Liegestühle in unserem Garten aufgestellt, als sie über den Zaun rief: »Wenn Sie sich eingerichtet haben, kommen Sie doch mal auf einen Sprung rüber.«

»Sie können Gladys zu mir sagen«, sagte die muntere Achtzigjährige, öffnete die Tür und trat aus ihrem gepflegten viktorianischen Haus. Sichtlich erfreut darüber, daß ich von ihrem Angebot, sie zu besuchen, Gebrauch gemacht hatte, führte sie mich zu einer Rosenlaube im hinteren Teil ihres Gartens, wo wir uns auf weiße schmiedeeiserne Stühle setzten, die noch vom Morgentau feucht waren. Sie erklärte mir gleich, daß sie Yankees möge. Wir waren schließlich im Krieg Verbündete gewesen. Wir seien viel aufgeschlossener als die Briten, die sonst Pommies genannt wurden. Dieser Name ging auf eine Zeit vor einigen hundert Jahren zurück, als der König von England seine Gefangenen mit Schiffen nach Australien verfrachten ließ. Wenn die Verbrecher von Bord gingen, trug ihre Kleidung die Aufschrift POHMIE – Prisoners of His Majesty in Exile – Gefangene Seiner Majestät im Exil. Die Aussies bestehen natürlich eisern darauf, daß es überhaupt keine Beleidigung ist, wenn man einen Briten Pommie nennt. Gladys liebte die ›telly‹-Serie, also Fernsehserie, *The Nanny*, verstand aber nicht viel von dem, was das Mädchen sagte, da der New Yorker Akzent schwer zu verstehen ist. Mein schwaches Cleveland-Näseln hingegen war kein Problem, worüber ich froh war, weil ich wollte, daß ihr kein Wort von dem entging, was ich zu sagen hatte. Ich brannte darauf, ihr von den Vorgängen der vergangenen beiden Nächte zu berichten. Zuerst aber mußte ich ihr ein wenig über meine Herkunft erzählen, um ihr zu zeigen, daß ich nicht völlig blöd war.

Ich begann zu erzählen, daß mein Mann in einem Monat nachkommen würde. Er konnte nicht vorher, da er Oberst in der Air National Guard war – einem Reservekontingent der Air Force. Ich betonte *Oberst* und *Air Force*. Sie nickte und verstand, und ich fuhr fort: »Er fliegt C-5's.« Ob er im Golfkrieg geflogen sei? »Ja. Wenn er nicht fliegt«, sagte ich und beugte mich vor, um an einer der Queen Anne–Rosen zu riechen, »ist er Finanzberater.«

»Harold war Artillerist in der Aussie-Armee«, sagte sie, Gemeinsamkeit entdeckend. »Ich hörte, daß Sie Schriftstellerin sind. Sind Sie das?«

»Ja«, sagte ich.

»Was schreiben Sie?«

»Ich schreibe Theaterstücke. Eines wurde im letzten Winter aufgeführt.«

»Ja? Worum geht's da?«

»Um Bette Davis – den Filmstar.«

»Oh, ich liebe sie.«

Ich sagte nichts weiter dazu. Es gab keine taktvolle Möglichkeit, einer achtzig Jahre alten Dame, die ihr Haar zu einem Knoten aufgesteckt hatte und ein Hauskleid mit Blumendruck trug, zu erklären, daß ich auf einer Bühne gestanden hatte, zusammen mit einem Mann, der Frauenkleider anhatte, um anschließend von den sonderbaren Ereignissen im Hause zu sprechen und von ihr zu erwarten, daß sie mich nicht für eine wirre Frau hielt, eine Spinnerin.

»Wenn Sie Theater mögen, dann müssen Sie und Ihr Sohn nach Sydney fahren und sich im Botanischen Garten Shakespeare ansehen. Ich glaube, im Augenblick wird *Sommernachtstraum* gespielt.«

»Das werden wir machen.«

Sie sah mich an, als wolle sie damit meine finanzielle Lage einschätzen. »Die Eintrittskarten werden nicht verschenkt.«

»Genau wie in New York.« Wir plauderten noch ein wenig länger und dann, als ich das Gefühl hatte, wir seien uns ein bißchen nähergekommen, ließ ich die Bombe platzen.

»Ich glaube, in meinem Haus ist ein Geist«, sagte ich. Ich erzählte ihr alles über die erste Nacht mit den Schritten und daß ich geglaubt hatte, jemand sei eingebrochen, habe aber nichts mitgenommen. Ich erzählte ihr, daß ich gestern in der Drogerie Pfefferspray, ein Augenspray gegen Einbrecher, gekauft hatte für den Fall, daß so etwas wieder passieren sollte. Ich erzählte ihr auch, daß ich, bevor ich gestern abend ins Bett gegangen war, schwere Möbelstücke vor die Vordertür und die Hintertür gerückt hatte und jedes Fenster zweimal überprüft hatte, ob es geschlossen war. Aber dies war noch nicht alles. Um zwei Uhr morgens wurde ich wieder durch das Geräusch von Schritten draußen vor meiner Schlafzimmertür geweckt. Dieses Mal war ich nicht untätig liegengeblieben. Ich ergriff das Pfefferspray, das ich unter meinem Kopfkissen hatte, und glitt lautlos aus dem Bett. Ich war innerlich auf einen Angriff vorbereitet, als ich plötzlich von Schritten umgeben war. Ich kam mir vor wie das kleine Gör, um das herumgetanzt wurde. Aber da war niemand. Egal, in welche Richtung ich ging, die Schritte folgten mir. Und als ich in die Nähe der Treppe kam, die zum Keller führte, hörte ich diese unheimliche, unirdische Musik. Ich wagte nicht, dort hinunter zu gehen. Statt dessen ging ich in Chris' Zimmer und setzte mich auf die Kante seines Bettes. Ich umklammerte noch immer die Dose mit dem Pfefferspray, aber die Schritte waren verschwunden. Die Musik summte noch eine Weile weiter, verschwand dann aber ebenfalls. Ich saß eine halbe Stunde dort. Dann zog ich den Sessel beiseite, den ich vor die Eingangstür geschoben hatte, und ging hinaus und legte mich auf den Liegestuhl im Garten. Und da blieb ich dann, bis die Sonne aufging.

Während ich sprach, hob Mrs. Simpson ihre weißen Augenbrauen praktisch bis zum Haaransatz. Ihr Blick versenkte sich in meinen wie Raketen mit Hitzesuchköpfen. Als ich mit meiner unwahrscheinlichen Geschichte fertig war, bückte sie sich, pflückte ein paar verwelkte Geranienknospen ab und sagte: »Das Geheimnis, Geranien gesund zu halten, ist, daß man sie gründlich austrocknen läßt. Dann gießt man sie kräftig.

Man muß die tote Knospe direkt hier abzwicken.« Sie demonstrierte ihre Technik.

Okay, sie hatte mich als Spinnerin eingestuft. Bevor ich ihr all dies erzählt hatte, schien sie kurz davor gewesen zu sein, mich zu ›bikkies‹, Biskuits, und Tee einzuladen, aber jetzt führte sie mich langsam über den Weg zurück, in sicherem Abstand fort von ihrer Tür.

»Ich weiß, wie das klingen muß, Mrs. Simpson«, sagte ich, nachdem ich mich schnell entschieden hatte, sie nicht Gladys zu nennen. Das könnte ihr angst machen. Eine verrückte Frau, die ein bißchen zu freundlich ist. »Aber alles, was ich Ihnen sagen kann ist, daß mir dies passiert ist. Wissen Sie *irgend etwas* über das Haus?«

»Es ist ein altes Haus, ja«, sagte Gladys. Sie entdeckte ein stacheliges Unkraut, das zwischen zwei kleinen Geröllbrocken sproß. »Man sollte diese Steine nie einfach hochheben. Nicht, wo hier überall diese verdammten Schlangen sind.«

»Ich glaube, es war eines der ersten Häuser, die in Manly gebaut worden sind«, sagte ich, darum bemüht, sie wieder auf das Thema zu bringen.

»Ich denke, das war's.« Gladys seufzte. Sie entdeckte ein weiteres Unkraut.

»Ich glaube, wenn es mein Haus wäre«, sagte ich, »hätte ich es innen viktorianisch gelassen.«

»Ach, da drüben passiert immer irgendwas.« Gladys legte ihre dicken Handgelenke auf ihre ausladenden Hüften. »Im letzten Winter haben sie unten im Kellergeschoß irgendwelche Räume ausgebaut. Wochenlang flog überall Dreck und Staub rum. Haben meinen Garten völlig eingesaut.« Dann wurde sie weicher. »Die Besitzerin ist 'ne feine Dame. Jetzt ist sie mit ihrer

Tochter in Paris, in Frankreich. Da fährt sie jeden Sommer hin. Ach, wenn Pat draußen in ihrem Garten ist und ich in meinem bin, plaudern wir ganz angeregt miteinander. Diese Schweinerei habe ich kein einziges Mal erwähnt.«

»Aber hat sie denn nie gesagt, daß etwas *Merkwürdiges* da drüben vorgeht?«

»Kann ich nicht sagen.« Eine lange Pause entstand, und dann senkte sie ihre Stimme zu einem Flüstern. »Ich hab' eine Geschichte gehört.«

»Eine Geschichte?«

»Nicht über das Haus«, räumte sie ein, »aber ich hörte, daß was Eigenartiges in diesem Baum da drüben passiert ist.« Sie deutete auf den großen Baum an dem Bordstein vor meinem Haus.

»In diesem Baum?«

»Ja, in diesem Morton Bay-Feigenbaum«, sagte Gladys. »Der Mann, der in diesem Antiquariat arbeitet, drüben am Corso, sah da eines Morgens was, als er zur Arbeit ging.«

»Er sah etwas?«

»Ist jetzt schon eine Weile her.« Sie wandte sich wieder dem Abzwicken ihrer Knospen zu. »Vielleicht sollten Sie besser zu ihm gehen und ihn fragen. Er wird dort sein. Fragen Sie nach Norman. Sagen Sie ihm, Gladys hätte Sie geschickt.«

»Okay«, sagte ich. »Ich soll also Norman fragen, was er da Seltsames in diesem Morton Bay gesehen hat?«

»Richtig«, antwortete Gladys und schnitt mir das Wort ab. Aber als ich mich abwandte, um zu gehen, wurde sie gesprächig. »Nachdem das passiert war, ging er sehr lange Zeit diesen Weg nicht mehr. Hat ihm irgendwie schreckliche Angst gemacht. Direkt da oben, in diesen höheren Ästen.« Es dauerte einige Augenblicke, bis sie sich an die richtige Stelle erinnerte. Dann fuhr sie fort: »Norman behauptet, er habe dort nackte kleine Aborigines-Kinder spielen sehen.«

»Ich verstehe nicht?«

»Den einen Augenblick spielten sie da. Im nächsten waren sie verschwunden. Einfach weg.«

»Wie Geister?«

»Wenn Sie die Geschichte hören wollen, gehen Sie und fragen Sie Norman. Sagen Sie, Gladys hat Sie geschickt.«

Ich hatte die Absicht, direkt hinunter zu dem Antiquariat zu eilen und Norman zu fragen. Aber dann kehrte ich ins Haus zurück, um mit Chris zu frühstükken, und begann das Haus aufzuräumen, und alles wirkte so friedlich, daß ich beschloß, alles zu vergessen, was mit Geistern zu tun hatte. Warum sollte ich mir selbst Angst einjagen?

Das erwies sich als weise Entscheidung, denn in den folgenden drei Wochen schlief ich wie ein Kind. Falls Schritte und Musik da waren, hörte ich sie nicht, und sie störten meinen Schlaf auch nicht. Aber natürlich begannen die Schritte und die Musik wieder genau in dem Moment, als ich mich davon überzeugt hatte, daß meine Phantasie mir einen unglaublichen Streich gespielt habe. Aber diesmal waren die Dinge anders. Statt mich auf eine bizarre, unerklärliche Weise zu beunruhigen, trösteten und beruhigten die Schritte und die summende Musik mich – falls das einen Sinn ergibt. Was immer es war oder wer immer es war, hatte nicht die Absicht, uns etwas anzutun.

Unirdische Geräusche zu hören und nicht beunruhigt zu sein klänge vielleicht, als sei das bei den Haaren herbeigezogen, wäre ich nicht zuvor an eingehenden Recherchen für das Buch meines verstorbenen Mannes John Fuller, *Der Geist von Flug 401,* beteiligt gewesen. 1976 hatten John und ich zehn Monate damit verbracht, Piloten und Flugbegleiter zu interviewen, die tatsächlich behaupteten, sie hätten eine direkte Begegnung mit einem toten Flugingenieur gehabt. Überraschenderweise hatten die Crew-Mitglieder bei dieser unglaublichen Begegnung überhaupt keine Angst. Sie fühlten sich beruhigt. Und wenn der tote Flugingenieur wieder erschien, dann gewöhnlich deshalb, um vor einer drohenden Gefahr zu warnen. Ein solcher Zwischenfall ereignete sich 1973 auf einem Flug der Eastern Airlines nach Mexico City. Zum ersten Mal war darüber in dem Branchenmagazin *The Flight Safety Foundation* berichtet worden. Eine Flugbegleiterin befand sich in der hinteren Kombüse der L1011. Während das Essen serviert wurde, warf sie zufällig einen Blick in das Fenster eines Backofens, und von dort sah sie das Gesicht des Flugingenieurs an, der mehrere Monate zuvor sein Leben bei einem Absturz in den Everglades verloren hatte. Er war unten gewesen und hatte das vordere Triebwerk überprüft, als der große Trijet in das Sumpfgebiet stürzte. Die Flugbegleiterin rief sofort eine Kollegin herbei, und beide Frauen sahen die Erscheinung im Fenster des Ofens. Über das Kombüsentelefon baten sie ihren Flugingenieur, nach unten zu kommen. Auch er sah die Erscheinung und sprach mit dem Geist, der sagte: »Achtet auf Feuer in diesem Flugzeug.« Kurz darauf fing eines der Triebwerke Feuer. Glücklicherweise gelang es der Crew, sicher in Mexico City zu landen.

Drei Jahre nach diesem Ereignis gelang es John und mir endlich, die Crewmitglieder ausfindig zu machen, die dies miterlebt hatten, und zu interviewen. Bevor sie sich bereit erklärten, zu sprechen, mußten wir ihnen unser Wort geben, ihre Namen niemals preiszugeben. Sie hatten Angst, ihre Jobs zu verlieren. Das aus gutem Grund. Hätten sie ihren Vorgesetzten berichtet, was geschehen war, wären sie zum Psychologen ihrer Fluggesellschaft geschickt worden.

Die Erinnerung an all dies bewirkte etwas anderes. Sollte ich Reuel gegenüber etwas von den Schritten und der Musik erwähnen, wenn er in knapp einer Woche hier eintraf? Obwohl Reuel nicht gerade leichtgläubig war, war er auch nicht engstirnig. Wir hatten uns fünfzehn Jahre früher kennengelernt, nachdem Cindy, Reuels Frau, John und mich angerufen hatte, kurz nachdem *Der Geist von 401* herausgekommen war. Sie sagte, wir seien Nachbarn, und ob wir Lust hätten zu einem Abendessen mit mehreren ihrer Freunde zu kommen, die Piloten waren und wie sie von dem Buch fasziniert seien. Das war Musik in den Ohren eines Autors. Wir gingen zu ihnen, aber ich habe nur vage Erinnerungen an diesen Abend. Reuels Gedächtnis ist viel besser als meins. Bei unserer ersten Verabredung erinnerte sich Reuel nicht nur an den Abend vom Anfang bis zum Ende, sondern brachte auch das handsignierte Exemplar des Buches mit. Er sagte, es sei eines von Cindys Lieblingsbüchern gewesen, und er habe es nach ihrem Tod in ihrem Nachttisch gefunden. Er hatte Johns Widmung völlig vergessen: »Reuel, ich bewundere deine wohlwollende Skepsis. Ich bewundere auch deine respekteinflößenden Martinis.«

Ja, Reuel war ein wohlwollender Skeptiker. Ich würde ihm alles erzählen, was vorgefallen war. Ich würde ihn nur nicht in der Minute, wenn er durch die Tür kam, damit konfrontieren. Zuerst würde ich ihm einen respekteinflößenden Martini servieren.

Reuel traf während eines sintflutartigen Regens auf dem Flughafen von Sydney ein. Es hatte sechs Tage lang ununterbrochen geregnet. All meine Pflanzen und Blumen waren von Wasser vollgesogen, gewelkt und geknickt, als hätten sie einen Schlag in den Magen bekommen. Selbst die letzte Blüte schien von dem Frangipani gespült worden zu sein, und der Morton Bay-Feigenbaum hatte eine braune, glitschige Schweinerei auf dem Ziegelweg gemacht. Das Wetter sei höchst ungewöhnlich, wurde mir gesagt. Die Einheimischen führten das auf eigenartige Wetterverhältnisse zurück und beließen es dabei. Zum Glück hatte ich Gladys, so daß wir uns gegenseitig bedauern konnten.

»Meine Geranien vertragen diesen verdammten Regen nicht«, beklagte sie sich, als sie an dem Nachmittag vor Reuels Ankunft zum Tee herübergekommen war.

»Es soll morgen aufklaren«, sagte ich. »Aber am Wochenende soll es wieder regnen.« Ich schenkte uns beiden eine Tasse ein und bedauerte die Tatsache, daß das romantische Gartendinner, das ich für Reuel und mich geplant hatte, ins Eßzimmer verlegt werden müßte. So ein Pech. Von dem Augenblick an, als ich zum ersten Mal die spanische Pergola im Garten mit ihren zarten rosa Rosen gesehen hatte, die an vier weißen Spaliersäulen zu einem Baldachin aus Weinblättern hochkletterten, hatte ich mir vorgestellt, daß Reuel und ich darunter säßen, Chardonnay tränken und Mango und Papaya äßen. Mein sorgfältig zusammengestelltes Abendessen mit tasmanischen Shrimps auf Engelshaarpasta, serviert zwischen rosa Kerzen, schrie förmlich nach der Pergola – ganz zu schweigen von meinem neuen hautengen, schwarzen Kleid, das ich in einer irren Boutique unten am Kai gekauft hatte. Die Verkäuferin, die den Madonna-Look nahezu perfekt kultiviert hatte, versprach, daß ich das Abendessen vergessen könne, wenn ich dieses Kleid bei der Begrüßung meines Mannes trüge. »Sie sind eine sagenhaft heiße blonde Nutte«, sagte sie, um den Kauf perfekt zu machen. Da ich die Vierzig überschritten hatte, war es ein gigantisches Kompliment, als Nutte bezeichnet zu werden. Als ich meine Visakarte auf die Theke legte, schlug die jüngere Nutte in mir vor, daß das Geld, das ich bei dem dick machenden Abendessen sparen würde, klugerweise in schwarze Plateausandalen investiert werden könne.

»Wir werden ein bißchen Ärger mit den Moskitos bekommen, wenn sich das Wetter aufs Meer verzieht«, sagte Gladys, die mich abrupt in die Gegenwart zurückholte. Sie richtete den Gürtel ihres geblümten Hauskleides, nahm einen Schluck von dem Twinings und fuhr fort. »Ich sprach gestern mit meiner Verwandten drüben in Perth. Die hat seit sieben Jahren keinen Tropfen Regen gesehen. Weihnachten hat sie mir wunderschöne Känguruhpfötchen geschenkt. Ach, die können bei diesem Wetter nicht überleben. Als Harold noch lebte, gedieh bei ihm alles. Tut mir nur leid, daß Sie letzten Sommer nicht hier waren. Der arme Chris. Ich seh', wie er jeden Morgen den Kopf aus der Tür steckt. Wartet darauf, daß die Sonne rauskommt.«

»Ja, wir gehen uns wirklich auf die Nerven, weil wir hier eingesperrt sind.«

»Warum gehen Sie mit ihm nicht einfach zur Ocean World rüber? Ist doch direkt unten an der Straße.«

»Da waren wir schon zweimal«, sagte ich. »Beim zweiten Mal haben wir unsere Kamera mitgenommen. Wir haben tolle Fotos von einem Taucher, der im Bassin die Haie füttert.«

»Ich hab' eine Freundin oben im Nördlichen Territorium«, sagte Gladys. »Vor Jahren war ihr Bruder – ein stattlicher Kerl – mit einem Surfbrett draußen. Ihm wurde der ganze Unterleib weggerissen.«

»Weggerissen?«

»Wie von einem tollwütigen Hund.«

»Ein Hai?«

»Ein großer weißer«, sagte Gladys und versenkte ihre Zähne in ein Zitronenbaiser. »Ach, das stand in allen Zeitungen. Der arme Kerl wußte nicht mal, wie ihm geschah. Aber ich will Ihnen noch was Schlimmeres erzählen. Der Sohn meiner Kusine, George – also vor Jahren war George Kamelzureiter in der Nähe von Alice Springs. Eines Tages, als er das häßliche Vieh aufsattelte, bekam er einen Tritt direkt zwischen die Augen. Seitdem geht der bedauernswerte Kerl stempeln.«

Manchmal fragte ich mich, ob Gladys die Leute, denen all diese schrecklichen Dinge widerfahren waren, wirklich kannte. Aber im Grunde war das unwichtig.

Sie fesselte meine Aufmerksamkeit, und es trug sicher dazu bei, die Zeit an Regentagen totzuschlagen.

»Sie sind also gar nicht zu Norman im Antiquariat gegangen?« fragte Gladys plötzlich.

Ich war völlig überrascht. Ich hätte nie erwartet, daß sie nach ihrer ziemlich kühlen Reaktion auf meine gespenstische Erzählung auf etwas zu sprechen kommen würde, was mit Geistern zu tun hatte. Aber gut, wenn sie die Tür zum Jenseits öffnen wollte, dann würde ich durch sie hindurch schreiten.

»Gladys«, sagte ich, »erinnern Sie sich, daß ich Ihnen erzählte, daß ich ein unheimliches, summendes Geräusch gehört habe, das aus dem Keller kam?«

»O ja.« Sie nickte. »Daran erinnere ich mich.«

»Also, seit letzter Woche weiß ich, was ich gehört habe.«

Gladys schenkte sich eine zweite Tasse Tee ein und nahm noch einen Cremebiscuit. »Was haben Sie gehört?«

»Ein Didgeridoo.«

»Dieses Blasinstrument der Aborigines?«

»Richtig. Und ich will Ihnen sagen, woher ich weiß, daß es das war. Letzte Woche«, begann ich, »spazierte ich am Strand entlang. An dem Surfstrand. Bevor der Regen begann. Kurzum, ich war kurz vor dem Pavillon, als ich etwas hörte, das meine Aufmerksamkeit weckte. Ich schaute mich um, um zu sehen, woher das Geräusch kam. Es schien fast, als käme es aus dem *Nichts*. Ich stand für eine Minute ganz still da und lauschte. Und dann wurde mir der Zusammenhang klar: Es war *exakt* dasselbe unirdische Geräusch, das ich gehört hatte. Sie wissen schon, da drüben«, sagte ich und deutete auf die Kellertreppe – die Treppe, die ich nicht hinuntergegangen war, seit ich das unheimliche Geräusch zum ersten Mal gehört hatte.

»Ja«, sagte Gladys. Ihr Blick folgte meinem Finger.

»Also ging ich an dem Pavillon vorbei. In Richtung auf die Musik. Und da saß ein Aborigine-Mann im Schneidersitz im Sand. Er war etwa fünfundzwanzig Jahre alt. Er blies in ein langes, ausgehöhltes Rohr, das kunstvoll geschnitzt und bemalt war.«

»Ich glaube, ich hab' den Burschen schon gesehen«, sagte Gladys. »Manchmal sitzt er vor Hungry Jacks.«

»Ich wollte nicht einfach stehenbleiben und ihn anstarren. Ich ging weiter den Strand hinunter zu diesem kleinen mexikanischen Restaurant. Dann dachte ich, was soll's, Teufel noch mal, ich gehe jetzt einfach zurück und setze mich neben ihn. Ich wartete, bis er das Instrument abgelegt hatte. Dann begann ich eine Unterhaltung mit ihm.«

»Frauen dürfen das Didgeridoo nicht spielen«, warf Gladys ein.

»Ja, das hat er mir erzählt. Es soll Unglück bringen, besonders, wenn man schwanger ist. Jedenfalls sagte er, daß es ein heiliges Instrument sei und daß es während der Rituale der Aborigines benutzt wird. Ich überlegte, ob ich ihm sagen sollte, daß ich das gleiche Geräusch aus meinem Keller gehört hatte. Aber dann dachte ich, er wäre vielleicht beleidigt. Deshalb sagte ich nichts.«

Gladys nickte.

»Aber gleich am nächsten Tag«, fuhr ich fort, »schlug ich den *Sydney Morning Herald* auf. Und da steht diese riesige Schlagzeile: VERTRAG DER SCHULE MIT ABO-

RIGINES WIRD TRAUMZEIT UNVERSEHRT LASSEN. In dem Artikel stand, daß eine Grundschule irgendwo außerhalb von Sydney auf heiligem Boden der Aborigines errichtet worden sei. Und die Leute behaupteten, sie hörten *nachts* das Summen von Didgeridoos. Die Aborigines erklärten, es handle sich um ein Echo, ähnlich einer Erinnerung an die vier Stämme, die hier vor etwa fünftausend bis siebentausend Jahren zusammenzukommen pflegten und Artefakte vergruben.«

Als Gladys das hörte, trank sie den Rest ihres Tees. »Tja, ich will nicht noch mehr von Ihrer Zeit in Anspruch nehmen«, sagte sie und erhob sich rasch. »Sie müssen sich für Ihren Mann vorbereiten.«

Zuerst wußte ich nicht, ob ich sie plötzlich gelangweilt hatte oder ob sie sich bei diesem Gespräch über Unheimliches einfach nicht wohl fühlte. Ich vermutete, daß es letzteres war. Ich folgte ihr in den Korridor, um ihren Regenmantel zu holen. Als sie an der Kellertreppe vorbeiging, zögerte sie einen Augenblick, als versuche sie etwas zu hören. Dann sagte sie: »Als da unten diese neuen Räume ausgebaut wurden, dachte ich, die würden bis in die Antarktis buddeln. Steine und Schmutz flogen überall herum. Haben meinen Garten völlig versaut. Aber wie ich Ihnen sagte, ich hab' mich bei Pat nie beschwert.«

Gladys streifte ihre gelben Gummistiefel über und rief meinem Sohn zu, der in seinem Zimmer vorm Fernseher saß: »Komm, Chris. Ich mach' dir ein Elfenbrot. Das wird dich aufmuntern.«

»Was ist Elfenbrot?« rief Chris zurück.

»Ach, das ist nur eine Scheibe Weißbrot mit viel Zukkerstreusel«, sagte Gladys laut. »Wenn meine Enkel von Melbourne herkommen, können sie nie genug davon kriegen. Sie mögen Elfenbrot lieber als Dauerlutscher.«

Aus Chris' Zimmer kam keine Antwort.

»Ich werde Chris rüberschicken«, sagte ich.

»Ist in Ordnung.« Gladys wandte sich zum Gehen, blieb dann aber jäh stehen. Sie hatte ein Exemplar von *Playbill* auf dem Eßzimmertisch entdeckt, auf dessen Umschlag das Foto von Randy und mir war. »Was haben wir denn da?« fragte sie und ergriff es.

O Gott, dachte ich, das muß sie nun wirklich nicht sehen. »Erinnern Sie sich, daß ich Ihnen von meinem Off-Broadway Stück erzählte, das im letzten Winter aufgeführt wurde?«

Gladys musterte das Foto eingehend. »Ich wußte nicht, daß Sie Schauspielerin sind.«

»Das bin ich auch nicht. Ich habe nur mich selbst gespielt.«

Sie musterte das Foto weiter. »Soll das Bette Davis sein?«

»Ja«, sagte ich und bereitete mich auf alles vor.

»Sie hat eine sehr große Ähnlichkeit. Ja, sie hat sogar Ihre Augen.«

Ich atmete erleichtert aus. »Ja«, sagte ich. »Sieht genau wie sie aus.«

»Wenn ich nicht wüßte, daß sie tot ist, hätte ich gedacht, es wär' Bette Davis.« Gladys schüttelte ihren Kopf, lächelte und fügte hinzu: »Ich hab' diese Bette-Davis-Filme immer geliebt.« Und dann wechselte sie ganz typisch das Thema. »Sagen Sie, waren Sie schon unten an der alten Quarantäne-Station – drüben, an der anderen Seite der Stadt?«

»Nein«, sagte ich. »Aber ich hab' darüber was gelesen.«

»Da gehen ganz sonderbare Dinge vor.«

»Was, zum Beispiel?«

Gladys sah sich um, vergewisserte sich, daß wir allein waren. Sie senkte ihre Stimme. »Da spukt es. Ich weiß das so sicher, wie ich hier stehe.«

»Haben *Sie* etwas gesehen?«

»Das kann man wohl sagen.«

Nach diesen Worten schaute sie wieder völlig unbeteiligt drein, öffnete die Tür und stapfte durch den Regen zurück zu ihrem Haus.

Chris lag auf seinem Bett und starrte auf den Fernseher. »Mom, *du* kannst ja deinen Tee trinken und deine Kekse essen, aber *ich* werde nicht mit Gladys herumsitzen und *Elfenbrot* essen! In fünf Minuten geht das Golfen los.«

»Chris«, bettelte ich, »nur dieses eine Mal. Sprich mit ihr über Australien. Sie ist wirklich sehr interessant.«

»Elfenbrot mit Gladys? Kommt nicht in Frage. Ich kann's nicht erwarten, bis Dad kommt. Wir werden jeden Tag Golf spielen, und dann könnt ihr euch, du und Gladys, mit euren Geistergeschichten gegenseitig erschrecken.«

Jedesmal, wenn ich die United Airlines anrief, wurde mir eine neue Ankunftszeit genannt. Um Mitternacht endlich, nachdem die Maschine schon fast nach Brisbane umgeleitet werden sollte, durfte sie dann doch landen, da die Wolkendecke aufgerissen war. Ich stand am Fenster, als das Taxi vorfuhr. Ich konnte Reuel kaum sehen. Draußen war es dunkel und neblig. Drinnen hingegen war die Bühne vorbereitet. Die Kerzen brannten, die Weinflasche war geöffnet, die Blumen waren perfekt arrangiert, und die Gastgeberin sah toll aus. Selbst Chris bemerkte das. »He, Mom«, sagte er und sang die Zeilen des bekannten Popsongs, »ich bin zu sexy, um etwas anzuhaben ...«

»Meinst du, daß es Dad gefallen wird?« fragte ich.

»Mom, vielleicht solltest du diese Dinger etwas mehr verdecken.«

»Chris, du wirst deinem italienischen Großvater mit jedem Tag ähnlicher. Geh jetzt zu Bett. Es ist schon nach zehn. Du wirst Dad morgen früh sehen.«

Ich stand in meinen neuen schwarzen Plateausandalen an der Tür und schaute auf den Gehweg. Ich war so aufgeregt wie ein siebzehnjähriges Mädchen an einem Ballabend. »Liebling«, rief ich durch den dichten Nebel, »ich kann's gar nicht glauben, daß du endlich hier bist!«

»Lizzy, bist du das?«

»Ja, wer, zum Teufel, sollte es denn sonst sein?« brüllte ich.

Reuel rief dem Taxifahrer zu: »Ja, das ist das richtige Haus.«

Als ich Reuel völlig durchnäßt in der Tür stehen sah, erinnerte ich mich daran, warum ich mich in ihn verliebt hatte. Es waren die tiefen Lachfältchen, die in einem sehr jungenhaften Gesicht seine prägnanten Wangenknochen durchschnitten. Die Tatsache, daß seine braunen Augen leicht zu seinen breiten Schultern geneigt waren, war ein zusätzlicher Bonus. Und wenn er seine Air Force-Flugkombi trug, war alles zu spät.

»Du siehst toll aus«, sagte er und schlang seine durchnäßten Arme um meinen sehr nackten Rücken.

»Ich habe dich so sehr vermißt«, schnurrte ich. »Ich bin fast verrückt geworden, weil ich dachte, du seist vielleicht wütend auf mich, weil ich dich verlassen habe. Und ich hab' gedacht, du hättest eine Geliebte, um es mir heimzuzahlen.«

»Nur *eine* Geliebte?« sagte er. »Lizzy, ich hab' sie in Connecticut so gestapelt wie die Flugzeuge über Sydney. Alle der Reihe nach. Laß mich nie wieder aus den Augen.« Er legte meine Hand auf seinen Bauch. »Ich hab' auf dem Nordic-Trimmgerät trainiert.«

»Du warst schon vorher fast perfekt«, sagte ich, »aber hätte ich gewußt, in welcher Form du sein würdest, wäre ich nie weggegangen.«

»Weißt du nicht, daß der Platz einer Frau daheim ist? In der Küche«, flüsterte er, während er mich küßte, »und im Schlafzimmer?«

»Wie wär's mit Abendessen? Ich hab' den ganzen Tag gekocht. Aber wenn du keinen richtigen Hunger hast, könnten wir einfach Mango und Papaya essen.« Er war der am sexysten aussehende Mann, der mir je begegnet war.

»Liebling«, sagte er, »nach dem Früchtebecher der United Airlines wäre das ein Rückschritt.«

Es war sein Humor, der mein Herz erobert hatte.

Wir erwachten am folgenden Morgen, noch immer innig umarmt. Dank der verrückten Vögel draußen vor unserem Schlafzimmer entging uns das Beste von Down Under nicht – ein Morgen in Australien.

»Was, zum Teufel, ist denn da draußen los?« fragte Reuel.

»Kookaburras.«

»Klingt wie im Irrenhaus«, sagte er.

»Sie wecken einen jeden Morgen mit ihrem blöden Lachen. Das hat mir Gladys erzählt.«

»Meinst du, Chris schläft noch?« fragte Reuel, während er näher zu mir rückte.

»Dad!« rief Chris. »Ich sehe deine Golfschläger nicht.«

»Ich denke, es ist Zeit aufzustehen.«

Reuel und Chris waren nicht immer so gut miteinander ausgekommen. In den ersten drei Monaten nach unserer Heirat glaubte ich, mit einem elfjährigen Trappistenmönch zusammenzuleben, der sein Schweigegelöbnis jedesmal dann erfüllte, wenn Reuel das Zimmer betrat. Und obwohl Reuel so zu tun versuchte, als seien wir eine große, glückliche Familie, deutete seine Handlungsweise darauf hin, daß auch er sich weigerte, mich zu teilen. Ich fühlte mich wie die zersägte Frau in der Bühnennummer eines Illusionisten. Doch mit der Zeit und niedrig gesetzten Erwartungen begaben wir uns auf die gefährliche Reise, eine Familie zu werden.

»Also, Chris«, sagte Reuel, »erzähl mir von diesen beknackten Kookaburras.«

»Gladys erzählte mir, daß sie kleine Vögel fressen«, sagte Chris und blätterte dabei in der letzten Ausgabe des *Golf Digest*, die Reuel mitgebracht hatte.

»Wer ist Gladys?« fragte Reuel, während er sich noch eine Scheibe Mango nahm.

»Das ist Moms beste Freundin. Die beiden sehen Gespenster.«

»Gespenster?« Reuel kicherte.

»Willst du's Dad nicht erzählen?« sagte Chris, der nie

eine Gelegenheit ausließ, Reuel wissen zu lassen, daß wir Geheimnisse hatten, in die er nicht eingeweiht war.

»Ich habe vor, das Dad heute abend zu erzählen«, sagte ich. »Das ist viel zu kompliziert, um darüber am Frühstückstisch zu reden.«

Es ergab sich, daß ich es Reuel an diesem Abend nicht erzählte. Und ich erzählte es ihm auch nicht am zweiten Abend. Wahrscheinlich hätte ich es ihm nie erzählt, wenn sich nicht der nächste Zwischenfall ereignet hätte – und das war genau sechs Tage später.

Wir waren gerade vom Strand zurückgekehrt. Chris war in seinem Zimmer, um sich nach dem Baden umzuziehen. Reuel tat in unserem Schlafzimmer das gleiche. Sie wollten auf dem etwa zwanzig Minuten entfernten Drivingrange des Golfplatzes einen Eimer Bälle schlagen. Ich war nicht sonderlich unglücklich darüber, sie für den Rest des Nachmittags los zu sein. Ich mußte unbedingt wieder schreiben, da ich dies seit Reuels Ankunft vernachlässigt hatte. Ich hatte mir fest vorgenommen, mit einem fertigen Stück nach Hause zurückzukehren. Und der Gedanke daran hatte mich an Randy erinnert. Anfang der Woche hatte ich einen Brief von ihm erhalten. Seine Handschrift mochte zwar ein wenig zitterig wirken, aber er war guten Mutes.

»Liz«, schrieb er, »tolle Neuigkeiten für uns beide. Wir sind für die MAC-Auszeichnung nominiert worden. *Manhattan Association of Cabarets & Clubs!* Du für das beste Stück und ich als bester Imitator. Stell Dir das vor! Ron hat mich für heute abend zum Essen eingeladen, um das zu feiern.« Darunter hatte er gekritzelt:

»Süße, ist mit Dir alles in Ordnung? Ich bin letzte Nacht mit dem sonderbaren Gefühl aufgewacht, daß da irgendwas nicht in Ordnung ist. Schreib bitte! Alles Liebe, Randy.«

Darunter stand noch ein PS für meinen Sohn, dem er das Kartenspielen beigebracht hatte. »Chris, wenn Du ein gutes Blatt beim Pokern hast, denk stets daran: Schau nicht belustigt drein – tu so, als seist Du echt gelangweilt. Das nennt man Pokerface.«

Ich hatte Randy gerade einen kurzen Brief geschrieben, als ich Wasser rauschen hörte. Mein erster Gedanke war, daß entweder Chris oder Reuel beschlossen hatten, zu duschen. Es dauerte ein paar Minuten, bis ich merkte, daß niemand im Badezimmer war.

»Wer hat das Wasser aufgedreht?« schrie ich. Reuel wußte nicht, weshalb ich schrie.

»Das ist eigenartig«, sagte er, während er am Duschkopf und an den Wasserhähnen drehte. »Hier ist nichts lose.«

»Chris«, sagte ich, »hast du die Dusche aufgedreht und es vergessen?«

»Sieh mich an«, antwortete er und spreizte seine Arme, »ich hab' mich schon fürs Golfen umgezogen. Warum sollte ich die Dusche aufdrehen?«

»Wenn wir zurückkommen«, sagte Reuel, während er seine Golfschläger über die Schulter hängte, »werde ich die Leitungen im Keller überprüfen.«

Auf dem Weg zur Tür warf Chris mir einen Blick zu, der sagte: Nun mach bloß keine Schau daraus, Mom.

Ich rechnete aus, daß es etwa eine ganze Woche her sein müßte, seit ich die Schritte und die Musik zum letzten Mal gehört hatte. Jetzt dies. Warum? Alles war absolut perfekt gelaufen. Selbst das Wetter spielte mit. In den letzten drei Tagen nichts als 29 Grad und sengende Sonne. Zweimal hatten Reuel und ich unter der Pergola ein spätes Abendessen eingenommen. Jetzt, wo die Sonne wieder mit aller Kraft schien, trieben überall neue, weitere interessante Blumen und Grünpflanzen. Gladys war so mit Beschneiden, Zupfen und Gießen beschäftigt, daß sie kaum Zeit dafür hatte, mehr als ein schnelles Hallo über den schmiedeeisernen Zaun zu rufen.

Als die Männer von dem Drivingrange zurückkamen, war es praktisch dunkel. Chris kam mit einem Big Mac, Pommes frites und einer Cola durch die Tür gestürzt. »Mom«, sagte er, »Dad will mit dir heute abend zum Essen ausgehen!«

Ich nahm natürlich an, daß damit die MCA-Nominierung gefeiert werden sollte.

»Ich glaube, er fühlt sich schuldig.«

»Schuldig? Warum sollte er sich schuldig fühlen?«

Chris schwieg plötzlich.

»Sag mir, warum er sich schuldig fühlen sollte«, sagte ich und nahm ihm die Fernbedienung des Fernsehers aus der Hand.

»Ich weiß nicht.« Er zuckte die Schultern.

»Kein Fernsehen, bis du gestehst.« Wenn es nötig war, konnte ich hart sein.

»Na ja, vielleicht deshalb, weil wir auf dem Weg zum Golfplatz über diese unheiiiiiimliche Dusche gelacht haben.«

»Ihr beide fandet das also komisch, ja?«

»Irgendwie schon«, sagte Chris, während er sein Schlemmermahl vor dem dunklen Fernsehbildschirm arrangierte. »Mom, ich hoffe, du hast nichts dagegen, aber – na ja – ich hab' Dad von den Schritten erzählt.«

»Was hat er gesagt?«

»Oh, nichts«, erwiderte er schuldbewußt, aber auch nicht wieder so schuldbewußt.

»Chris«, sagte ich und schwenkte die Fernbedienung, »erzähl mir, was Dad gesagt hat.«

Er zögerte. Dann meinte er: »Daß wir dich aufmuntern sollen.«

»Mich *aufmuntern*?«

Chris schob sich eine Handvoll Pommes frites in den Mund. »Könnte ich jetzt, *bitte*, die Fernbedienung haben?«

An diesem Abend aßen Reuel und ich in einem dieser Straßencafés, die den Corso säumen. Es hieß Crystals und stand in dem Ruf, die besten Meeresfrüchtegerichte zu haben. Bei einer Flasche australischen Chardonnays erzählte ich Reuel meine Version der Geschichte vom Anfang bis zum Ende mit allen geisterhaften Einzelheiten. Die ganze Zeit, während ich sprach, spielte ein unterdrücktes Lächeln auf seinem jungenhaften Gesicht.

»Liz, ich bin jetzt eine Woche hier«, sagte Reuel und schlug die überdimensionierte Speisekarte auf. »Ich habe weder Schritte noch unheimliche Musik gehört. Mal abgesehen von der, die Chris mit voller Lautstärke spielt.«

»Und was ist mit der Dusche?«

»Wahrscheinlich plötzlicher Überdruck.«

»Du meinst also, ich bin verrückt?«

»Nein, ich meine, daß es dafür eine logische Erklärung gibt. Liebling«, sagte Reuel und nahm meine Hand,

»du wohnst in einem alten Haus. Und in alten Häusern quietscht es nun mal merkwürdig.«

»Ich weiß, was ich gehört habe«, sagte ich. Ich entzog meine Hand seinem gönnerhaften Griff und schenkte mein Weinglas nach. »Du glaubst mir einfach nicht.«

»Liz, ich bin Air Force-Pilot. Ich habe mein ganzes Leben mit harten, nackten Tatsachen zu tun. Ich halte nichts von Casper, dem kleinen Geist. Sollen wir bestellen?«

»Und das ist es, ja?« sagte ich.

Er grinste breit. Ich konnte ihm einfach nicht böse sein. Aber ich schwieg auch nicht. Und so begann ich Reuel, zum ersten Mal, seit wir uns kannten, von meinen früheren paranormalen Erfahrungen zu berichten. Ich war schließlich zwanzig Jahre zuvor an der Universität London von Dr. John Barnowski, dem Chef der Abteilung für übersinnliche Wahrnehmung auf übersinnliche Fähigkeiten getestet worden. Am Ende der dreimonatigen Testperiode hatte Dr. Barnowski die Schlußfolgerung gezogen, daß meine übersinnliche Wahrnehmung ›höchst ausgeprägt‹ sei.

»Ach, ja?« sagte Reuel. Obwohl er noch immer unterdrückt lächelte, schien er echt beeindruckt zu sein.

»Aber der Doktor erwähnte auch, daß ich deshalb nicht zu hochmütig sein sollte, weil jeder Durchschnittsbürger diese Fähigkeiten mehr oder weniger besitzt.«

»Ich glaube wirklich, daß Frauen intuitiver als Männer sind«, sagte Reuel, womit er mir den Friedenszweig reichte.

»Du ›munterst‹ mich also nicht nur auf?«

»Natürlich nicht. Frauen haben *definitiv* einen sechsten Sinn. Das glaube ich ehrlich.«

Okay, sagte ich mir, ich hab' ihn dazu gebracht, wenigstens das zuzugeben. Jetzt laß es dabei. Ich will einfach die nächsten vier Wochen genießen, die wir gemeinsam haben. Und genau das taten wir. Nach dem Abendessen spazierten wir händchenhaltend am Strand entlang und küßten uns. Und dann führte uns die Göttin des australischen gelben Sandes zu einer sehr abgeschiedenen Stelle und spöttelte über uns, bis wir der Versuchung nicht länger widerstehen konnten. Ich trug das schwarze Kleid.

Drei Tage nach unserem Abendessen im Crystals flog der bei uns wohnhafte Kakadu durch die offenstehende Haustür herein, kreiste ein paarmal um unseren Eßtisch und tat etwas, das Reuels Aufmerksamkeit erregte. Das Beste daran war, daß nur Reuel sah, daß es geschah. Er hatte auf einem Stuhl direkt gegenüber dem Eßtisch gesessen und den *Sydney Morning Herald* gelesen. Ich war im Keller und machte die Wäsche.

»Lizzy«, rief er mir zu, »dieser Vogel – der, mit dem Chris ständig spricht – ist gerade ins Haus geflogen und dann wieder abgehauen.«

»Du meinst Prinz Charles?«

»Ich denk' schon«, sagte Reuel, der plötzlich in der Waschküche auftauchte. »Der verdammte Vogel hat diese Muschelschale direkt auf deine Computertastatur fallen lassen. Sieht aus, als sei sie versteinert.«

»Das ist ja eigenartig«, sagte ich, während ich sie untersuchte.

»Wir sollten die Eingangstür lieber geschlossen halten«, warnte Reuel. »Das hat uns gerade noch gefehlt – Vogelscheiß überall im Haus.«

»Weißt du«, sagte ich, »daß ich mir gestern abend vorgenommen hatte, nicht wieder mit irgendwelchen unheimlichen Sachen zu kommen? Aber diesen Vorsatz lasse ich jetzt fallen.«

»Ich höre«, sagte er und bereitete sich auf alles vor.

Ich gab das Waschmittel in die Maschine, drehte den Knopf und sagte meinen Text: »Dieser Vogel hat uns gerade eine Nachricht gebracht.«

»Oh, Lizzy. Chris hat diesen Vogel gefüttert, und das bedeutet nichts weiter, als daß dieser Vogel das zu seinem Vorteil ausnutzt.«

»Irrtum«, sagte ich. »Die Muschel allein will nichts besagen. Aber in Verbindung mit den Schritten und der Musik ist es einfach zuviel, um es zu ignorieren.« Ich holte Kleidungsstücke aus dem Trockner. »Irgendwie habe ich das Gefühl, daß wir auf heiligem Aborigines-Boden stehen.«

»Liebling, in genau diesem Augenblick stehst du auf meinem Golfhemd.«

Ich verbrachte den Rest des Abends damit, jedes plausible Argument, das mir einfiel, vorzutragen, um Reuel deutlich zu machen, daß diese Dinge existieren *können* und *daß* sie existieren. Ich erzählte ihm, daß sehr respektable Menschen an das Übernatürliche geglaubt haben. »Weißt du, was Albert Schweitzer zu all dem gesagt hat?« Ich wartete seine Antwort nicht ab. »Er sagte, daß der einzige Weg zu einem besseren Verständnis der Wirklichkeit die Erforschung übernatürlicher Wahrnehmung sei.«

»Ach, ja?« murmelte Reuel, der seinen Kopf in den *Golf Digest* gesteckt hatte.

»Und möchtest du wissen, was der *skeptische* Sigmund Freud zu sagen hatte?«

»Hmm.«

»Er sagte: ›Wenn ich mein Leben nochmals leben müßte, würde ich mich der Erforschung des Übernatürlichen statt der Psychoanalyse widmen.‹ Und möchtest du wissen, was ...«

»Möchtest du wissen, was Reuel Dorman sagt?« fragte er.

»Eigentlich nicht«, antwortete ich.

»Er sagt, das ist gequirlte Kacke.«

»Okay, vergiß es«, sagte ich und fand mich mit seiner einseitigen Betrachtungsweise ab.

Als er merkte, daß ich das Thema nicht weiterverfolgen wollte, änderte er seine Meinung. »Liz«, sagte er und folgte mir in die Küche, »was erwartest du von mir? Was soll ich tun?«

Und ich erzählte es ihm. »Ich möchte, daß du heute abend, nachdem Chris schlafengegangen ist, mit mir in den Keller gehst und mein neues, selbst gemachtes Oui-ja-Brett ausprobierst.«

»Was?« sagte Reuel. Er war echt verblüfft.

»Was ist denn? Hat man euch an der Wharton Business School nichts über Oui-ja-Bretter beigebracht?«

»Ich glaube nicht«, sagte er lachend.

Ich erzählte Reuel, daß John und ich das Oui-ja-Brett anfangs auch für ein albernes Spiel gehalten und die ganze Idee als lächerlich abgetan hatten. Aber als wir uns intensiver mit dem Paranormalen beschäftigten, stellten wir fest, daß es tatsächlich nachprüfbare Nachrichten vermitteln konnte. An einem Abend versuchten wir das voller Zweifel auf Vorschlag zweier erfahrener Piloten der Eastern Airlines, die dem Geist begegnet waren. Nach einer Reihe wirrer Worte begannen wir plötzlich zusammenhängende Nachricht zu empfangen – die allem Anschein nach von dem toten Flugingenieur kamen! Diese Nachrichten wurden schließlich von seiner Witwe bestätigt, deren erste Reaktion Schock und Unglauben war. Später jedoch vertraute sie uns an, daß *niemand* außer ihr selbst die Information gehabt haben konnte, die wir empfangen hatten.

»Okay«, sagte Reuel, »genug mit dem Gerede. Was habe ich zu tun?«

»Das zeige ich dir heute abend«, sagte ich.

4. Kapitel

Mann, hier unten kann man wirklich die Erde riechen«, sagte ich, als ich die Kerze auf den kleinen Eichentisch neben dem Bett stellte.

»Wie Erde riecht, weiß ich nicht. Für mich riecht das wie frische Farbe«, erwiderte Reuel, wie immer ganz sachlich.

»Gladys sagte, daß diese Räume erst vor ein paar Monaten ausgebaut worden sind.«

Reuel sah sich um und blickte aus dem Fenster, das etwa in Augenhöhe war. »Das ist ein ganz schön tiefer Keller«, stellte er fest. »Die haben sehr tief graben müssen, um diese Höhe zu bekommen.«

Ich setzte mich auf eines der Doppelbetten und schlug Reuel vor, sich einen Korbstuhl heranzuziehen und sich mir gegenüber hinzusetzen. Nachdem wir es uns bequem gemacht hatten, legte ich das Oui-ja-Brett zwischen uns auf die Knie.

»Woraus hast du das verrückte Ding gemacht?« Reuel kicherte.

»Aus einem Tablett«, sagte ich. Ich hatte Karton darauf gelegt und darauf mit einem von Chris' Filzstiften die Buchstaben des Alphabets geschrieben. »Clever, wie?«

»Ein echter Marconi«, sagte Reuel. Zu totaler Kooperation war er keinesfalls bereit – ein weiterer Grund, warum ich verrückt nach ihm war. Er nahm ein durchsichtiges Stück Plastik von dem Brett auf und betrachtete es. »Was ist das denn für ein Ding?«

»Darauf werden wir unsere Finger legen. Schau her«, sagte ich und demonstrierte es ihm. »Es gleitet um das Brett über die verschiedenen Buchstaben des Alphabets. Wenn es über einem Buchstaben hält, schauen wir einfach durch das Plastikstück und sagen den Buchstaben laut, so daß der Kassettenrecorder ihn aufzeichnen kann.«

»Nein, ich meine – was ist das?«

»Wieso willst du das wissen?« schnappte ich.

»Ich bin einfach neugierig. Was ist das?«

»Es ist der Deckel einer Puderdose«, sagte ich verärgert. »Ich hab' die heute in der Drogerie gekauft. Und jetzt hör auf mit dem Rumgerede und laß uns anfangen.«

»Das ist lächerlich«, sagte Reuel. Er stand auf.

»Setz dich!« befahl ich dem Oberst. »Du hast versprochen, daß wir's versuchen wollen.«

Er setzte sich wieder. »Dann erkläre mir, was wir zu tun haben.«

»Zuerst werde ich uns in einen veränderten Bewußtseinszustand bringen, indem wir tief einatmen.«

»Oh, Gott, wenn das je einer meiner Fliegerkameraden ...«

»*Bitte*, nun laß doch mal deinen Unglauben«, bat ich. »Nur für die nächste halbe *Stunde*.«

Nachdem wir mehrfach tief eingeatmet hatten, sagte ich Reuel, er solle sich vorstellen, von einem spirituellen weißen Licht umgeben zu sein. Daraufhin rastete er aus.

»Ich gehe!«

Aus Angst, meinen Oui-ja-Partner zu verlieren, beendete ich die Meditation sofort und kam zur Sache. Ich bedeutete ihm, seine Finger sanft auf den Plastikanzeiger zu legen. Ich tat das gleiche.

Nach etwa einer Minute begann er sich zu bewegen. Ganz schwach zunächst.

»Liz, du bewegst ihn.«

»Das tue ich nicht!«

Der Zeiger bewegte sich in langsamen, unregelmäßigen Kreisen weiter.

»Wenn du ihn nicht bewegst und ich ihn nicht bewege, wer, Teufel noch mal, bewegt ihn dann?«

»Ich hab' dir doch die Theorie erklärt«, antwortete ich und versuchte ruhig zu bleiben. »Es könnte dein Unterbewußtsein sein, es könnten aber auch Geister sein.«

»Wie dumm von mir«, sagte er. »Das hab' ich völlig vergessen.«

Ich schloß meine Augen und stellte mir vor, von einem schützenden weißen Licht umgeben zu sein, dies nur für den Fall, daß böse Geister in der Nähe waren. »Ist jemand da?«

Der Plastikzeiger begann schneller zu werden und begab sich zu der Ecke, in der das Wort JA geschrieben war.

»Bewegt dein Unterbewußtsein das Ding?« fragte Reuel. Seine Stimme klang sarkastisch.

»Hast du eine Botschaft für uns?« fragte ich das Brett. Ich ignorierte ihn.

Unsere Finger bewegten sich schnell zu den Buchstaben des Alphabets.

Jetzt machte ich Reuel Vorwürfe. »*Du* bewegst das! Du willst das alles nur lächerlich machen, und deshalb bewegst *du* das.«

»Ich schwöre, ich tu' das nicht! Sieh doch – meine Finger berühren es ja kaum.«

Ein kalter Schauer überkam mich.

Jetzt glitt der Zeiger von einem Buchstaben zum anderen. Aber sie ergaben überhaupt keinen Sinn.

B-A-G-E-E-Y-N

»Ist das ein Wort?« rief ich.

Der Zeiger bewegte sich in wilden Kreisen. Es war erschreckend. Es war, als ob jemand direkt über uns stünde und unsere Finger führte. Ich erinnerte mich nicht, seit den Recherchen für Flug 401 solche Angst gehabt zu haben.

»Sind wir auf Aborigines-Boden?« fragte ich.

JA

»Liz, er ging auf ›ja‹, weil du glaubst, wir seien auf Aborigines-Boden«, erklärte Reuel sehr sachlich.

»Gut. Mag sein«, sagte ich. Irgendwie freute ich mich heimlich über eine rationale Erklärung. »Laß uns etwas anderes fragen.«

»Frag nach der Dusche.«

»Wer immer hier ist, hattest du etwas mit der Dusche zu tun?«

N-G-I-T-Y-A-L-I

»Was soll dieser Quatsch?« fragte Reuel das Brett.

Unsere Finger kamen langsam zum Halt.

»Hast du Dinge im Haus getan, um unsere Aufmerksamkeit zu wecken?« fragte ich.

Der Zeiger begann wieder wild zu kreisen und zog unsere Finger von Buchstabe zu Buchstabe mit einer Energie über das Brett, wie ich sie nie zuvor erlebt hatte.

K-I-R-A-W-E-E

»Was ist *kirawee*?« fragte ich.

B-O-T-S-C-H-A-F-T

»Es war eine Botschaft?« fragte ich.

JA

Das Frösteln, das ich verpürte, war jetzt stärker. »Es *kühlt* sich hier ab«, sagte ich zu Reuel.

»Es ist ein wenig feucht«, sagte er beschwichtigend. »Laß uns Schluß machen für heute.«

»Warte. Ist Kirawee ein Aborigines-Wort?« fragte ich das Brett.

JA

Ich schaute Reuel an. »Möchtest du etwas fragen?«

»Ja«, sagte Reuel. »Können wir den Geist sehen?«

»Das ist albern.«

»Warum?« widersprach Reuel. »Haben die Piloten und Flugbegleiter in Johns *Geist von Flug 401* den Geist nicht gesehen?«

»Aber sie haben nicht darum *gebeten*, ihn zu sehen.«

»Liz«, sagte Reuel, »sag dem, wer immer es sein mag, daß wir ihn sehen wollen.«

»Gut.« Ich hob meinen Kopf himmelwärts. »Mein skeptischer Mann glaubt an all dies nicht. Könntest du bitte etwas Stoffliches tun, um ihm zu beweisen, daß du wirklich hier bist?«

W-A-R-T-E

Ich spürte plötzlich einen kalten Windstoß an mir

vorbeistreichen. »Du wirst etwas tun, um zu beweisen, daß du wirklich hier bist?«

JA

»Liz«, sagte Reuel, »frag, wie lange wir darauf warten sollen.«

M-A-N-N-A-U-F-P-F-E-R-D

»Wir werden einen Mann auf einem Pferd sehen?« sagte ich zur Decke.

JA

Reuel wieder darauf: »Frag, *wo* wir diesen Mann auf Pferd sehen werden.«

T-R-G-I-L-A-C-K-I

Reuels Reaktion: »Nichts als noch mehr Unsinn.«

»Moment mal«, fragte ich das Brett. »Könnten wir deutlichere Botschaften bekommen, wenn ich es mit einem veränderten Bewußtseinszustand versuchte?«

T-E-S-T

»Was ist ein veränderter Bewußtseinszustand?« wollte Reuel wissen.

»Ich werde mich einfach hinlegen und meditieren. Und dann werde ich darum bitten, daß die Botschaften direkt durch mich kommen.«

Ich roch plötzlich Rauch. Ich hatte Angst, ich hätte den Herd angelassen.

»Riechst du etwas?« fragte ich Reuel.

»Jemand macht ein Barbecue im Hof«, erwiderte er mit seinem skeptischen unterdrückten Lächeln.

»Riecht mehr nach brennenden Blättern.«

»Es ist ein Barbecue, Liz.«

»Ich denke, ich sollte es mit dem veränderten Zustand versuchen.«

»Jetzt?«

»Ja«, sagte ich. »Bist du nicht neugierig, mehr zu erfahren?«

»Lizzy, ich glaube, ich habe für heute genug von der *Twilight Zone.*« Reuel nahm das Oui-ja-Brett sofort von unseren Schößen. »Laß uns schlafen gehen«, sagte er und legte sich neben mich auf das Doppelbett.

»Hier auf dieser kleinen Pritsche?«

Reuel streifte sein Hemd ab. »Im Sand hattest du auch keine Hemmungen.«

»Aber wir hatten den ganzen Strand für uns allein.«

»Und jetzt haben wir das ganze verhexte Untergeschoß für uns allein. Wir bleiben einfach hier und warten auf den Mann auf dem Pferd. Unheiiiiimlich ...«

»Laß uns nach oben gehen«, sagte ich. Aber bald gab ich nach und schmolz in seinen Armen.

Wir wachten am nächsten Morgen durch den Lärm der Kookaburras auf, oder, wie Gladys es ausdrücken würde, der lachende Hans sagte uns, daß es Zeit zum Frühstücken sei.

»Diese verdammten Vögel lachen ja so laut, daß man's hier unten hört«, sagte Reuel, küßte mein Ohr und legte sich zugleich mit dem ganzen Geschick und der kultivierten Kraft eines Mannes auf mich, der gleichzeitig ein Flugzeug landen und eine Frau angeln konnte. In diesem Augenblick verschwand ein albernes, nervöses Gefühl in mir.

»He, du solltest mich besser nicht bumsen«, sagte ich und meinte das nicht völlig scherzhaft.

»Du bist die schönste Frau, die ich je gekannt habe«,

erwiderte Reuel und bewegte sich zu dem anderen Ohr. »Ich-bin-total-verrückt-nach-dir.«

»So mag ich es«, sagte ich.

»Und du bist ein bißchen verrückt. Du und deine Oui-ja-Bretter und deine komischen Freunde.«

»Nur weiter.«

»Und weil wir im Vatikan geheiratet haben, halte ich dir auf ewig die Treue.«

Ich wollte auch, daß es für immer war. Tatsächlich hatten Reuel und ich anderthalb Jahre zuvor unser Eheversprechen in der Chorkapelle des Petersdomes wiederholt. Es war so wundervoll, so romantisch. Nur Reuel und ich, als wir uns ewige Treue inmitten von Weihrauch, vergoldeten Cherubinen und Marmorstatuen von Heiligen schworen, die Hunderte von Jahren zuvor geschaffen worden waren. Wenn ich je geglaubt hatte, eigentlich keine richtige Katholikin zu sein, dann war dieser Gedanke in der Sekunde verdrängt gewesen, als Reuel mir den Ehering seiner Urgroßmutter auf den Finger streifte und Vater John J. Foley mit deutlichem irischen Akzent intonierte: »Und so erkläre ich euch nach den Riten der Katholischen Kirche zu Mann und Frau.«

Oft, wenn Reuel und ich uns liebten, dachte ich an die Heiligkeit unseres Versprechens, und die Intensität des Augenblicks nahm zu. Ich liebte die Tatsache, daß wir verheiratet waren. Daß wir einander nicht verlassen konnten. Wir würden zusammen alt werden. Was für ein Gefühl von Sicherheit.

»He«, fragte ich, während wir an die fünfunddreißigtausend Fuß über dem Bett schwebten und noch immer nicht die Reiseflughöhe erreicht hatten, »wirst du mich auch noch lieben, wenn ich eines Tages zum Periodontisten muß, um meine Zahnwurzeln behandeln zu lassen?«

»Ohhh, ja, ja, ja«, flüsterte er an meinen Kopf gepreßt. »Mein Cousin ist Periodontist.«

»Er ist Augenarzt«, sagte ich, während ich ins Paradies flog.

»Ohhh, ja, das ist er«, gurrte Reuel.

Wieder auf dem Bett, wo es reichlich Sauerstoff gab, erinnerte ich mich plötzlich an den Traum, den ich in dieser Nacht gehabt hatte. Er begann langsam in allen Einzelheiten wieder deutlich zu werden. Es war absolut toll.

»Zeit zum Kaffee«, sagte Reuel und küßte mich zärtlich auf die Stirn. Er sprang auf und streifte seine Timberland-Mokassins über.

»Ich hab' geträumt, ich sei einem Aborigines-Geisterdoktor begegnet«, platzte ich heraus.

»Ach, ja?« Reuel lächelte.

»Gott, es war so wirklich.«

»Lizzy«, sagte Reuel. Seine Augen glänzten, und er war sichtlich erregt. »Was hast du mit meinem neuen weißen Golfhemd gemacht?«

»Das ist im Trockner«, sagte ich, erstaunt über seine Fähigkeit, nahtlos von einer Leidenschaft auf die andere umzuschalten.

»Ich hoffe, es ist nicht eingelaufen.«

»He, Augenblick. Du mußt hören, was ich geträumt habe.«

»Schieß los«, sagte Reuel entgegenkommend. Er setzte sich neben mich auf das Bett. »Du hast also einen Aborigine in deinem Traum gesehen?«

»Ja. Er stand oben an der Treppe. Direkt neben der Spüle in der Küche. Seine Haut war pechschwarz. So schwarz wie mein T-Shirt«, sagte ich und griff danach. Es lag auf dem Boden. »Seine Brust und sein Gesicht waren mit weißem Puder oder so bemalt. Und er war von einem durchdringenden Geruch brennender Blätter umgeben.«

»Das liegt daran, weil du gestern nacht vorm Einschlafen glaubtest, brennende Blätter gerochen zu haben. Vergiß nicht, Liz, daß du daran zuletzt gedacht hast.«

»Richtig. Aber dieser Aborigine hatte eine Art Kopfschmuck auf. Mit Federn und Muscheln.«

»Wie ein afrikanischer Medizinmann?«

»So ähnlich. Aber das sonderbarste bei all dem war – ich hatte keine Angst.«

»Es war nur ein Traum«, beruhigte Reuel mich. Jetzt lächelte er auf die Weise, wie Eltern es bei einem hysterischen Kind tun, das durch Monster unter seinem Bett aufgewacht ist.

»Ja. Aber es wirkte wirklich so real«, sagte ich, während mir weitere Einzelheiten einfielen. »Er erzählte mir, er sei ein Heiler. Daß sein Stamm einmal auf dem Boden gelebt habe, auf dem dieses Haus steht.«

»*Daran* hast du ebenfalls gedacht«, sagte Reuel. »Erinnerst du dich, wie wir dieses verrückte Oui-ja-Brett gefragt haben, ob wir auf Aborigines-Boden sind?«

»Du hast recht«, gab ich zu.

»Also weiter«, sagte Reuel, sichtlich daran interessiert, Erklärungen zu finden und Vernunft in das Gespräch zu bringen.

»Er sagte, er wolle heilen.«

»Heilen? Was fehlt dir?«

»Ich glaube nicht, daß mir was fehlt. Ich habe ihn gefragt, ob er Randy heilen könnte.«

»Und?«

»Er sagte, daß *ich* die Heilung bekommen würde. Und daß ich zu jemandem gebracht werden würde, der mir Wissen vermittelt, das Randy helfen wird.«

»Und zu wem sollst du gebracht werden?«

»Er zeigte mir einen schwarzen Mann, der auf einem Pferd saß.«

»Wieder etwas, das wir vom Oui-ja-Brett haben«, sagte Reuel. »Nun sieh doch mal, Lizzy. Träume sind nichts weiter als das, was einem tagsüber durch den Kopf geht.« Er kicherte. »Mach weiter.«

»Er sagte mir, ich sei aus einem besonderen Grunde hier.«

»Aus welchem Grund?«

»Er sagte, ich würde das bald erfahren. Ich erinnere mich, diesem Geisterdoktor gesagt zu haben, daß ich meinen Mann wecken wollte ...«

»Und wo war *ich*?«

»Du hast neben mir geschlafen.«

»Und du hast mich nicht aufgeweckt?«

»Das stimmt. Denn bevor ich dazu Gelegenheit hatte, nahm er so eine Art bemalten Stock und begann ihn über meinem Kopf zu schwenken. Und dabei sang er mit hoher Stimme. Dann nahm er Papierrinde – du weißt schon, diese weiche Rinde ...«

»O ja, diese hauchdünne Rinde, die sich einfach von den Baumstämmen hier abschält.«

»Richtig. Er zerbröselte sie und verstreute sie neben

meinen Füßen. Als ob er eine Art Ritual vollziehen würde. Ich begann zu weinen. Und dann zu lachen. Aber ich hatte keine Angst. Sein Gesicht war so ruhig. Und so voller Mitgefühl.«

Reuel warf einen Blick auf seine Armbanduhr. »Klingt ganz nach einem Traum.« Dann stand er auf und testete noch einmal seinen Golfschwung. »Wie wär's, wenn ich zu dem kleinen Laden runtergehe, den *Morning Herald* und Croissants hole?«

»Toll«, sagte ich, während ich aufstand. Ich freute mich, daß er sich meinen Traum zumindest angehört hatte. Ich brannte auch darauf, den Tag zu beginnen. Ich wollte am Vormittag schreiben. Zu Mittag war ich mit Gladys auf dem Corso verabredet. »Wenn du zurückkommst, laß uns im Garten frühstücken«, rief ich Reuel zu. Er war in der Waschküche und sah nach, ob sein Golfhemd eingelaufen war.

»Toll!« sagte er.

Seinem Tonfall nach zu urteilen, war das Hemd nicht eingelaufen. Während ich zum Badezimmer ging, rief ich Reuel, der schon halb die Treppe hoch war, zu: »Liebling, könntest du den Kaffee aufsetzen?«

Ich war gerade unter die Dusche gegangen, als ich Reuel rufen hörte: »Liz! Liz!«

Ich nahm ein Handtuch und rannte nach oben. Reuel stand an der Küchenspüle. Er hielt die Kaffeemühle in der einen Hand und die Tüte mit den Kaffeebohnen in der anderen. Alle Farbe war aus seinem Gesicht gewichen. Draußen konnte ich Prinz Charles auf einem kahlen Frangipaniast sehen. Er schaute durch das offene Fenster herein.

»Was ist los?« fragte ich.

»Sieh doch«, sagte er und deutete mit seinem Fuß auf den Boden vor ihm.

»Was ist das?«

»Papierrinde.«

»Wie?«

»*Zerbröselte* Papierrinde. Dein Traum, Liz. Erinnerst du dich an deinen Traum?«

Es war später Nachmittag, als ich vom Essen mit Gladys zurückkam. Ich hatte ihr von dem Traum erzählt, von der Begebenheit mit der Papierrinde und von der Muschelschale, die auf meinen Computer fallengelassen worden war. Darauf berichtete sie, daß während der Ausschachtungsarbeiten für unseren Keller überall Muschelschalen herumgeflogen seien. Viele davon seien in ihrem Garten gelandet. Es seien alte Schalen gewesen, versteinerte, fügte sie hinzu. Als ich das hörte, spekulierte ich, ein wenig wild vielleicht, ob der Kakadu ein Bote sein könne, den der Geisterdoktor geschickt habe. Gladys Antwort war entsprechend. »Okay, dann können wir uns auch die Rechnung für Fisch und Chips geben lassen und gehen.«

Ich war gerade dabei, ein wenig im Garten zu arbeiten – um etwas von dem Fisch und den Chips zu verbrennen –, als das Telefon klingelte. Es war Victoria Williamson. Sie und ihr Mann Peter, die das Haus für uns gefunden hatten, während wir noch in den Vereinigten Staaten waren, waren vom Besuch bei ihrer Familie in England zurückgekehrt. Wie ich denn in Manly zurechtkäme? Ob ich zufrieden mit dem Haus sei? Sie wollte unbedingt die kleinste Einzelheit erfahren, und ob ich am nächsten Tag nach Avalon kommen und mit ihr Mittagessen könnte. Das läge knappe fünfundvierzig Minuten nördlich von Manly. Die Fahrt sei absolut atemberaubend. Aber ich solle vorsichtig sein. Die Küstenstraße sei schmal und kurvenreich und an vielen Stellen aus dem Berg gehauen und fiele steil zum Ozean ab. Oha! Als ich hörte ›steil‹, dachte ich, die einzige Möglichkeit nach Avalon zu kommen, ist mit Reuels Leihwagen zu fahren. Ich müßte mich hinter das Steuer klemmen, und dies, wo alles auf der falschen Straßenseite war. Ich würde ganz sicher nicht mit meinem australischen Fahrtraining auf einer gewundenen, schmalen Küstenstraße beginnen. Reuel hingegen liebte nichts mehr als mörderische Kurven in fremden Ländern. Das war seinem Grand Prix-Komplex förderlich.

Also setzten Reuel und Chris mich mittags vor dem Avalon-Café ab. Sie wollten fünfzehn Minuten weiter südwärts nach Long Reef fahren, einem Golfplatz, der direkt am Ozean lag. Ihre einzige Sorge war, daß ich nach dem Mittagessen nichts zu tun hätte, bis sie ihre achtzehn Löcher durchgespielt hatten. Sie hatten nicht die Absicht, ihr Spiel abzukürzen – dazu waren die Platzgebühren zu hoch. Ich versicherte ihnen nachdrücklich, daß ich nichts mehr liebte, als durch teure Orte zu spazieren und mir die ganze Pracht anzusehen. Als sie losfuhren, rief Chris noch: »Mom, falls du dich doch langweilst, sieh doch mal, ob's irgendwo coole T-Shirt-Läden gibt.«

Ich lachte. Ein Blick auf Avalon sagte mir, daß es hier garantiert keine T-Shirt-Läden geben würde. Die Stadt hatte das Ambiente von Palm Springs oder Sarasota. Die Hauptstraße war buchstäblich übersät mit Palmen, Blumengeschäften, europäischen Boutiquen, Straßencafés, in denen Müsli und Bohnensprossen auf Pitabrot serviert wurde, Bistros mit französischen Gerichten, Schuhgeschäften, in denen es Sandalen von Ferragamo und Gucci zu kaufen gab, italienischen Designerkindermodengeschäften, die auf eine Prinzessin Fergie warteten, und einer Unmenge von Frauen, die wie Olivia Newton-John aussahen und mit Kinderwagen und Surfbrettern in und aus erdfarbigen Geländewagen hüpften.

Ich ging in ein Blumengeschäft, wo ich die perfekte Karte für Randy fand – ein handgemaltes Aquarell eines Pfirsichbaumes, in dessen Wipfel ein Kakadu saß. Ich setzte mich auf eine Bank vor dem Laden und schrieb ein paar Zeilen, um ihm (und mir) zu der MAC-Nominierung zu gratulieren. Dann ging ich in ein Café, wo ich frisch gepreßte Zitronenlimonade bestellte, und genoß die Herbstsonne, die auf die Markise über meinem Kopf knallte. Wie sagt man doch gleich? Frauen können nicht zu dünn oder zu reich sein. Bei mir ist das so, daß ich nicht zu over- oder zu underdressed sein kann. Aber was ich trug, war nicht unpassend – Khakishorts, Pullunder, Riemchensandalen, John-Lennon-Sonnenbrille.

Ich hatte ausgerechnet, daß ich Victoria seit über fünf Jahren nicht gesehen hatte. Wir hatten uns vor fünfzehn Jahren in Westport beim Kunstunterricht kennengelernt. Es waren die Unterschiede, die uns eigentlich zueinander geführt hatten. Sie war präzise und liebte den Realismus, zarte Blumen, für deren Fertigstellung sie Wochen brauchte. Ich war schludrig, bevorzugte das Abstrakte – das ging schnell und leicht –, und alles, was ich malte, hatte etwas Düsteres, Tragisches an sich. Ich erinnere mich, daß Victoria einmal eine meiner recht bedrohlichen Leinwände betrachtete und mit ihrem schrecklichen britischen Akzent sagte: »Elizabeth, Schätzchen, hast du schon mal überlegt, wie es wäre, Seestücke in Pastell zu malen?«

Ich lächelte bei dem Gedanken daran, als ich Victoria auf der anderen Straßenseite an einer Verkehrsampel stehen sah. Sie war nicht zu übersehen – fünfzig und noch was Jahre alt und glänzendes, schulterlanges dunkles Haar, eine hautenge weiße Hose, langärmelige Manschettenbluse und Mokassins, denen man ansah, daß sie sündhaft teuer waren. Mir war oft der Gedanke gekommen, daß sie so etwas wie eine abgesetzte britische Königin sein könnte. Als sie näherkam, überraschte es mich nicht zu sehen, daß sie ihr porzellanfarbenes Gesicht völlig mit Sonnenschutzcreme bedeckt hatte. Sie machte sich wegen des Ozonlochs Sorgen, und in Westport ging das Gerücht, daß Victoria nur ihrem australischen Mann Peter zuliebe nach Australien gezogen sei.

Es gab kein banales Geplauder. In dieser Hinsicht war Victoria nicht typisch britisch.

Sie nahm ihre Sophia-Loren-Sonnenbrille ab und küßte mich auf europäische Art auf beide Wangen. Nachdem wir im Restaurant Platz genommen hatten, kam sie gleich zur Sache. »Liebste«, sagte sie, »Peter und ich waren *schockiert*, als wir hörten, daß du einen Geschäftsmann geheiratet hast. Wir dachten, du würdest wieder einen Schriftsteller finden. Geht das gut?«

»Besser als ich gedacht habe«, sagte ich.

»Wirklich?«

»Ja. Wir sind so verschieden wie Tag und Nacht. Ich habe John angebetet. Aber, Victoria, es ist nicht immer leicht, mit einem anderen Schriftsteller zusammenzuleben.«

Victoria nahm ein Gummiband aus ihrer Chanel-Umhängetasche und band ihr Haar zu einem Pferdeschwanz zusammen, ein Protest gegen die entsetzliche Hitze der südlichen Hemisphäre. »Elizabeth, ich weiß genau, was du meinst. Manchmal wünsche ich mir auch, daß Peter *kein* Schriftsteller wäre.«

»Ich glaub' dir kein Wort«, sagte ich auf Victorias wenig überzeugendes Grinsen hin. Victoria lebte in der Literaturszene, und dies nicht, um Wein und Käse runterzuschlingen. Sie und Peter verbrachten ihre gesamte Freizeit im Theater, bei Konzerten und in Museen. Ich war mir nicht ganz sicher, worauf unsere Freundschaft basierte. Ein typisches Gespräch mit Victoria verlief so, daß sie beispielsweise über Puccinis letzte Oper sprach, während ich pikiert dasaß, ohne zu wissen, worüber sie eigentlich sprach, und daran dachte, daß das letzte, was ich gesehen hatte, *Dumb and Dumber* im Fernsehen gewesen war.

»Liebste, Peter und ich waren ja völlig hingerissen, als wir die Kritik über dein Stück in der *London Times* lasen.«

»Oh, die war so gut, weil Randy Allen als Bette Davis so großartig war, als das Off-off-Broadway aufgeführt wurde«, sagte ich.

»Muß zum Lachen gewesen sein, mit einem Mann zu spielen, der Damenkleidung trägt.«

»Ich will dir erzählen, was wirklich zum Lachen war«, begann ich. »An dem Tag, als Reuel von einem Flugeinsatz nach Hause kam und ins Wohnzimmer spazierte, probten Randy und ich gerade. So lange ich lebe, werde ich das Bild nicht vergessen. Reuel in seiner Air Force Fliegerkombi und Randy mit hochhackigen Schuhen und Pelzhut. Die standen da und sahen sich an, als kämen sie beide von einem anderen Planeten. Nach einigen verlegenen Augenblicken gaben sie sich zögernd die Hand. Sie wechselten kein Wort miteinander. Reuel nahm seinen Flugkoffer, ging in die Küche und schenkte sich einen doppelten Martini ein. Er sagte mir, daß ich beim Abendessen nicht mit ihm rechnen könne, wenn Randy mit hohen Absätzen und diesem Flauschball auf dem Kopf bei Tisch erscheinen würde.«

»Elizabeth, das war ja eine schreckliche Situation für dich!«

»Ich konnte Randy natürlich nicht sagen, daß er die hochhackigen Schuhe ausziehen sollte. Er lief die nämlich gerade ein.«

Victoria lachte. »Und was hast du getan?«

»Gar nichts.«

»Und?«

»Als es Zeit zum Abendessen war, habe ich was bei einem Chinesen bestellt, der ins Haus liefert. Und als das gebracht wurde, rief ich Reuel.«

»Und Randy trug noch immer hochhackige Schuhe und Hut?«

»Nur die Schuhe.«

»Und ist dein Mann runtergekommen?«

»Ja. Er kam runter. Ich war völlig kaputt. Ich wußte

nicht, was ich zu erwarten hatte. Aber Reuel ging einfach zum Kühlschrank und sagte zu Randy, ›He, Mann, wie wär's mit 'nem Bier?‹«

»Hat Randy es genommen?« fragte Victoria, die mir gespannt zuhörte.

»Nein. Er bat um ein Sprite. Und Reuel verdrehte seine Augen. Randy sah das, und dann verdrehte *er* seine Augen. Und von dem Moment an tolerierten die beiden sich mehr oder weniger.«

Victoria lachte noch mehr. »Liebste, wie buchstabiert man den Namen deines Mannes?«

Es war nicht das erste Mal, daß ich danach gefragt wurde. »R-E-U-E-L«, sagte ich.

»Aber es wird ausgesprochen wie ›Rule‹, oder? Nicht wie ›Raoul‹?«

»Richtig. Wie Rule.«

»Rule«, wiederholte sie ein wenig hochnäsig.

Wir bestellten beide einen Arugulasalat mit roter Paprika und Gorgonzolasoße. Keine Schinken-Cheeseburger in Avalon.

»Und das Haus ist annehmbar?« fragte Victoria, womit sie die Büchse der Pandora öffnete.

»Ja, wir bekommen eine Menge für unser Geld. Und ich meine wirklich eine *Menge* fürs Geld.«

Victoria rückte einen stumpfen goldenen Manschettenknopf an ihrer Leinenbluse zurecht und kicherte. »Wie meinst du das, Liebste?«

Ich schilderte ihr die Ereignisse in aller Ausführlichkeit, und das dauerte vom Salat über den Milchkaffee und schließlich bis zu Eistee und Zitronenlimonade. Anders als Gladys äußerte Victoria alle möglichen Gedanken darüber, wie und warum uns das widerfuhr, nachdem ich mit meiner Geschichte fertig war.

»Liebste«, flüsterte sie, »das muß man sehr, sehr ernst nehmen. Ich weiß, daß solche Dinge passieren können. Ich habe in London selbst derartige Erfahrungen gemacht.« Dann fragte sie: »Wie reagiert Reuel darauf?«

»Nachdem er die zerbröselte Papierrinde entdeckt hatte, hatte ich natürlich angenommen, wir würden darüber reden. Aber er hat sie einfach weggefegt. Und das war's dann.«

»Er hat anschließend nichts dazu gesagt?« fragte Victoria erstaunt.

»Er sagte, er glaube, Chris habe uns einen Streich gespielt.«

»Elizabeth, wäre das denn möglich?«

»Nein. Chris hat fest geschlafen, als wir in den Keller gingen. Und er schlief noch immer, als er die Papierrinde entdeckte.«

»Hast du Reuel darauf hingewiesen?«

»Natürlich.«

»Und?«

»Er sagte, es sei der Vogel gewesen.«

»Prinz Charles?« fragte Victoria.

»Richtig. Er sagte, Prinz Charles sei durch das offene Fenster hereingeflogen und hätte die Schweinerei angestellt.«

»Armer Mann«, sagte Victoria. »Er leugnet das also einfach.«

»Das kannst du wirklich laut sagen.«

Victoria probierte von dem Karottenkuchen, den wir uns teilten. »Und was willst du als nächstes tun?«

»Dieser ganzen Geschichte auf den Grund gehen«, sagte ich, während ich das Dessert probierte. »Hmmm. Tolles Zitroneneis.«

»Ist mit saurer Sahne zubereitet«, informierte Victoria mich. »Eine der Spezialitäten des Hauses.« Sie schob den feuchten, pikanten Kuchen etwas näher zu mir. »Und wie geht man so etwas an?«

»Ich werde wieder in den Keller gehen und es mit diesem veränderten Bewußtseinszustand versuchen, von dem ich dir erzählte.«

Victoria sah sich kurz mit ihren großen, grünen Augen im Raum um. »Die Australier sind sehr eigenartig, wenn es um die Geisterwelt geht.« Sie flüsterte wieder. »Sie verstehen das einfach nicht. Das darf man nicht vergessen.«

Ich dachte sofort an Gladys.

»Und noch etwas, Liebste. Man hat große Schuldgefühle, wie die Weißen die Aborigines behandelt haben. Unsere Aborigines sind so ziemlich auf die gleiche Weise entwurzelt worden wie eure amerikanischen Indianer. Die meisten sind von ihrem Land in Reservationen im Outback verbracht worden. O ja, es gibt eine Menge Schuldgefühle.«

»Aber wenn es soviel Schuldgefühl gibt, wieso lese ich dann jeden Tag in den Zeitungen, daß die Regierung noch immer auf heiligem Boden Straßen baut und nach Öl bohrt?«

»Weil die weißen Australier die Beziehung der Aborigines zu dem Boden, der Erde, einfach nicht verstehen. Aus irgendeinem Grunde begreifen sie nicht, daß es eine tiefe spirituelle Bindung zwischen einem Aborigine und der Stelle gibt, an der er geboren ist.« Victoria sprach weiter. »Menschen, Geister, die Gestorbenen, die, die noch geboren werden, sie alle verwalten praktisch das Land. Tatsächlich, Liebste, geht das weit tiefer. Im spirituellen Sinne sind sie das Land. Es kann den Aborigines nicht weggenommen werden. Nicht einmal durch den Tod. Sie betrachten das Land als ewig.«

»Du scheinst eine Menge über die Aborigines zu wissen.«

»Ich habe ein bißchen gelesen«, sagte Victoria bescheiden. »Ich habe auch ein paar Kurse besucht. Aber es gibt so ungeheuer viel zu lernen. Ihre Kultur ist reich. So wunderschön. Sie wird von den Weißen völlig unterbewertet. Es ist ein Trauerspiel. Man könnte das ein Leben lang studieren und würde nicht einmal die Oberfläche ankratzen.« Sie nahm einen Schluck von ihrem Kaffee. »Und ein großer Teil ihrer Religion ist geheimnisvoll. Wenn man kein Aborigine ist, erfährt man nichts von vielen ihrer heiligen Gesetze und ...«

»Victoria«, unterbrach ich sie, »um ganz ehrlich zu sein, mir macht all dies angst.«

»Liebste, du brauchst keine Angst zu haben. Vielleicht bist du für einen bestimmten Zweck ausgewählt worden.«

»Das hat der Geisterdoktor in meinem Traum auch gesagt.«

»Elizabeth, hast du je zuvor einen solchen Traum gehabt?«

»Noch nie.«

»Inwiefern war der anders?« fragte Victoria.

»Du weißt doch, daß die meisten Träume schließlich aus dem Gedächtnis verschwinden. Sicher, man denkt darüber nach, wenn man aufwacht, aber am Ende des Tages ist nichts mehr davon da. Hier ist das anders. Er wird in meinem Bewußtsein immer klarer und deutlicher. Er wird ein Teil von mir. Ich wünschte, ich könnte das besser erklären. Ich bin einfach zu durcheinander durch all das, was geschehen ist. Ich frage mich dauernd: warum gerade ich? Und jetzt behandelt mich sogar Reuel so, als ob ich ein bißchen verrückt sei.«

Victoria nickte. »Ich verstehe, was du meinst.«

Wir saßen eine Weile da und schwiegen. Victoria war tief in Gedanken versunken. »Elizabeth«, setzte sie schließlich an, »du hast nie erklärt, warum du so plötzlich hierher gekommen bist. Als du aus den Staaten anriefst, warst du ganz versessen darauf, hier ein Haus zu finden. Peter und ich hatten uns offengestanden Sorgen gemacht, daß es in deiner Ehe Probleme gäbe.«

»Versessen würde ich nicht gerade sagen«, erwiderte ich, »aber ich war wild entschlossen. Und das ist es ja, was mich so verwirrt. Es war, als ob so was wie ein transkontinentales Bungeeseil um meinen Knöchel gebunden war, das mich von Weston, Connecticut, nach Manly, Australien, gezogen hat.«

»Elizabeth, du hast dich überhaupt nicht verändert.« Virginia lachte.

»Ehrlich, Victoria, ein Teil von mir drängt mich, meine Sachen zu packen und nach Hause zurückzukehren.«

»Liebste, wir sind jetzt seit fünfzehn Jahren Freundinnen. Ich kenne dich. Du wirst das bis zum Ende durchstehen.«

»Das macht mir ja eben angst. Ich habe diesmal die Befürchtung, daß mir das über den Kopf wächst. Reuel reist in zwei Wochen wieder ab. Und im Augenblick möchte ich am liebsten mit ihm gehen.«

»Elizabeth«, sagte Victoria und legte eine Hand auf meine, »ich fühle mich verantwortlich.«

»Wieso solltest *du* dich verantwortlich fühlen?«

»Peter und ich haben dieses Haus für dich ausgesucht.«

»Das ist doch Unsinn«, sagte ich. »Ihr habt alles getan, um mir zu helfen. Dafür bin ich wirklich sehr dankbar.«

Victoria lehnte sich nachdenklich zurück. »Was mir ziemlich seltsam vorkommt, ist, daß dein Haus in Manly das *einzige* freie Haus war, nachdem wir all diese Anzeigen in der Lokalzeitung geschaltet hatten ... Liebste, so unglaublich das auch klingen mag, aber dieses Haus war für dich bestimmt.«

Plötzlich hatte ich diesen Gedanken. Wenn das, was Victoria sagte, wahr war, dann hatte ich irgendwie die spirituelle Verpflichtung, das durchzustehen. Ich hätte bei meinen Recherchen für Flug 401 lernen sollen, daß ein Geist, wenn er eine Nachricht vermitteln will, erst dann ruhen wird, wenn er die Nachricht der Person, der sie zugedacht ist, überbracht hat. Wie lächerlich zu glauben, ich könnte einfach davonlaufen. »Victoria«, sagte ich nüchtern, »kennst du einen Aborigine?«

»Einen, mit dem ich dich bekanntmachen könnte?« fragte sie überrascht.

»Ja.«

»Nein, Liebste. Ich kenne wirklich keinen. Die meisten Aborigines sind im Outback. Oh, warte mal. Mir fällt gerade ein, daß es in Sydney eine ziemlich große Gemeinde von Aborigines gibt. Ich bin sicher, daß Peter das genauer weiß. Ich werde ihn fragen, wenn ich daheim bin. Aber du darfst nicht vergessen, daß es sehr zurückhaltende Menschen sind. Sie sind Weißen gegenüber nicht ohne weiteres offen.«

»Ich denke, ich werde mit Recherchen in der Bibliothek in Manly beginnen.«

»Ja, und die Mitchell-Bibliothek in Sydney ist eine ausgezeichnete Quelle. Die haben eine große und wichtige Aborigines-Sammlung«, sagte Victoria. Dann beugte sie sich vor und sagte nachdenklich: »Vielleicht steckt in diesem Haus eine ganze Welt, die nur darauf wartet, erforscht zu werden.«

»Wie heißt dieses asiatische Sprichwort doch gleich?« sagte ich. »Die Welt als absolut wirklich zu betrachten ist eine Illusion.«

»Genau!« Victoria winkte dem Kellner, die Rechnung zu bringen. »Wenn man privilegiert ist, andere Welten zu erleben, sollte man diese Welt besser so sehen, wie sie wirklich ist. Und nicht, wie sie zu sein scheint.«

Unser Kellner war gekommen und hatte den Schluß unserer philosophischen Diskussion gehört. Wegen seiner Birkenstocksandalen, dem Pferdeschwanz und Kristallanhänger schloß ich, daß er unsere Energie als angenehm empfand. Auf dem Weg nach draußen vertraute er uns an, daß sein Lapislazuli-Kristall gut für Harmonie sei.

»Avalon zieht eine Menge New Age-Anhänger an«, sagte Victoria, als sie mich zum Abschied umarmte.

»Ich werde Peter bitten, dich heute abend anzurufen.«

Es stellte sich heraus, daß Peter einen katholischen Priester in Sydney kannte, im Stadtteil Redfern, der sehr eng mit den dortigen Aborigines zusammenarbeitete. »In Redfern«, sagte er, »leben viele Aborigines, aber sie leben nicht sehr gut.« Peter verglich Redfern mit Harlem von New York City. Den verantwortlichen irischen Priester dort hatte er nie persönlich kennengelernt, aber mehr als einmal im *Sydney Morning Herald* über ihn gelesen. Er war mit seinem Engagement für die Aborigines so etwas wie eine Mutter Teresa. Vater Ted Kennedy – ein Name, den man schwerlich vergißt – war dafür bekannt, daß er seine Kirche für die Obdachlosen geöffnet hatte, ihnen zu essen gab, ihr Freund wurde und dafür absolut nichts als Gegenleistung verlangte. Vater Kennedy hatte tiefen Respekt vor der Religion der Aborigines und kein Interesse daran, sie zu bekehren – ein strittiges Thema in der katholischen Kirche.

Am nächsten Sonntagmorgen um neun Uhr fuhren Reuel und ich nach Redfern. Wir hatten die Autotüren verschlossen und die Fenster hochgekurbelt, da wir Harlem erwarteten. Doch es hatte nicht einmal annähernd Ähnlichkeit damit. Tatsächlich waren viele der alten Häuser in ausgezeichnetem Zustand. Einige Häuser waren frisch renoviert und restauriert und strahlten viktorianischen Charme aus. Auf den Straßen und Gehwegen gab es keinen Abfall. Fall es wirkliche ›schlechte‹ Straßen geben sollte, war es Reuel und mir irgendwie gelungen, sie zu meiden. Direkt gegenüber der

Pfarrkirche von Vater Kennedy, St. Vincent's, befand sich eine schicke Cappuccino-Bar, in der ein paar wie Yuppies aussehende Leute (Weiße) gemütlich frühstückten und auf den Beginn der Messe um zehn Uhr warteten. Die einzigen Aborigines, die ich in dem Viertel entdeckte, waren die vor St. Vincent's – sie lagen betrunken und wie bewußtlos auf dem Boden. Etwa sechs oder acht Männer. Dann und wann kam eine Aborigines-Frau vorbei und rief ihnen ein böses Schimpfwort zu. Wir vermuteten, daß es eine aufgebrachte Ehefrau oder Freundin war. Wir waren zwanzig Minuten zu früh da und blieben deshalb in unserem geparkten Auto auf der Straße direkt gegenüber der Kirche sitzen und verfolgten das Drama. Ich war froh, daß Chris sich entschieden hatte, zu Hause zu bleiben und seine Mathematik-Hausaufgaben zu machen, obwohl dies vielleicht erzieherisch wertvoller gewesen wäre.

Wir hatten gerade erst ein paar Minuten gewartet, als direkt vor der Kirchtür ein Auto vorfuhr und am Bordstein hielt. Ein weißes Paar war darin. Die Frau fuhr. Ich glaubte, es seien Ehemann und Ehefrau, doch in dem Augenblick, als der Wagen hielt, sprangen all die Kerle, die da stinkbetrunken auf dem Boden gelegen hatten, unsicher wankend auf. Sie alle begrüßten den grauhaarigen Mann, der eine dunkle Hose und ein weißes, kurzärmliges Hemd trug. Es folgten intensive und überschwengliche Begrüßungen. »Wie geht's denn so, Vater Ted. Schwester Dorothy ...« Ein älterer Aborigine schlang einen Arm um den Priester und riß ihn fast um. Aus dem Nichts kam plötzlich eine Horde kleiner Aborigines-Kinder, kaum bekleidet, herbeigelaufen, die sich an die Knie des Priesters klammerten und am Rock der Schwester zupften. Eines der Kinder fiel hin. Weinend zeigte der Junge auf sein verschrammtes Knie. Während Schwester Dorothy es untersuchte, holte Vater Ted eine Handvoll Lollys aus seiner Tasche und reichte sie den Kindern. Es war eine Szene wie in einem Bing Crosby-Film.

Nach dieser Begrüßung glaubte ich, daß alle Vater Ted und Schwester Dorothy in die Kirche folgen würden, aber kaum waren der Priester und die Nonne durch die große Holztür verschwunden, fielen die Betrunkenen wieder auf den Boden, und die Kinder rannten die Straße hinunter und verschwanden. Gegen fünf vor zehn kamen ein paar Weiße in Jeans, Khakihosen, leichten Kleidern und Röcken über den Bürgersteig und gingen gleichgültig um die Körper herum, um in die Kirche zu gelangen. Ein junger Mann hob ganz sachlich seine beiden kleinen Töchter hoch und trug sie über die menschliche Hindernisbahn hinweg. Daraufhin schlossen wir den Wagen ab und folgten ihnen.

Das Innere der Kirche war kahl. Kein Bleiglas. Keine Statuen. Keine Bilder mit den Stationen des Kreuzweges. Nur an der Wand hinter dem netten behelfsmäßigen Altar hing ein schlichtes Kruzifix. Reuel und ich setzten uns in die vorletzte Reihe der Kirchenbänke hinter den jungen Mann und seine beiden kleinen Mädchen. Zu meiner Rechten saß eine Frau mittleren Alters, die ich sofort als Nonne erkannte. Silbernes Kreuz und schlichtes Kleid. Wir nickten ihr zu. Sie lächelte sanft. Ich war sicher, daß sie uns als Erstbesucher erkannte.

Wenn es den geringsten Zweifel gegeben hätte, daß wir uns wirklich in Gottes Haus befanden, dann verschwand der in dem Augenblick, als Vater Ted in einer schlichten weißen Soutane, die er über seine Straßenkleidung gestreift hatte, an den Altar trat und die Messe zu lesen begann. Seine Stimme war ebenso freundlich wie sein Gesicht. Seine Predigt war schlicht und kam aus dem Herzen. Aufwendige Vergoldung, Cherubinen an der Decke und Marmorstatuen hätten plötzlich wie eine unnötige und verschwenderische Kulisse für die schlichte Botschaft gewirkt, die an diesem Spätsommermorgen vermittelt wurde. »Für uns Weiße«, begann Vater Ted, »beginnt Versöhnung nicht mit Schuldgefühl, sondern mit dem Bekenntnis zur Wahrheit. Schuld kann nicht weitergegeben werden, da Christus uns die Schuld abgenommen hat. Schuldgefühl ist unproduktiv, ja sogar schädlich. Wenn Aborigines merken, daß wir Nicht-Aborigines zu begreifen beginnen, daß unsere eigene Befreiung untrennbar mit ihrer verbunden ist, dann wird der heilende Prozeß der Wahrheit uns alle frei zu machen beginnen.«

Während ich auf der abgenutzten, wackeligen Bank saß und dem lauschte, was Vater Ted über die Notwendigkeit der Überwindung der destruktiven Gefühle von Schuld und Furcht sagte, dachte ich über die Entscheidung nach, die ich zuletzt getroffen hatte. Ich hatte mich gefragt, ob sie auf Furcht gegründet sei. In den letzten Tagen hatte ich beschlossen, daß Chris und ich Reuel begleiten würden, wenn er in weniger als zwei Wochen in die Staaten zurückkehren würde. Ich haßte es, das zuzugeben, aber meine Mutter hatte recht. Gerade erst ein Jahr verheiratet, und ich war auf einem völlig verrückten Trip. Reuel brauchte mich in seiner Nähe. Obwohl er es nie sagen würde. Und dann war da noch Randy. Er brauchte mich auch. Wir hatten Anfang der Woche miteinander gesprochen. Er nahm nicht an Gewicht zu, wurde seinen Husten nicht los. Er klang nicht gut, aber es tat gut, seine Stimme zu hören. Er wollte mich unbedingt sehen. Wir würden in der City, im Café des Artistes, essen. Mit etwas Glück würde er den Preis der MAC gewinnen, und das würde seine Karriere enorm fördern. Seine Mutter und sein Bruder wollten aus Indiana kommen und so lange bleiben, bis er wieder auf den Beinen war. Ob ich die Pfirsiche probiert hätte. Es schmerzte.

Ich würde Victoria überschwenglich für all die Mühe danken, die sie auf sich genommen hatte, um das Haus zu finden, aber dieses verflixte transkontinentale Bungeeseil, das mich von Weston, Connecticut, nach Manly, Australien, gezogen hatte, zog mich jetzt zurück nach Weston. Bedaure. Zeit zu gehen. Und damit basta.

Die Bank war hart. Ich wünschte mir wirklich, Vater Ted würde aufhören immer weiter darüber zu reden, daß Furcht das entscheidende Hindernis dafür ist, daß wir keinen inneren Frieden finden. Warum sah er mich an? Aber vielleicht tat er das gar nicht. Sah *ich* plötzlich *mich* an? Wußte ich in diesem Moment, als ich in der katholischen St. Vincent's Kirche in Redfern auf einer unbequemen, wackeligen Kirchenbank saß, daß meine Ängste mich gefangen hielten? Löste dieses Klingeln der Abendmahlsglocke dieses totale Bewußtsein aus, daß ich Todesangst hatte, in diesem Haus zu bleiben – eine Zielscheibe für einen Geist zu sein, Gott mochte wissen, was für einer das war?

Ich beobachtete Vater Ted, wie er sich um den Altar bewegte, während er seine Vorbereitungen für das Abendmahl beendete. Verdammt, dachte ich, du hast deine Furcht überwunden, als du nach Johns Tod wieder zu leben begonnen hast. Die Abendmahlsoblate war schlicht. Ein Cracker. Als ich sie entgegennahm und in Vater Teds seelenvolle blaue Augen schaute – Augen voller Schmerz, Sorge und Liebe –, bat ich stumm um Führung. »Bitte, Gott, was soll ich tun? Soll ich hierbleiben oder nach Hause fahren? Kommuniziere ich mit dem Geist? Ist da wirklich ein Geist? Bin ich verrückt? Führe mich dahin, wohin ich gehen soll. Wer ist der schwarze Mann in der Reihe hinter mir?«

An der Stelle während der Messe vor dem Abendmahl, an der wir uns unseren Nachbarn zuwenden, drehte der Mann mit den beiden Töchtern sich zu mir, schüttelte mir die Hand und sagte: »Friede sei mit dir.« »Friede sei mit dir«, erwiderte ich. Während Reuel sich nach links wandte und seine Hand zu einem Teenager und ihrer Mutter ausstreckte, wandte ich mich nach rechts und schüttelte der Frau die Hand, die ich für eine Nonne hielt. Dann drehte ich mich zu der Reihe hinter mir um. Für eine Sekunde stand ich reglos da, war buchstäblich hypnotisiert von der schwarzen, schwarzen Haut und den blauen, blauen Augen. Ich versuchte sofort, mein Erstaunen zu verbergen. Ich streckte meine Hand aus und drückte die andere fest. »Friede sei mit dir«, sagte ich. »Friede sei mit dir«, sagte der Aborigine und erwiderte den festen Händedruck.

»Ich bin Max Eulo«, sagte der Mann mit der schwarzen Haut und den blauen Augen nach der Messe.

»Ich bin Liz Fuller«, sagte ich und streckte die Hand aus, um seine zum zweiten Mal zu schütteln. »Mein Mann ist da drüben. Er schenkt sich gerade eine Tasse Kaffee ein.«

Er rückte einen sehr verknautschten Buschhut zurecht und lächelte, wobei einige Zahnlücken sichtbar wurden. »Sie sind zum ersten Mal hier?«

»Ja, in der Tat.«

»Woher sind Sie?«

»Aus den USA.«

»Da gibt's 'ne Menge Cowboys, oder?« fragte er.

»Das ist im Westen. Wir leben im Osten.«

»Gibt's da keine Pferde?«

»Oh, sicher, aber die Cowboys sind im Westen.«

»Ich war Stockman, Aborigines-Cowboy«, sagte er und reckte seine recht breiten Schultern. Er trug ein Hemd im Westernstil und hatte ein rotes Halstuch um seinen schön geformten Hals gebunden.

»Das sehe ich.«

»Wirklich?« sagte er und grinste so, daß sein ledriges eckiges Gesicht perfekt rund wurde.

»An der Art, wie Sie sich kleiden«, sagte ich. »Und an Ihrem Buschhut. Der ist mit all diesen Pferdestickern verziert.« Ich sah, daß Reuel zu uns kam. »Liebling«, sagte ich, »ich möchte dich mit Max Eulo bekanntmachen.«

Reuel reichte mir eine Tasse Kaffee und streckte

dann Max seine Hand hin. »Ich freu' mich, Sie kennenzulernen, Max.«

»Schön, daß Sie in unsre Kirche gekommen sind.« Max ergriff Reuels Hand mit seinen beiden Händen.

»Es war eine wundervolle Messe«, sagte ich. »Die Predigt war sehr bewegend.«

»Vater Ted ist ein guter Mann. Haben Sie ihn und Schwester Dorothy schon kennengelernt?«

»Nein«, sagte ich, »noch nicht.«

»Folgen Sie mir?« sagte Max. Er führte uns dorthin, wo sie mit einer Gruppe anderer plauderten. »Vater Ted, Schwester Dorothy. Ich möchte einen Mann und seine Frau vorstellen. Die kommen aus Amerika.«

Vater Ted und Schwester Dorothy taten alles, damit wir uns wie zu Hause fühlten. Sie führten uns sofort zu einem langen Tisch, der mit frisch gebackenen Broten und Kuchen beladen war. Während Vater Ted uns alle möglichen Fragen über uns stellte, nahm er sich ein großes Stück Kuchen. Das gefiel Schwester Dorothy nicht, die, wie Max schnell erklärte, nicht nur eine Nonne, sondern auch Vater Teds leibliche Schwester war. Vater Ted durfte aus gesundheitlichen Gründen keine Süßigkeiten essen. Er murmelte, daß er dafür aufs Mittagessen verzichten würde. Max platzte fast vor Lachen.

Als Max sicher war, daß Reuel und ich es angenehm hatten, ging er weg, um ein paar andere Leute zu begrüßen. »Ich bin gleich wieder bei Ihnen«, sagte er. »Nehmen Sie sich noch' ne Tasse Kaffee.«

Vater Ted und Schwester Dorothy erzählten, daß sie überhaupt nicht wüßten, was sie ohne Max machen sollten, der mehr oder weniger der ›Bürgermeister‹ von Redfern war. »Er gibt sich soviel Mühe, um seine Brüder auf dem rechten Weg zu halten. Sie sind auf ihn angewiesen. Wir alle sind auf ihn angewiesen«, sagte Schwester Dorothy.

»Wie Sie wahrscheinlich bemerkt haben«, sagte Vater Ted, »gibt es hier ein gewaltiges Problem mit dem Alkohol. Nicht Max«, fügte er rasch hinzu. »Der rührt den Schnaps nicht an.«

»Max war der einzige Aborigine, den ich in der Kirche gesehen habe«, sagte ich.

»Während der Messe kommen sie selten in die Kirche«, erwiderte Schwester Dorothy, »aber Max ist anders. Er ist fast jeden Sonntag hier.«

»Praktiziert er denn nicht seine eigene Religion?«

»O ja«, sagte Vater Ted, »das tut er natürlich. Das ist ein Teil von ihm. Die Tatsache, daß er zur Messe kommt, ändert überhaupt nichts daran, wie wichtig seine eigene Religion für sein Leben ist. Er ist hier, weil wir enge Freunde sind.«

In diesem Moment kam die andere Frau, die ich für eine Nonne gehalten hatte, zu uns. Sie wurde als Schwester Pat vorgestellt. »Wie ich sehe, haben Sie Max schon kennengelernt«, sagte sie lächelnd.

»Ja, er scheint ein außerordentlicher Mann zu sein.«

»Der Beste«, sagte Schwester Pat. Sie wandte sich an Vater Ted und Schwester Dorothy und fragte: »Habt ihr Liz und Ra-ool schon erzählt, was passiert ist, als der Papst letzten Monat hier war?«

»Oh«, sagte Schwester Dorothy und hob ganz erfreut ihre Hände. »Das war einfach wundervoll. Max sollte den Zug des Papstes anführen. Er sollte als Vertreter des ganzen Aborigines-Volkes auf einem weißen Pferd reiten.«

»Und eine brennende Fackel tragen«, fügte Schwester Pat hinzu.

»Ja.« Schwester Dorothy nickte. »Aber dann, in allerletzter Minute, lief alles schief, und Max konnte das doch nicht machen. Aber es wäre ein großartiger Anblick gewesen, zu sehen, wie unser Max zu Pferde den Zug des Papstes anführte.«

»Aber er hat den Zug seines Volkes zu Fuß angeführt«, fügte Schwester Pat hinzu.

»Dennoch war er enttäuscht«, sagte Vater Ted. »Er wollte auf diesem Pferd reiten.«

Ein paar Minuten später kam Max zurück und nahm an dem Gespräch teil. Schwester Dorothy, Schwester Pat und Max begannen uns zu erzählen, daß wir keinesfalls die Easter Show verpassen sollten, die im kommenden Monat in der Stadt wäre. Dann wechselte die Unterhaltung rasch von preisgekrönten Schafen zu dem unglücklichen Schicksal eines jungen Aborigines, der gerade aus dem Outback nach Redfern gekommen war. Soweit ich verstand, war der Mann aus seinem Dorf geflohen, um einem Knochen zu entgehen, der als Strafe für eine Missetat, die er begangen hatte, auf ihn gerichtet worden war. Er war mit einem Fluch belegt worden. Schwester Dorothy schlug vor, daß Max ihn später im Lauf des Tages auf eine Tasse Tee herbringen sollte. Sie würden sich dann um eine Unterkunft für ihn kümmern.

Es war fast Mittag, als Max uns aus der Kirche zu unserem Wagen begleitete. »Ho!« rief Max, als er seine berauschten Brüder auf dem Bürgersteig liegen sah. Die betrunkene Bande sprang so schnell und wackelig wie Kastenteufel auf. Max sah nicht glücklich aus.

»Geht und nehmt euch zu essen!« befahl er. Er schaute zu, wie die sechs Männer im Gänsemarsch durch die große Kirchentür wankten. Als der letzte verschwunden war, wandte er seine Aufmerksamkeit wieder uns zu. Ich bemerkte einen deutlichen Ausdruck von Verlegenheit. »Ich freue mich am nächsten Sonntag auf Sie«, sagte Max mit gezwungener Fröhlichkeit.

»Tja, Lizzy«, sagte Reuel, als wir in das Auto stiegen. »Ich glaube, du bist gerade deinem Mann auf dem Pferd begegnet.«

5. Kapitel

An diesem Abend gingen Reuel und ich wieder in den Keller, und zum ersten Mal, seit wir mit meinem selbstgemachten Oui-ja-Brett experimentiert hatten, versuchten wir, Kontakt zur Geisterwelt herzustellen. Nachdem wir Max begegnet waren, hatte Reuels Verhalten sich dramatisch verändert. Er gab schließlich zu, daß das, was vorging, höchst seltsam war. Und mehr als das: Reuel war derjenige, der vorschlug, daß ich es mit dem veränderten Bewußtseinszustand versuchen sollte, was er noch Tage zuvor nachdrücklich als gequirlte Kacke bezeichnet hatte.

»Wird das unheimlich werden?« fragte Reuel, während wir die steile Treppe in den Keller hinunterstiegen.

»Überhaupt nicht«, sagte ich und streckte mich auf dem Doppelbett aus. »Ich werde nur ein paar Tiefatmungsübungen machen, genau wie beim Meditieren.« Ich erklärte ihm, daß diese Atemtechnik hilft, die Spannungen der physischen Welt vom Bewußtsein zu trennen und in die spirituelle Welt einzutreten, um so Kontakt mit höheren Energiekräften aufzunehmen.

Reuel nahm neben mir Platz und hielt den Kassettenrecorder, starrte mich aber an, als ob ich gleich über dem Bett schweben würde oder so was.

»Liebling, hör auf, mich anzustarren«, sagte ich.

»Was soll ich tun?«

»Schließ einfach deine Augen.«

»Dann schlafe ich vielleicht ein.«

»Dann atme mit mir. Atme tief und entspannt durch deine Nase ein.«

»Soll ich meinen Mund schließen?«

»Bitte tu's«, sagte ich. »Und jetzt, während du einatmest, stell dir vor, daß du Kraft in deinen Körper ziehst. Stell dir vor, daß du dich mit jedem Atemzug über deinen physischen Körper hebst.«

»Hör auf, Lizzy«, sagte Reuel. »Ich bin nur dein Sekretär.«

»Schön«, sagte ich. Ich fuhr mit dem Tiefatmen fort. Allmählich begann ich das Gefühl für Raum und Zeit zu verlieren. Mein Körper wurde federleicht. Langsam begann alles um mich herum zu verschwinden. Später erzählte Reuel mir, daß ich in diesem Zustand, bewegungslos und ausdruckslos, fast eine halbe Stunde geblieben sei. Dann hätte ich ohne Vorwarnung begonnen, schrille, vogelähnliche Geräusche von mir zu geben, die ihn unheimlich erschreckt hatten.

Das Nachfolgende ist eine unredigierte Niederschrift der auf Band aufgenommenen Sitzung.

REUEL: Was ist denn das, zum Teufel?

LIZ: Dwango hier.

REUEL: Liz, ist mit dir alles in Ordnung?

LIZ: Ja.

REUEL: Wer ist Dwango?

LIZ: Geisterdoktor. Einer seiner Spitznamen war Vogelmann. Er war sehr leicht und anmutig. Als kleiner Junge konnte er durch die Luft fliegen.

REUEL: Spricht er jetzt Englisch?

LIZ: Ich weiß einfach nur, was er sagt.

REUEL: Ist das mentale Telepathie, Liz?

LIZ: Ja. Er zeigt mir, daß er das Didgeridoo spielt. Bei Heilsitzungen singt er. Er sagt, daß Singen und Heilen miteinander verbunden sind.

REUEL: Dann ist die Musik, die du manchmal im Keller hörst, die von Dwango, der das Didgeridoo spielt?

LIZ: Ja.

REUEL: Was ist mit dem Vogel? Prinz Charles?

LIZ: Das ist Dwango. Er kann sich als Vogel manifestieren. Er sagt, daß man, wenn man Geisterdoktor ist, Kräfte hat, die mit dem körperlichen Tod nicht verschwinden.

REUEL: Sind wir auf heiligem Boden?

LIZ: Ja.

(An dieser Stelle der Aufnahme hört man mehr Gesang und vogelähnliche Geräusche.)

REUEL: Warum kommt er durch dich? Welche Botschaft hat er?

LIZ: Er sagt, daß für die Aborigines der Weg des Lebens die Linien in der Erde sind, denen sie folgen. Wenn sie ihre Buschwanderungen machen, folgen sie einem Weg. Einem Weg, der sie physisch und spirituell ernährt. Es ist der unbekannte Weg, der einen zum Wissen führt *(Ein singsangähnliches Geräusch ist auf dem Band.)* Die Straße, die man nimmt, erfüllt das innere Wissen. Sie nährt einen. Er sagt, daß jeder

Mensch auf diese Erde gebracht wurde, um eine andere Straße zu gehen. Seine ganz eigene Straße. Wir müssen unserem eigenen Weg folgen, der sich dreht und wendet und hinauf und hinunter führt und manchmal so wirkt, als führe er ins Nichts. In diesem Nichts findet man seinen Frieden. Er sagt, daß ich bald auf diesen Weg geführt werde und die Antworten enthüllt werden.

REUEL: Ich verstehe nicht.

LIZ: Wenn wir aus der Sinneswelt heraustreten, werden wir beginnen zu wissen.

REUEL: Was wirst du auf diesem Weg lernen?

LIZ: Wie der Geist und die Seele zusammenarbeiten, um spirituelle Erleuchtung zu bekommen.

REUEL: Rede weiter.

LIZ: Ich muß mich auf den Weg machen, um mehr zu lernen. Er zeigt mir den Mann auf dem Pferd.

REUEL: Ist das Max?

LIZ: Ja. Er wird mich führen.

REUEL: Wie?

LIZ: Wenn die Eidechse erscheint, werde ich wissen, daß ich auf dem richtigen Wege bin.

REUEL: Kannst du ihn bitten, das zu erklären?

LIZ: Halte dich dicht am Boden und folge der Quelle. Öffne dich der Erde und schau zum Himmel.

REUEL: Sonst noch etwas?

LIZ: (*Pause*) Ja. (*Pause*). Etwas über ... etwas über einen ... Emu?

REUEL: (*Kichernd*) Was, zum Teufel, ist denn ein Emu?

LIZ: Ein Vogel. (*Pause*) Ein sehr großer Vogel. Glaubst du, ich bin verrückt?

REUEL: Vielleicht. (Mehr Gekicher) Komm, laß uns das Eis essen.

Ende der aufgezeichneten Sitzung

Eine Woche später fuhren wir wieder nach St. Vincent's und trafen uns wie geplant mit Max. Er begrüßte uns sofort, als wir eintraten. Er hatte seinen Hut abgenommen, und sein Haar war frisch gekämmt, und er hatte einen Seitenscheitel. Er erinnerte mich an Chris auf einem Klassenfoto. Er trug ein braunes Hemd im Westernstil und eine scharf gebügelte braune Hose mit ausgestellten Beinen. Dazu hatte er ein blaues Halstuch umgebunden, das die Aufmerksamkeit auf seine blauen Augen lenkte. Er war die am ungewöhnlichsten aussehende Person, die ich je gesehen hatte.

»Ich hätt's heute fast nicht hierher geschafft«, sagte Max, während er mir herzlich die Hand schüttelte. »Ich mußte mit meiner Nichte einkaufen. Der Bus hatte Verspätung.«

»Wir hätten's heute auch fast nicht geschafft«, sagte ich. »Unser Sohn hatte letzte Nacht Fieber. Ich hatte ein bißchen Sorge, ihn allein zu lassen. Aber er fühlt sich jetzt schon wieder besser.«

»Wie heißt der junge Mann?« fragte Max.

»Christopher«, sagte ich. »Ich würde mich freuen, wenn Sie ihn irgendwann kennenlernen.«

»Das wäre schön.«

»Max, haben Sie mal irgendwann Zeit zum Mittagessen?«

Max dachte einen Augenblick nach. »Dienstag«, sagte

er. »Am Vormittag muß ich einen meiner Brüder zum Arzt bringen. Danach werde ich da sein.«

»Toll, wo sollen wir uns treffen? Uns ist alles recht.«

»Wollen Sie zum Essen in unseren Aborigines Coffeeshop nach Redfern kommen?«

»Großartig«, sagte ich und verpflichtete damit sofort Reuel und Chris. »Wann?«

»Wann immer Sie können.«

»Um eins«, sagte Reuel. Er schickte sich fröhlich in den Ausflug drein.

Ich hatte gelesen, daß Aborigines sehr unbekümmert waren, was das Einhalten von Verabredungen anbelangte, aber Schwester Dorothy erzählte mir später, daß Max anders sei. Wenn er einen Zeitpunkt nannte, würde er da sein. Und er war da.

Reuel und ich kamen kurz vor eins auf dem Bahnhof von Redfern an. Christopher war nicht mitgekommen. Er hatte gesagt, er würde lieber einen ganzen Laib von Gladys' Feenbrot essen, als in einem Aborigines Coffeeshop herumzusitzen. Auch gut. Ich hätte Max nie erklären können, was los war, wenn Christopher dort säße, seine Augen verdrehte und witzelte. Wir gaben Christopher seine täglichen Hausarbeiten für die Schule und dann Geld fürs Mittagessen bei McDonald's am Corso. Wir gaben ihm auch strikte Anweisung, sich vom Strand und seinem Skateboard fernzuhalten.

»He!« rief Max, als wir auf den Bahnsteig traten.

Ursprünglich hatten wir mit dem Auto fahren wollen, aber dann hatte uns Max am späten Montagabend angerufen und vorgeschlagen, es sei einfacher und ein bißchen sicherer, wenn wir den Zug nähmen. Er sagte, daß sein Coffeeshop nahe am Bahnhof sei. »Warten Sie einfach, bis Sie mich sehen«, hatte Max gesagt. »Ich möchte nicht, daß Sie in Redfern herumlaufen.«

»Wo ist der junge Mann?« fragte Max, der uns schnell durch den blitzsauberen Bahnhof führte.

Wie sagt man gleich? Oft ist Freundlichkeit ehrlicher als die Wahrheit. »Er fühlt sich noch immer nicht zu gut«, sagte ich.

»Ohhh«, sagte Max. Er führte uns hinaus. Es nieselte. »Hungrig?«

»Ich verhungere«, sagte Reuel. Er drückte meine Hand und murmelte: »Bereite dich auf einen Überfall von Aussies vor.«

Max auf den Fersen folgend, überlegte ich, ob das alles Wirklichkeit war, was ich erlebte. Ja, ich würde mit einem Aborigine Mittag essen, den ich kennengelernt hatte, weil ein Geisterdoktor durch mich gesprochen hatte. Ja, mein Mann – ein knallharter Oberst – war Zeuge der ganzen Sache gewesen. Und nein, wahrscheinlich war ich nicht verrückt. Ich hoffte nur, daß Max, wenn ich ihm von all diesen sonderbaren Dingen erzählte, die zu unserer eigentlichen Begegnung an diesem Morgen in der Kirche geführt hatten, sich nicht von einer aufdringlichen weißen Frau gekränkt fühlte. Das würde sehr verzwickt werden. Im Lauf der Jahre hatten John Fuller und ich Gelegenheit gehabt, einige sehr ungewöhnliche Menschen kennenzulernen und zu interviewen – von tibetanischen Mönchen über Pygmäen bis hin zu Mitgliedern des britischen Königshauses. Doch die Erwartung auf die bevorstehende Begegnung hatte wirklich meinen Adrenalinspiegel gesteigert.

Während Reuel und ich Max über die Straße zu einem schäbigen Laden in einem etwas heruntergekommenen Teil der Stadt folgten, dachte ich daran, daß John mir alles, was ich übers Interviewen wußte, beigebracht hatte – auch wenn das nicht direkt ein Interview war. Laß nur die anderen reden, hatte John gesagt, Niemand will etwas von deinem Leben wissen. Wenn du das Bedürfnis hast zu reden, bitte *sie*, Fragen über *sich* zu stellen. Und dann hör zu, hör zu, hör zu. Ich spürte Johns Gegenwart oft, wenn ich sehr unter Druck stand. Manchmal schloß ich meine Augen und fühlte ihn so intensiv, daß ich meine Augen öffnete und erwartete, ihn neben mir in Khakihose und mit Fischerhut stehen zu sehen, und daß er einen langen, nachdenklichen Zug aus seiner Pfeife nahm. Er war bei der Premiere meines Stückes Off-Broadway bei mir. Nur deshalb hatte ich die Kraft, mich zweiundzwanzig New Yorker Kritikern zu stellen. »Liz, unsere Zweifel sind Verräter«, hörte ich John sagen. Ich hörte ihn so kristallklar, daß ich aus meiner Garderobe zuversichtlich und anmaßend auf die Bühne ging und die Tatsache völlig vergaß, daß ein paar Stunden Schauspielunterricht hätten helfen können. Am nächsten Tag, als ich die New Yorker Zeitungen las, machte ich meinem Mentor Vorwürfe für die erbärmlichen Kritiken: »Würde bitte jemand Elizabeth Fuller ganz klar und nüchtern sagen: SIE KANN NICHT SPIELEN.« Eine andere, die ich auch sehr schätzte: »Ich weiß, daß ich schon schlimmere Schauspielerinnen als die Fuller gesehen habe. Ich kann mich nur nicht daran erinnern, wo und wann.« Ich glaube, das hatte Clive Barnes von der *New York Post* geschrieben. »Fuller«, sagte ich zu John, und dabei tropften Tränen auf die Zeitungen, »warum, Himmel noch mal, hast du mir diesen Rat gegeben? Was sollte das?« Ich hörte ihn deutlich sagen: »Liz, du hast es gemacht!«

Jetzt, einige Jahre später, wußte ich, was er meinte. Es geht allein um die Reise. Es geht allein um das, was man tut. Es geht darum, dem Weg zu folgen, von dem Dwango sprach: dem Weg, der sich dreht und windet und den Anschein erweckt, als führe er ins Nichts und dann plötzlich – *bumm* – weiß man, worum es geht. Man vertraut seinem innersten Wesen. Das Bewußtsein wird lebendiger denn je zuvor. Man sieht und hört auf einer höheren Ebene. Und dann geht man bald von Erkenntnis und Einsicht erfüllt. Man wird nicht mehr von Gefühlen beherrscht. Furcht, Zorn, Ängstlichkeit sind verschwunden. Man läßt sich nicht mehr von den Forderungen des alltäglichen Lebens erschüttern. Denn wenn man von einem höheren Bewußtsein geführt wird, kann einen nichts mehr erschüttern. Man ist keine Geisel mehr von all diesem »Sollen« und »Lassen«. Was andere denken, ist unwichtig. Man hat den Mut und die Weisheit zu wissen, daß man auf dem richtigen Wege ist – dem Weg, dem zu folgen man geboren wurde. Man ist man *selbst.* Und wenn das geschieht, hat man sich nicht nur selbst erhoben, sondern auch alle anderen um sich herum – erhoben auf eine spirituelle Ebene, in der tiefes und starkes Wissen wohnt.

Natürlich hatte ich dieses Bewußtsein nicht an dem Nachmittag, als ich Max in den Coffeeshop folgte, der mich an eine Kneipe aus den fünfziger Jahren in einem Arbeiterviertel erinnerte. In dem Augenblick, als ich hineinging, dachte ich an Mildred D's – eine Imbißstube an einer Straßenecke auf der Westseite von Cleveland, in die meine Großmutter und ich auf einen Burger und ein Malzbier gingen. Ich war erleichtert, als ich auf der Speisekarte bekannte Gerichte entdeckte. Und ich war dankbar, daß ich eine Cappuccinomaschine sah. Ein Schuß Koffein half mir immer, klarer zu denken.

»Die Schinkensandwiches schmecken wirklich gut«, sagte Max, während er uns zu einem Tisch neben dem Sandwichbüffet führte. Ich merkte, daß alle Blicke auf uns gerichtet waren, als wir uns setzten. Niemand schaute freundlich drein. Als wir unsere Bestellungen an der Theke aufgaben, nickte der Schnellkoch Max grüßend zu. Auch er sah recht unzugänglich aus. Vielleicht hatte Max das gemeint, als er sagte, er wolle nicht, daß wir ohne ihn durch Redfern gingen.

Bei Schinkensandwiches und Cappuccino sprach Max dann. Er erzählte uns von seiner Kindheit, und davon, wie, als er neun war, seine Mutter und sein Vater ihn und seine elf Brüder und Schwestern auf einen Pferdewagen gesetzt und von ihrer Heimat in Queensland nach Neu Südwales gebracht hatten, um zu verhindern, daß die Kinder von Missionaren im Zuge des Assimilationsprozesses weggebracht wurden. Er erzählte uns, daß seine Mutter beim Anblick des ersten Flugzeuges, das sie sah, geglaubt hatte, es sei ein großer Vogel. Und er erzählte uns, daß ein *koradji* in der Aborigines-Gemeinde mit einem Knochen auf jemand zeigen konnte und daß die Person am nächsten Tage tot war.

»Das Knochenzeigen geschieht noch immer, nicht

wahr?« sagte ich. Ich erinnerte mich an den jungen Mann, dem Schwester Dorothy und Max mit einer Unterkunft zu helfen versuchten.

»Man hört nicht mehr soviel davon wie früher«, sagte Max. »Aber in der *mulga* wird das noch immer gemacht.«

»Mulga«, so erfuhr ich später, ist ein altes australisches Wort für das Outback.

»Max«, sagte ich und brach damit John Fullers Hauptregel, »ich muß Ihnen von etwas sehr Ungewöhnlichem erzählen, das mir seit ich hier bin, in Ihrem Land, widerfährt.«

Max nahm einen Schluck Cappuccino. »Ja?« sagte er.

Ich schaute mich um, um mich zu vergewissern, daß niemand zuhören konnte. Abweisende Gesichter erwiderten meinen Blick. »Max«, sagte ich fast flüsternd, »glauben Sie an Geister?«

»Geister?«

»Geister«, sagte ich und versetzte Reuel einen Knuff mit dem Ellenbogen, damit er aufhörte zu grinsen.

»Ohhh, Geister«, sagte er. »Was ist, sehen Sie welche?« Sein Blick wanderte plötzlich schnell in dem schwach erleuchteten Raum herum.

»Oh, nicht hier!« sagte ich. »In unserem Haus in Manly.« Ich beschloß schnell, nicht jenen Teil der Kassette abzuspielen, in dem Dwango sagte, daß wir auf Aborigines-Boden wohnten. Und ich würde ganz gewiß das Stück auslassen, in dem Dwango sagte, daß Max mich auf einen unbekannten Weg führen würde. Ich wollte vor allem herausfinden, ob die Worte, die für Reuel und mich absolut keinen Sinn ergaben, Max etwas sagten.

»Ich hatte eine Verbindung mit einem Geist – wissen Sie – so was wie mit einem Gespenst.«

Max schaute von mir zu Reuel und dann wieder mich an.

»Mein Mann und ich sind beide völlig verwirrt von dem, was dieser Geist uns gesagt hat.«

»Liz«, sagte Reuel, »du hast doch die Kassette mitgebracht, oder?«

»Möchten Sie etwas von dem hören, was herüberkam?« fragte ich sehr beklommen. »Wir haben es aufgenommen.«

»Das wär' gut«, sagte Max.

Ich nahm das Sonygerät aus meiner Umhängetasche. »Es ist hier vielleicht ein bißchen zu laut.«

»Wenn Sie sich in die Ecke rüber begeben wollen«, sagte Max. »Da drüben sitzt niemand.«

Nachdem wir Platz genommen hatten, sagte Max: »Dann machen Sie mal und schalten Sie den Apparat ein.« Seine blauen Augen schauten gleichermaßen neugierig wie fragend drein.

Bevor ich die Kassette laufen ließ, erzählte ich Max, daß eines der Dinge, die er hören würde, der Geist sei, der durch mich sprach und sagte, daß wir einem Mann auf einem Pferd begegnen würden.

Max verschränkte seine Arme vor seiner Brust – Körpersprache, die zeigte, daß er nicht aufnahmebereit war. »Wollen Sie sagen, daß ich der Mann auf dem Pferd bin?« fragte er unschuldig.

»Max«, sagte Reuel, der mir zur Hilfe kam, »es ist sehr eigenartig. Dieser Geist sagte uns, daß wir Ihnen begegnen würden. Ich war dabei. Ich habe es gehört. Sie werden es hören.«

Das alles wirkte so bizarr – mein Ehemann, ein Luftwaffenpilot, saß in einem Aborigines-Coffeeshop und versuchte einen reinrassigen Aborigine davon zu überzeugen, daß uns ein Geist zu ihm geführt habe.

Max blickte auf den Kassettenrekorder. »Schalten Sie den Apparat ein«, sagte er. Ich konnte nicht feststellen, ob wir uns auf gefährlichen Boden begaben oder nicht. Ich drückte auf die PLAY-Taste und sagte stumm: »Fuller, wo immer du gerade bist, ich brauche jetzt deine Hilfe.«

Das Band war gerade erst wenige Augenblicke gelaufen, als Max fragte: »Wer ist Dwango?«

»Das ist der Geist, der sprach«, sagte ich.

»Er hat mit Ihnen gesprochen?« Max schaute mir direkt in die Augen und leerte dann seinen Cappuccino.

»Ja«, sagte ich. »Ich befand mich in einem tranceähnlichen Zustand. Und dieser Geist, der sich Dwango nannte, sprach durch mich.«

»Ohhh«, sagte Max. Er hob eine Hand und rieb sein Kinn. Eine Antwort in universeller Körpersprache. »Wer hat diese Vogelgeräusche gemacht?«

»Das war Liz«, sagte Reuel. »Dieser angebliche Geist hat die Geräusche durch Liz gemacht.«

»Ohhh«, sagte Max, als ob dies alles irgendwie einen Sinn zu machen begänne. »Wer singt?«

»Dwango.«

»Können Sie diesen Gesang noch einmal für mich spielen?«

Ich spulte das Band zurück, drehte die Lautstärke etwas auf und spielte es nochmals ab.

»Das ist Aborigines, ja«, sagte Max. »Diese Vogelgeräusche hört man, wenn ein *koradji* eine Zeremonie macht. Mein Großvater war ein kluger Mann.«

»Max«, sagte ich, »was meinen Sie mit kluger Mann?«

»Ist dasselbe wie ein *koradji*.«

»Wie ein Geisterdoktor?«

»Ja«, sagte Max, »wie ein Geisterdoktor.«

Ich erschauerte. In diesem Moment spürte ich Fuller neben mir.

»Ergibt eines der Worte irgendeinen Sinn?« fragte Reuel.

»Schwer für mich, die Worte zu verstehen«, sagte Max. »Wir haben Hunderte von Stämmen. Ich bin von den Bujedi. Etwa dreißig, vierzig in meinem Stamm. Es ist nicht unsere Sprache. Aber hört sich wirklich an wie Aborigines.«

»Max«, sagte ich, »glauben Sie, diese Person könnte wirklich ein Geisterdoktor sein?«

»Die klugen Männer sind alle ausgestorben«, sagte Max.

»Dann gibt es also keine Geisterdoktoren mehr?« fragte Reuel.

»Sie haben recht.«

»Aber könnte es sein, daß dieser ›tote‹ kluge Mann durch Liz gesprochen hat?«

Max' Blick wanderte zu mir. Es war, als suche er hinter meinen Augen nach einer Antwort. »Ja«, sagte er, »das kann passieren.«

Ein Gefühl von Benommenheit überkam mich. Ich war mir nicht so sicher, ob dies die Antwort war, auf die ich gewartet hatte. »Was soll ich tun?« fragte ich.

»Vielleicht sollte ich raus zu Ihrem Haus kommen und den Geist räuchern.«

»Wie?«

»Ihr Haus«, sagte Max. »Muß vielleicht geräuchert werden.«

Ich schaute Reuel an und trat ihm unter dem Tisch leicht gegen seinen Fuß. Er saß mit völlig ausdrucksloser Miene da.

»Was meinen Sie mit räuchern?« fragte ich.

»Wenn Sie einen bösen Geist im Haus haben, räuchere ich ihn dort aus.«

»Aber wenn es ein guter Geist ist?«

»Das werde ich wissen, wenn ich in das Haus gehe.«

Ich wandte mich an Reuel. »Sollen wir das tun?«

»Max«, sagte Reuel, »was genau bedeutet es, ein Haus zu räuchern?« Er fragte das in dem gleichen Tonfall, in dem er einen Bauunternehmer fragen würde, was nötig wäre, um ein Dach zu decken.

»Ich werde Zweige räuchern und mit dem Geist sprechen. Ihm sagen, er soll Sie in Ruhe lassen.«

»Wird diese Zeremonie drinnen oder draußen durchgeführt?« fragte ich, da ich plötzlich dachte: Was wird Gladys denken, wenn sie sieht, wie Max in unserem Garten einen Geist räuchert?

»Liz«, sagte Reuel, »man kann einen Geist nicht im Haus räuchern. Das gibt Rauchvergiftung.«

»Manchmal muß man im Haus räuchern«, sagte Max, sich über Reuel hinwegsetzend.

»Max«, sagte der Oberst, »Sie werden eine schwere Rauchvergiftung bekommen, wenn Sie das im Haus machen.«

»Wie wär's denn, wenn wir Max einfach ins Haus kommen ließen und dann sehen, ob das Haus überhaupt geräuchert werden muß?« fragte ich und trat dabei wieder Reuel vorsichtig unter dem Tisch.

»Freitag habe ich nichts vor«, sagte Max.

Das war in drei Tagen. Reuel würde am Donnerstag zurückfliegen. Aber ich hatte inzwischen beschlossen, zu bleiben und die Sache zu Ende zu bringen. Die Entscheidung war mir nicht leicht gefallen. Reuel und ich hatten viele lange Stunden damit verbracht, das Für und Wider zu diskutieren. Einmal war ich soweit gewesen, daß ich die Fluggesellschaft angerufen hatte, um zu erfahren, welche Aufschläge ich zahlen müßte, wenn ich vorzeitig zurückfliegen würde. Es war eine Menge Geld. Und dann war da der Mietvertrag, den ich unterschrieben hatte. Brach ich den, würde ich meine Kaution verlieren und eine Konventionalstrafe zahlen müssen. Doch das Geld war nicht der entscheidende Faktor. Ausschlaggebend für mein Bleiben war die Tatsache, daß ich Max begegnet war – einem schwarzen Mann auf einem Pferd –, genau so, wie Dwango es vorhergesagt hatte. Und Dwango zufolge würde dieser schwarze Mann mich irgendwohin führen, um Randy zu helfen. Und, o ja, noch etwas anderes beschäftigte mich sehr. Victorias Worte während unseres Essens: »Liebste, so unglaublich es auch klingen mag, aber dieses Haus war für dich bestimmt.«

»Max«, sagte ich, »mein Mann kehrt am Donnerstag nach Amerika zurück. Haben Sie vielleicht vorher Zeit?«

Max begann darüber nachzudenken, wie er seine Planung ändern könnte, doch Reuel mischte sich ein und sagte, es sei wirklich nicht nötig, daß er dabei wäre. Max zögerte daraufhin, vielleicht weil er dachte, es gehöre sich nicht, vorbeizukommen, wenn Reuel nicht da war, aber Reuel versicherte ihm, daß Freitag völlig in Ordnung sei. Nachdem das geregelt war, begannen wir unsere Pläne zu machen. Am frühen Vormittag würde Max einen Bus zum Circular Quay im Hafen von Sydney nehmen und dann mit der Fähre nach Manly hinüberfahren. Ich würde ihn am Kai abholen. Mit etwas Glück würde Gladys nicht draußen in ihrem Garten sein. Ich wollte ihr wirklich nicht erklären müssen, weshalb Max da war.

Wie sich zeigte, stand Gladys an dem Nachmittag, als Max und ich den Hügel zu unserem Haus hinaufgingen, an unserer Straßenecke und wartete auf den Bus, der sie in die Stadt bringen sollte. Natürlich hatte Max seine kleine braune Satteltasche aus Leder dabei, und das sah überhaupt nicht gut aus. Sie wußte, daß Reuel am Tag zuvor abgereist vor. »Passen Sie auf meine Frau auf!« hatte Reuel ihr zugerufen, als er in das Taxi stieg, das ihn zum Flughafen brachte. »Wird gemacht!« rief Gladys zurück. »Gute Reise.«

Als Max und ich uns der Bushaltestelle näherten, wandte Gladys sich ab. Sie begann wie wild in ihrer Handtasche zu kramen und tat, als habe sie mich nicht gesehen. Was die Sache noch verschlimmerte war, daß der Bus quietschend hielt und Gladys die Stufen emporhastete, als sei sie von einer Meute wilder Hunde gehetzt, bevor Max und ich nahe genug waren, um für Aufklärung zu sorgen.

Ich hielt mich nicht damit auf, Max über Gladys zu informieren. Wir gingen einfach weiter. Dann betrachtete Max vom Bürgersteig aus unseren Garten. »Da drüben ist eine Pflanze, die wirklich gut zum Brennen ist«, sagte er. Er riß ein Blatt ab, untersuchte es und steckte es dann in seine Hemdtasche. »In der Ecke dort ist ein Giftbeerenstrauch. Nicht davon essen.«

Bevor wir einen weiteren Schritt machen konnten, kam Chris auf seinem Skateboard herangefahren. »Mom! Mom!« Er war in Begleitung seines Freundes Collin. Sie waren schon ein besonderes Paar – Chris in seinen übergroßen Chicago Bulls Shorts und seinem zerrissenen T-Shirt und Collin in seiner Little Lord Fauntleroy-Schuluniform, bestehend aus grauen Shorts, Kniestrümpfen, weißem Hemd und einem steifen Strohhut, wie ihn alle Kinder trugen, gleich ob sie öffentliche oder private Schulen besuchten, um sich vor der sengenden Nachmittagssonne zu schützen. Die kleineren Kinder trugen sogar einen Khakihut mit einem Latz, der ihren Nacken bedeckte – er erinnerte an die Fremdenlegion.

»Mann, hi!« sagte Chris, als er Max sah.

»Schön, euch kennenzulernen«, sagte Max, während er den beiden Zwölfjährigen die Hände schüttelte. »Du hast da ja ein echt gutes Board, Mann.«

Chris' Gesicht erhellte sich. »Mal ausprobieren?«

»Aaach, Aborigines müssen den Boden unter ihren Füßen spüren«, sagte Max kichernd. Ich warf einen Blick auf Max' hochglanzpolierte, aber sehr abgetragene braune Schuhe.

»Können Sie zum Abendessen bleiben, Max?« fragte Chris, der sich ihm sofort verbunden fühlte. Das war eines der Dinge, die mir so an ihm gefielen. Schon als kleiner Junge war Chris immer aufgeschlossen gewesen und akzeptierte Menschen, die anders waren als er. So war das bei den Amish gewesen und auch bei

Randy. Ich erinnere mich, daß Chris nach einer Vorstellung in meine Garderobe kam und sagte: »Weißt du, Mom, ein paar Schulkinder machen sich lustig darüber, daß du mit einer Schwuchtel auftrittst.« Ich fragte Chris, wie er denn damit umginge. »Ich sag' ihnen einfach, daß sie sich um ihre eigenen Angelegenheiten kümmern sollen. Und daß Randy nicht immer Pumps und ein Kleid trägt. Er ist ein cooler Typ, der mir beibringt, wie man Poker spielt und Stimmen imitiert.«

»Ich würde wirklich gern zum Abendessen bleiben«, sagte Max zu Chris, »aber ich muß zurück nach Redfern zum Gottesdienst.«

Collin nahm seinen steifen Strohhut ab und klemmte ihn unter seinen Arm, als habe er großen Respekt. »Chris sagte mir, daß Sie reinrassig sind«, sagte er.

»Bist du noch nie vorher einem Reinrassigen begegnet?«

»Nicht persönlich«, sagte Collin, »aber wir lernen jetzt auf der Schule was über Aborigines.«

Max schwieg für ein paar Augenblicke. Ein wenig zögernd fragte er dann: »Was lernt ihr über uns?«

Collin wurde sehr ernst. »Heute haben wir was über einen Mann namens Arabanoo gehört. Er war der erste Aborigine, der gefangengenommen wurde. Das ist direkt hier passiert, unten an der Bucht von Manly.« Collin deutete hügelabwärts.

»Ja«, sagte Max, »der Gamaraigal-Stamm hat hier gelebt.«

»Mom«, mischte Chris sich ein, »ich und Collin wollen ins Haus gehen und fernsehen.«

»Nein, das tut ihr nicht«, sagte ich und hielt ihn zurück. Ich konnte sie wirklich nicht im Haus gebrauchen. Ich steckte Chris ein paar Dollar zu. »Kauft euch doch ein Eis.«

»Danke, Mrs. Fuller«, sagte Collin. Er rückte seinen Schulranzen zurecht, den er auf dem Rücken trug, setzte seinen steifen Strohhut wieder auf, wandte sich an Max und sagte: »Es war nett, Sie kennengelernt zu haben, Sir.«

Chris hüpfte wieder auf sein Skateboard, zeigte einen protzigen Sprung und sagte: »Bis später, Max.«

Im Nu waren die Jungen verschwunden. Ich öffnete die Haustür. Max trat zuerst ein.

»Mmmh«, sagte er, während er in der Eingangshalle stand, einen Blick ins Wohnzimmer und ins Eßzimmer warf. Ich bereitete mich auf alles nur Denkbare vor. Ich dachte an Madame Arcati, das exzentrische Medium in Noël Cowards *Fröhlicher Geist* und zwang mich, keine Miene zu verziehen.

»Möchten Sie Ihre Tasche abstellen?« fragte ich.

»Ja«, sagte er. Aber er stellte sie nicht ab. Als ich ihn in das Wohnzimmer führte, sah ich etwas wie Unkrauthalme aus seiner Tasche ragen. Offensichtlich hatte er die Utensilien mitgebracht, die er zum Räuchern des Hauses brauchte. Es war schier unglaublich.

»Ich mache für Sie eine Führung«, sagte ich.

»Eine Führung?«

»Oh, Entschuldigung. Das ist ein amerikanischer Ausdruck für ›ich zeige Ihnen alles‹.«

In jedem Raum, den Max betrat, blieb er stehen, als nähme er eine Art unsichtbarer Energie auf. Zuweilen murmelte er »Mmmmh.«

Als wir in Christophers Zimmer kamen, bat Max darum, auf den Balkon gehen zu dürfen.

»Er ist ein bißchen wacklig«, sagte ich, während ich die Gittertür aufschloß.

»Keine Sorge«, sagte Max, obwohl er ein bißchen besorgt dreinschaute, als er hinaustrat. Es war hoch über dem Boden, und Max hatte gesagt, wie sehr er es liebe, Grund unter seinen Füßen zu spüren. Ich war sicher, daß er das wörtlich meinte. Doch andererseits war er Stockman gewesen.

»Es gibt hier einen Vogel, der uns regelmäßig besucht«, sagte ich, wobei ich im Hof nach Prinz Charles Ausschau hielt. »Er liebt den Frangipani.«

»Ooohh«, sagte er, nickte und kam wieder herein.

Als wir zu meinem Schlafzimmer kamen, blieb Max an der Tür stehen und schaute hinein, als respektiere er meine Privatsphäre.

»Ich werde Ihnen die Küche zeigen«, sagte ich und führte ihn durch einen langen, schmalen Korridor.

Als Max an der Treppe vorbeikam, die ins Untergeschoß führte, blieb er stehen. »Was ist da unten?« wollte er wissen.

»Der Keller. Möchten Sie ihn sehen?«

»Ja, das wäre gut.«

Ich hatte ihm absichtlich nicht gesagt, daß der Keller erst kürzlich ausgebaut worden war und daß während dieses Ausbaus vielleicht Geisterknochen aus ihrer Ruhe geholt worden waren, was vielleicht dazu geführt hatte, daß Dwango aufgetaucht war – um es einmal so auszudrücken. Ich hatte Angst, daß Max gekränkt sein könnte.

Als Max auf halber Treppe nach unten war, blieb er plötzlich stehen. »Ich rieche Rauch.«

Ich glaubte auch Rauch zu riechen. Ich rannte nach

oben, um nachzusehen, ob das vielleicht Chris war, der Popcorn machte oder seine Pommes frites zu lange im Ofen gelassen hatte. Doch weder die Mikrowelle noch der Ofen waren eingeschaltet. Ich ging wieder nach unten und fand Max knapp einen halben Meter von dem Doppelbett entfernt stehend, auf dem ich mit Dwango kommuniziert hatte.

»Sie sind auf dem Land von klugen Männern«, verkündete Max mit einer ernsten Ehrfürchtigkeit, die mich bis ins Mark erschauern und zugleich mein Gesicht heiß werden ließ.

Es war eine Sache gewesen, zu *vermuten*, daß wir uns möglicherweise auf altem Aborigines-Boden befanden, aber es war eine völlig andere Sache, das direkt von Max zu hören. Ich stand errötet und reglos da und fühlte mich aus dem Hier und Heute herausgerissen.

»Wir stehen da, wo der kluge Mann seine Arbeit getan hat«, sagte Max. »Sie haben hier einen guten Geist.«

Ich stieß einen Seufzer der Erleichterung aus. »Dann brauchen Sie das Haus nicht zu räuchern?«

»Nee, man räuchert einen Geist nur, wenn er nicht gut is'.«

»Können Sie den Geist jetzt spüren?«

»Ja, man kann ihn stark spüren«, sagte er fast flüsternd.

Ich war zu benommen, um irgend etwas zu spüren. »Max«, sagte ich, »warum ist dieser Geist durch mich gekommen?«

Max zuckte die Schultern. »Manchmal sprechen Geister zu Menschen, die zuhören.«

»Und er weiß, daß ich zuhöre?«

»Ja, er weiß, daß Sie zuhören.«

Ich spürte einen leisen Windhauch. Das kleine Fenster über unseren Köpfen war geschlossen.

»Was ist das für eine Botschaft?« fragte ich.

»Weiß nicht.« Er zuckte wieder mit den Schultern.

Ich hatte noch nichts von Dwangos Botschaft erwähnt, daß Max derjenige sei, der mich auf einen Weg führen würde. Ich versuchte, das ganz vorsichtig anzusprechen. »Max«, sagte ich, »wäre es möglich, daß *Sie* mit Dwango sprechen?«

Max dachte einen Augenblick lang nach. »Wenn Sie wollen, komme ich irgendwann wieder in Ihr Haus und schlaf' hier unten. Dann werden wir sehen, ob der Geist mit mir ein Garn spinnen will.«

»Garn spinnen?«

»Mit mir reden, während ich schlafe.« Max verschränkte seine Arme und schloß seine Lider. Ob er versuchte, sich vorzustellen, wie das Land Hunderte oder Tausende von Jahren früher gewesen sein mochte, als Dwango und sein Volk genau an der Stelle standen, wo wir jetzt standen?

Eine ganze Weile sprach keiner von uns beiden. Schließlich sagte ich: »Der Geist kann also zu Ihnen sprechen, wenn Sie schlafen?«

»Richtig«, sagte Max. Er trat an das kleine Fenster, das sich über unseren Köpfen befand, und schaute hinaus in den Garten.

»Ich finde, Sie sollten darüber noch mal schlafen«, sagte ich plötzlich.

»In Ordnung«, sagte Max und fügte hinzu: »Da ist Ihr Vogel.«

Ja, es war Prinz Charles. Er saß in dem Frangipanibaum und zeigte sein majestätisches Profil.

Max öffnete das Fenster und gab ein Geräusch von sich, das dem eines Vogels ähnlich war. Der Kakadu wandte sich uns zu.

»Was haben Sie gesagt?« fragte ich.

»Hab' nur gesagt, daß es wirklich nett sei, ihn kennengelernt zu haben.«

Dwango hatte gesagt, daß er sich als Vogel manifestieren könne, aber ich beschloß, das nicht zu sagen. Ich wollte sehen, was dabei herauskam. Statt dessen fragte ich: »Wann können Sie wiederkommen?«

»Ende nächster Woche«, sagte Max. Er schaute noch immer zu Prinz Charles, der in dem Baum hockte.

»Perfekt.« Damit hatte ich eine Woche Zeit, um mich vorzubereiten. Allerdings war ich mir nicht sicher, worauf ich mich vorzubereiten hatte.

Als ich Victoria und Peter erzählte, daß Max kommen würde, um über Nacht zu bleiben, glaubten sie, ich sei nicht recht bei Verstand. Einen Mann, von dem ich kaum etwas wußte, in mein Haus zu holen und ihn dort übernachten zu lassen bedeutete nach ihrer Meinung ein Spiel mit der Gefahr. Es sei unverantwortlich, und wenn mir schon nicht an mir selbst lag, dann sollte ich doch wenigstens an Christopher denken. »Wo wird er denn überhaupt schlafen?« fragte Peter.

»Im Keller«, sagte ich.

»Und was kann ihn daran hindern, mitten in der Nacht in dein Schlafzimmer zu kommen?« schnappte Peter.

»Das würde er nie tun«, schnappte ich zurück.

»Aber Liebste«, sagte Victoria, die am Nebenapparat

mitgehört hatte, »du weißt doch wirklich herzlich wenig über ihn.«

»Liz«, sagte Peter, »würdest du einen Mann aus Harlem, den du gerade erst kennengelernt hast, mit in dein Haus nehmen, damit er dort bei dir und deinem Sohn übernachtet?«

Ich erzählte Peter und Victoria all die wundervollen Dinge, die Vater Ted, Schwester Dorothy und Schwester Pat über Max gesagt hatten. Ich predigte tauben Ohren. Ich legte den Telefonhörer völlig verstört auf. Ich ging zu Bett, überzeugt davon, unser beider Leben in Gefahr zu bringen. Nachdem ich die halbe Nacht schlaflos verbracht und mich im Bett hin und her geworfen hatte, stand ich auf und rief Reuel in Connecticut an.

»Du machst dir Sorgen wegen Max?« Reuel kicherte. »Liz, der ist hundertprozentig sicher.«

In dem Augenblick, als Reuel mir seine Zustimmung gab, fühlte ich mich albern, weil ich mich von Victorias und Peters Ängsten hatte anstecken lassen. Ich erzählte das Reuel.

»Liz«, sagte Reuel, »du kannst doch nicht erwarten, daß Peter und Victoria sich keine Sorgen um deine Sicherheit machen. Um zu wissen, daß er ein guter Mensch ist, müßten sie Max kennen und ein wenig Zeit mit ihm verbracht haben.«

»Natürlich«, sagte ich, »du hast vollkommen recht. Wenn man Max erst einmal kennt, weiß man, daß er ein ganz besonderer Mensch ist.«

»Also, wann ist die große Nacht?«

»Am nächsten Montag«, sagte ich. »Chris und ich haben bereits den ganzen Tag und den Abend geplant. Chris ist ganz verrückt darauf, mit Max zum Strand zu gehen und ihm zu zeigen, wie man mit seinem Brett surft. Wir werden erst zu Mittag ein Picknick machen, dann zu Abend essen. Ich werde Pasta machen. Max sagte, er liebt Pasta. Danach werden wir uns einfach beschäftigen, bis es für Max Zeit ist, sich in den Keller zurückzuziehen und abzuwarten, ob die Geister durch ihn sprechen.«

»Mal wieder ein ganz langweiliger Tag im Leben der Lizzy Fuller«, sagte Reuel. »Versprich mir, daß du mich am Dienstagmorgen anrufst.«

Bevor wir auflegten, teilte mir Reuel noch die guten Neuigkeiten mit. Randy hatte eine Nachricht auf meinem Anrufbeantworter hinterlassen – er hatte den Preis der MAC gewonnen!

»Das ist ja toll!« rief ich. »Er wird begeistert sein.«

»Liz«, sagte Reuel, »du solltest ihn anrufen und ihm gratulieren.«

Ich entnahm Reuels Tonfall sofort, daß die Dinge überhaupt nicht gut standen. »Er ist im Krankenhaus, nicht wahr?«

Reuel brauchte nicht zu antworten.

»In Philadelphia oder in Indiana?« fragte ich.

»Philadelphia«, sagte Reuel. »Er hat die Nummer hinterlassen.«

Eine Sorge schwand ein wenig – eine schlimmere kam. Ich bereitete mich auf das Schlimmste vor und wählte die Nummer in Philadelphia.

Eine Krankenschwester meldete sich. Ich hörte ein heftiges Husten, und ein paar Augenblicke später war Randy am Apparat. »Liiiebling«, sagte er mit perfekter Bette-Davis-Staccato-Stimme, »wo-bist-du? Und-wann-zum-Teufel-kommst-du-heim?«

»Ich bin noch in Oz«, sagte ich. »Alles ist in der Schwebe.«

Wieder heftiges Husten. »Ich hab' den MAC gewonnen, Liz.«

»Darum rufe ich an. Du bist der Beste!«

»Ron und ich sind zur Preisverleihung gefahren.«

»Wann war das?«

»Letzte Woche. An der Copacabana.«

»Waren die anderen Stars da?« fragte ich. Es war eine Textzeile aus unserem Stück.

»Liebling«, sagte er und sprach wieder ganz wie Bette Davis, »es-gibt-keine-anderen-Stars.« Dann fragte er wie er immer fragte: »Wie findest du die Stimme?«

»Wie ich sagte – du bist der Beste.«

»Ich weiß«, erwiderte er so anmaßend wie immer. Randy wußte, daß er der Beste war. Die *London Times* hatte seinen Part in unserem Stück als ›geradezu an ein Wunder grenzend‹ bezeichnet.

»Vergiß nicht, Liz, wir spielen im Oktober in San Francisco.«

»Ich bin nicht mehr im Schauspielgeschäft, Randy. Wir müssen jemand finden, der meine Rolle spielt.«

»Nein, das wäre nicht dasselbe.« Einen Augenblick später sagte er: »Wen könnten wir nehmen?«

»Ich bin also so leicht zu ersetzen.«

Er gab ein schwaches Kichern von sich. »Ich fand dich gut, Liz.«

»Randy«, sagte ich und wurde ernst, »wie geht es dir?«

»Übers Wochenende werde ich aus diesem Stall rauskommen«, sagte er. »Am Montag bin ich dann wieder hier. Meine Ärzte wollen mich mit einer neuen Kombination von Medikamenten behandeln.«

Ich hörte zu, während Randy eine neue, sehr aggressive Behandlungsmethode beschrieb, und wurde plötzlich daran erinnert, daß Dwango gesagt hatte, daß ich zu jemand geführt werden würde, der mir das Wissen gäbe, um Randy zu helfen. Was für ein Wissen? Vielleicht war das ja gar nicht der Inhalt der Botschaft!

»Liz, ich habe viel geschrieben.« Wieder heftiges Husten. »Mit dem Kinderbuch bin ich fast fertig.«

»Ich kann's kaum erwarten, es zu lesen«, sagte ich. Ich dachte noch immer an die Botschaft von Dwango. »Hast du schon einen Titel?«

»Punky und der Zauberwald.«

»Das klingt süß«, sagte ich. »Wann wird es fertig sein?«

»Ich versuche, einen Schluß zu finden.«

»Für mich«, sagte ich, »ist immer der Anfang am schwersten.«

Es gab eine lange Pause. »Für mich«, sagte er, »ist das Ende am schwersten.«

»Oh, ich bin sicher, daß dir was ganz Tolles einfallen wird«, sagte ich. Ich tat so, als verstünde ich nicht, was er sagte.

Er hatte wieder einen heftigen Hustenanfall. »Schätzchen, ist mit dir und Chris alles okay?«

»Alles bestens.«

»Bestimmt?«

Sollte ich ihm von Dwango erzählen? Nein, das ist zu kompliziert, um es am Telefon zu erklären, zumal um die halbe Welt herum. »Randy«, sagte ich, »wie kommst du auf die Idee, daß was nicht in Ordnung sein könnte?«

»Ist nur so ein Gefühl, daß dich da irgendwas festhält. Das ist alles. Mehr nicht.«

Das war offensichtlich so. Doch im Augenblick überlegte ich, was ich Gladys sagen sollte, um ihr zu erklären, warum Max kam, um hier die Nacht zu verbringen. Ich erschauerte jedesmal bei dem Gedanken an die Möglichkeit, daß Gladys sehen könnte, wie Max am Montagnachmittag vor meiner Tür stand und erst am Dienstagmorgen wieder ging – und dies mit seiner braunen Tasche. Ich war für diese banale Sorge dankbar. Ich wollte mich nicht weiter mit Randys Zustand befassen, der sich besorgniserregend weiter verschlechterte. Ich wünschte mir nur, nicht diese Bemerkung über Anfang und Ende gemacht zu haben.

6. Kapitel

All meine Sorge darüber, was ich Gladys sagen sollte, war vergeudete Energie. Am Freitag, bevor Max eintraf, rief Gladys mir über den Zaun zu, daß sie nach Melbourne fahren würde, um den einundzwanzigsten Geburtstag ihrer Enkelin zu feiern. Sie würde eine Woche fort sein. Ob es mir etwas ausmachen würde, ihre Post und die Zeitungen hereinzuholen? Und ob ich die Pflanzen gießen könne, wenn es an den nächsten ein oder zwei Tagen nicht regnete? Die Geranien sollte ich einmal gut wässern und dann gründlich austrocknen lassen. Dann schenkte sie mir einen Topf von ihrem Pflaumengelee. Sie hatte den Eindruck gewonnen, daß wir es liebten.

»Ich weiß, wie sehr ihr mein Pflaumengelee mögt«, sagte Gladys. Sie reichte es mir mit ihren Hausschlüsseln.

»Ja, es ist wirklich lecker«, sagte ich. Ich griff über den Zaun und nahm das ekelhaft süße Zeug in Empfang. Es war das erste Mal, daß wir Blickkontakt hatten, seit sie so getan hatte, als habe sie Max und mich nicht den Hügel hochkommen sehen.

»Ich brauche den Topf aber zurück, damit ich ihn wieder für euch füllen kann.«

»Sie werden ihn schneller zurückbekommen, als Sie denken«, sagte ich und hoffte dabei, daß das purpurne Gelee die Küchenspüle nicht verstopfen würde.

»Haben Sie es mal auf Damper probiert?«

»Damper?«

»Buschmannbrot. Wenn ich zurückkomme, mache ich Ihnen welches.«

So waren wir also trotz der Tatsache, daß ich an dem Tag, nachdem mein Ehemann die Stadt verlassen hatte, einen schwarzen Mann in mein Haus gebracht hatte, noch immer Freunde.

»Ich habe einen reinrassigen Aborigine kennengelernt«, sagte ich ganz offen.

»Ach ja?«

Sie ging auf das Spiel ein. »Ja«, sagte ich. »Er war vor ein paar Tagen hier. Zum Mittagessen. Er heißt Max. Ein toller Kerl.«

»Oh, das ist nett.«

»Vielleicht kann ich ihn Ihnen vorstellen, wenn er das nächste Mal kommt – falls er jemals wiederkommt?«

»Schön.« Sie steckte ein paar Strähnen grauen Haares in ihren Knoten und sagte: »Ich hoffe, daß ich Ihnen nicht zuviel Arbeit damit mache, daß Sie sich um meinen Garten und um meine Post kümmern.«

Ihr Garten und die Post? Wollte sie nicht wissen, wo ich den Aborigine kennengelernt hatte? Sie war toll darin, sich nichts anmerken zu lassen. »Oh, der Garten und die Post sind überhaupt kein Problem. Ich bin ja ohnehin den ganzen Tag hier – ich schreibe. Nur Chris und ich sind da.«

»Tja, vielleicht bleibt's ja doch nicht nur bei Ihnen

und Ihrem Sohn«, sagte Gladys und schenkte mir ein vielsagendes Lächeln.

»Wie?« War das eine abfällige Bemerkung? Glaubte sie, ich würde Max heimlich ins Haus bringen? Für wen hielt sie mich?

»Ich hab' gestern mit Norman gesprochen.«

»Dem Mann unten in dem Antiquariat?«

»Richtig. Ich hab' ihm erzählt, daß Sie vielleicht gelegentlich mal bei ihm vorbeikommen. Um mit ihm über die Geisterkinder zu sprechen, die er in diesem Baum gesehen hat.«

Das war wieder typisch Gladys. Sie spielte Katz und Maus. Sie erwähnt die Geister, ich schnappe zu, sie läßt das Thema fallen und verschwindet.

»Oh, ich werde dorthin gehen«, sagte ich ganz cool und ruhig. »Fahren Sie eigentlich mit dem Zug nach Melbourne oder fliegen Sie?«

»Nehm' den Zug.« Sie riß einen wilden Wein aus und brachte die Unterhaltung dann wieder direkt zurück auf Gespenster und Spinnerei. »Ja, Norman erzählte mir, daß jemand anders das gleiche gesehen hat.«

Ich biß wieder an. »Wollen Sie mich auf den Arm nehmen?«

»Ich glaube, es passierte spätabends. Der Mann hörte Vögel. Da oben in der Morton Bay.«

»Aber es waren keine Vögel?« sagte ich und hatte wieder ein unheimliches Gefühl.

»In der einen Minute Aborigines-Kinder, in der nächsten Vögel.«

Irgend jemand sollte Alfred Hitchcock holen. »Ich werde zu Norman gehen«, sagte ich. »Jetzt gleich.«

Ich fand Norman hinter einem Stapel Bücher in dem winzigen, vollgestopften Antiquariat nahe beim Corso. Er hockte da und wühlte in einem alten Holzkoffer, voll von staubigen Büchern, Zeitschriften und kleinen Nippessachen.

»Als ich heute morgen den Laden aufmachte, stand dieser Koffer da und blockierte die Eingangstür«, sagte Norman, während er sich erhob, um mich mit einem herzlichen Lächeln zu begrüßen. »Offensichtlich ist es ein Geschenk von einem anonymen Spender. Er hat die ganze Nacht draußen gestanden.«

»Er hätte gestohlen werden können«, sagte ich.

Norman war ein großer, schlanker Mann mit einer kleinen, runden Drahtbrille und einem Schnurrbart. Ich schätzte, daß er etwa Mitte Siebzig sein mußte und sein ganzes Leben von Büchern umgeben verbracht hatte. »Bücher werden hier nicht geklaut.« Er kicherte. »Die Penner sind nur scharf auf was zu beißen und ein kaltes Bier.«

»Oh«, sagte ich. »Übrigens, ich bin Liz Fuller. Eine Freundin von Gladys Simpson.«

»Ja«, sagte Norman und streifte den Staub vorn von seiner Tweedjacke, »es ist wirklich schön, Sie endlich kennenzulernen. Gladys hat mir alles über sie erzählt.«

»Sie hat mir über Sie auch alles erzählt«, sagte ich gleichermaßen enthusiastisch.

»Ach, ich bin kein Schriftsteller wie Sie. Ich beschäftige mich nur damit, eine gewisse Ordnung in diesen Schuttplatz zu bekommen.«

»Es hat Atmosphäre«, sagte ich. Der Laden sah nicht wie eine Müllhalde aus, obwohl die Richtung stimmte. »Wirkt irgendwie Dickens-esque.«

»So kann man das auch sagen.« Norman lachte. »Übrigens, ich habe hier die Originalausgabe von *Der Geist von Flug 401*.«

»Tatsächlich?«

»Hat Gladys Ihnen das nicht erzählt?«

»Nein.«

Norman wirkte überrascht. »Als ich es ihr auslieh, sagte ich ihr, sie solle Ihnen sagen, wie gut es mir gefallen hat.«

»Gladys hatte das Buch?« Was, zum Kuckuck, ging da vor? Warum wollte sie mir nicht erzählen, daß sie es las? Weshalb machte sie ein so großes Geheimnis daraus?

»Sie hat's gerade gestern zurückgebracht«, sagte Norman. Er ging zu der Kasse neben der Eingangstür und hielt das Buch hoch. »Sie wollte es kaufen. Aber ich sagte ihr, es sei unverkäuflich. Nur zum Ausleihen. Würden Sie es signieren?«

»Aber gerne«, sagte ich und zog einen Stift heraus, völlig verwundert über Gladys eigenartige Geheimnistuerei.

»Schauen Sie sich um«, schlug Norman vor, »aber achten Sie auf die Bücher, die auf dem Boden liegen. Sonst stolpern Sie noch.«

Während ich durch die Bücherstapel schaute und blätterte, erfuhr ich die Geschichte von Normans Leben. Er war in der Royal Australian Air Force Kampfpilot gewesen und in Nordafrika und im Pazifik geflogen. Als er gerade erst zwanzig war, heiratete er eine ›Kiwi‹-ein Mädchen aus Neuseeland. Sie waren noch immer verheiratet – jetzt über fünfzig Jahre. Letztes Jahr hatten sie zwei Wochen auf Bali verbracht – ein

Geschenk ihrer fünf Kinder. Er und seine ›Braut‹ wußten, was der andere sagen würde, noch bevor er oder sie es sagte. Nachdem er die Aborigines-Kinder in dem Morton Bay-Feigenbaum ›gesehen‹ hatte, hatten die beiden damit angefangen, Bücher über übernatürliche Phänomene zu lesen.

Ich hatte in einem sehr alt aussehenden Buch über die Wildblumen Neuguineas geblättert, als ich zwischen den Seiten auf eine gepreßte Pflanze stieß. »He, schauen Sie mal!« rief ich ihm zu.

»Donnerwetter!« sagte Norman und inspizierte sie. »Man kann noch die Samen sehen.«

»Wenn ich das Buch kaufe, bekomme ich dann die Blume auch?«

»Ist doch keine Frage.«

»Dann werde ich es kaufen und Gladys schenken.«

»Die alte Gladys wird hocherfreut sein«, sagte Norman.

Als ich in meinen Geldgürtel griff, um drei Dollar herauszuholen, sagte ich beiläufig: »Gladys erwähnte heute morgen, daß Sie nicht der einzige seien, der die Geisterkinder in dem Baum gesehen hat.«

»Richtig«, sagte Norman. »Muß jetzt etwa einen guten Monat her sein, seit Gladys ihre Begegnung hatte.«

»Gladys hatte eine Begegnung?«

Norman strich sich über sein Kinn. »Wenn ich mich recht erinnere, war das, glaube ich, während dieser furchtbaren Hitzewelle gegen Ende des Sommers. Ja, genau. Gladys kam her und beklagte sich, daß sie nicht schlafen könne. Wegen der verdammten Hitze. Ich klagte darüber, daß die verdammte feuchte Luft die Mozzies brächte.«

»Mozzies?«

»Insekten«, übersetzte Norman.

»O ja«, murmelte ich und merkte mir die neue Vokabel.

»Sie erzählte also, daß sie um Mitternacht einen Spaziergang gemacht hat. Um sich abzukühlen. Und dabei passierte dann alles.«

»Sie wollen damit sagen – *Gladys* sah Aborigines-Kinder in der Morton Bay?«

»Hat sie Ihnen das nicht erzählt?«

»Sie erzählte mir, irgendein *Mann* habe sie gesehen.«

»Nein, es war Gladys. Ach, dabei fällt mir ein, daß sie mich bat, es niemandem zu erzählen. Sie ist ein komischer alter Vogel.«

»Wissen Sie, warum sie mir das nicht erzählt hat?«

»Das möchte ich auch gerne wissen«, sagte Norman. Er überlegte einen Augenblick und fügte hinzu: »Na ja, viele ältere Leute sind nicht scharf darauf, über Dinge zu reden, die ihnen angst machen. Darum hab' ich ihr das Buch Ihres Mannes zu lesen gegeben. Völlig normale Menschen – Verkehrspiloten – sahen das Unglaubliche.«

»Norman, hat Gladys irgend etwas von dem erwähnt, was mir seit meiner Ankunft widerfahren ist?«

Er dachte einen Moment nach. »Nein«, sagte er, »kann ich nicht sagen. Sie erzählte mir nur, wie sehr sie Sie und Ihre Familie mag. Ist ganz verrückt nach Yankees. Sie scheinen keine große Angst vor Fremden zu haben.« Er kicherte vor sich hin. »Sie sind den Aussies sehr ähnlich, weil Sie ebenso offen sprechen.«

Warum ihn enttäuschen? »Norman«, sagte ich, »ich

glaube, ich stehe mit einem Aborigines-Geisterdoktor in Verbindung.«

»Jesses!« rief er aus, verschränkte seine langen Arme und lehnte sich vorne an die Theke. »Gladys hat kein Wort davon erwähnt.«

Ich erzählte Norman alles, was geschehen war und als ich damit fertig war, wußte ich, daß ich einen Freund fürs Leben gefunden hatte.

»Liz«, sagte er, »könnten Sie mir diese Niederschrift vom Oui-ja-Brett bringen? Ich habe hier eine ganz stattliche Sammlung von Büchern mit Aborigines-Worten. Ich hab' das wirklich komische Gefühl, daß diese Worte keineswegs Geschwafel sind.«

Später an diesem Nachmittag brachte ich ihm die Ouija-Niederschrift und das Protokoll über den geänderten Bewußtseinszustand vorbei, und früh am nächsten Morgen rief Norman an.

»Potz Blitz!« sagte er.

»Wie?«

Eine kurze Pause entstand. Ich hörte Papier rascheln. »K-I-R-A-W-E-E bedeutet Kakadu mit grüner Federhaube!« Norman sprudelte er heraus, als habe er gerade das große Los gezogen.

»Sie scherzen!«

»Es ist ein Gamaraigal-Wort.«

»Was für ein Wort?« Ich hatte das Gefühl, es schon einmal gehört zu haben, konnte es aber nicht unterbringen.

»Gam-a-rai-gal. Das ist ein Aborigines-Stamm.«

»Wie haben Sie das denn herausgefunden?«

»Ich hab' letzte Nacht nicht viel geschlafen.« Norman

lachte. »Also ich denke, daß dies Ihren Prinz Charles mit Dwango verbindet.«

Ich schaute auf meine Kopie der Niederschrift. »Sie haben absolut recht«, sagte ich, nervös, aber erfreut. »Reuel und ich fragten das Oui-ja-Brett ›Was bedeutet K-I-R-A-W-E-E?‹ Und die Antwort war B-O-T-S-C-H-A-F-T. Das bedeutet also, daß der Vogel eine Botschaft war, die Dwango geschickt hat.«

Ich hörte, daß wieder mit Papier geraschelt wurde, und dann sagte Norman: »Liz, schlagen Sie doch mal die Seite sechs auf, oben, die dritte Zeile. Ihr Mann fragte ›Was ist mit dem Vogel, Prinz Charles?‹ Und Sie sagten ›Es ist Dwango. Er kann sich als Vogel manifestieren. Er sagt, wenn man Geisterdoktor ist, hat man Kräfte, die mit dem körperlichen Tod nicht verloren gehen.‹«

Während Norman kurz schwieg, dachte ich, das wird Reuel gefallen!

»Ich stieß auf noch etwas, das für Sie interessant sein könnte«, fuhr Norman fort. »Der Gamaraigal-Stamm hatte viele Angehörige, die *koradji* waren ...«

»Das ist ein Geisterdoktor«, sagte ich.

»Korrekt. Der Gamaraigal-Stamm bewohnte das Land direkt unten am Manly Cove. Dem Buch *Die Aborigines des Sydney District vor 1788* zufolge, hatten die *koradji* der Gamaraigal eine höchst wichtige Rolle im spirituellen und rituellen Teil des Lebens.«

»Norman, es ist nicht nur möglich, sondern wahrscheinlich, daß dort, wo mein Haus steht, ihre Zeremonien stattgefunden haben.«

»Völlig richtig!«

»Ich frage mich, wie lange sie in dieser Gegend gewesen sind!«

»Mit der Radiokarbonmethode wurden bei Untersuchung einiger Ablagerungen aus nahen Felsspalten zwanzigtausend Jahre festgestellt.«

Ich brannte so sehr darauf, Reuel anzurufen, daß ich auflegte, bevor ich Norman fragte, ob irgendwelche der anderen Worte auch einen Sinn ergäben. Aber wir mußten auf derselben Wellenlänge gewesen sein, weil Norman wieder anrief, während ich noch nach der Vorwahl für die Vereinigten Staaten suchte, und sagte, er habe weitere Worte nicht finden können, würde aber weitersuchen.

Ich konnte Reuel an diesem Morgen nicht erreichen. Er war in einer viertägigen Flugmission unterwegs. Ich hinterließ ihm eine ausführliche Nachricht auf dem Anrufbeantworter.

Als Reuel zurückrief, war das früh am Morgen des Tages, an dem Max kommen sollte, und er hatte auch einige interessante Neuigkeiten. »Lizzy«, sagte er, »die Schule hat heute nachmittag angerufen.«

»Weshalb?«

»Offensichtlich hat Chris der Klasse einen sehr interessanten Brief geschrieben.« Reuels amüsierter Tonfall sagte mir, daß ich mich auf einiges vorzubereiten hätte. »Dein kleiner Stephen King hat geschrieben, er würde in einem verhexten Haus gefangengehalten werden.«

»Was?«

»Du hast richtig gehört«, sagte Reuel kichernd. »Geister zerfetzten das Haus zu Trümmern. Geisterstimmen kämen durch den Kehlkopf seiner Mutter. Dann noch etwas über eine Nachbarin, die versuche, ihn mit ›Feenbrot‹ zu vergiften.«

»Mein Gott!«

»Es kommt noch mehr, Liz«, fuhr Reuel mit Entzükken fort. »Geistervögel fliegen um das Haus herum und ›scheißen‹ auf seine Schulbücher.«

»Warum lache ich nicht?«

»Er endete mit einem P. S. Falls er niemals zurückkehrt, soll das Zeug in seinem Spind den Armen gegeben werden.«

»Dieses Kind ist ja wirklich fleißig«, sagte ich.

»Vielleicht solltest du die Dinge lieber in Ordnung bringen, bevor er im nächsten Jahr nach Weston Middle zurückkehrt.«

»Heißt das, du hast nichts gesagt?«

»Oh, ich habe sie beruhigt und ihnen erzählt, daß seine Mutter ihn in kreativem Schreiben unterrichtet.«

»Gute Idee«, sagte ich und fuhr dann fort: »Du hast also die Nachricht über Norman und die Oui-ja-Niederschrift erhalten?«

»Lizzy, ich war wirklich nicht überrascht.«

»Nein?«

»Vergiß nicht, ich war da. Es ist nur ein weiteres Puzzlestück, das paßt.«

»Das hat aber lange gedauert.«

»Ja, war wohl so«, sagte Reuel und kicherte wieder. »Aber die Jungs, mit denen ich geflogen bin, dachten ich sei verrückt.«

»Du hast das deinen Kameraden erzählt?«

»Was soll man sonst in den acht Stunden tun, während man mit einer C-5 den Atlantik überquert?« sagte Reuel. Dann fügte er ganz beiläufig hinzu: »Als wir zurückkehrten, suchte das Geschwader nach Freiwilligencrews, um Nachschub nach Bosnien zu fliegen. Ich habe dankend abgelehnt. Hoffe, das ist kein Hinweis auf kommende Dinge.«

Das war ein Dämpfer. »Was meinst du mit ›dankend abgelehnt‹?«

»Ich habe nicht die Absicht, zu fliegen, aber es könnte sich schlimm entwickeln, und du weißt, wer zuerst einberufen wird, wenn das passiert.«

»Aber du kannst nicht gehen«, sagte ich.

Reuel reagierte scharf darauf. »Was heißt hier – ich kann nicht gehen? Wenn wir einberufen werden, gehe ich.«

Ade, geliebter, sexy Ehemann. Herein kam der sture Oberst.

»Dann sind wir also quitt.«

»Was soll das heißen?«

»Das heißt, daß du stinksauer bist, weil ich dich verlassen habe, um nach Australien zu fahren, und du es mir jetzt heimzahlst.«

Zwölftausend Meilen Schweigen drangen an mein sonnengebräuntes Ohr.

»Gib's nur zu«, sagte ich. »Du bist wütend, daß ich hier bin.«

Ich konnte hören, daß er sich eine seiner langen Zigarren anzündete. »Ich hoffe, du verpestest unser Schlafzimmer nicht«, sagte ich, um ihn zu ärgern, damit er offen redete. Das war etwas, was auf der Pilotenschule nicht gelehrt wurde.

»Du hast recht«, sagte er. »Ich hätte lieber gehabt, wenn du geblieben wärst.«

»Ich wußte es doch! Ich sah das in deinen Augen an dem Tag, als Chris und ich auf Kennedy durch das Gate gingen.«

»Du bist ein erstaunliches Medium, Liz.« Die Ironie triefte.

»Sehr komisch«, sagte ich. »Ich weiß nicht, warum du nicht einfach ehrlich zu mir sein konntest.«

»Ehrlich zu dir! Du warst so verdammt entschlossen zu gehen, daß du mich mit diesen Stapeln lausiger Kritiken erschlagen hättest, wenn ich auch nur angedeutet hätte, daß du bleiben sollst.«

»Jetzt schlägst du aber unter die Gürtellinie.«

»Komm endlich drüber weg, Liz. Du bist nicht die erste Person, von der ein Stück abgesetzt wurde. Bis zu deiner Abreise hörte ich nur von dem Stück und von Randy. Du hast dir mehr Sorgen darüber gemacht, Randy zu verlassen, als mich zu verlassen. Das mit Randy tut mir sehr leid. Das mit dem Stück tut mir leid. Aber ich tue mir noch mehr leid. Dein verdammtes Stück und dein Freund hatten Priorität vor uns. Du bist meine Frau. Ich will dich hier, bei mir haben. Ich will morgens aufwachen mit dir neben mir. Ich will mit dir morgens Kaffee trinken und dich abends lieben. Ich bin geil. Ich fühl' mich verdammt elend. Mir geht's beschissen. Ich bin einsam. Das dazu. Glücklich? Ich bin nicht der Mann, für den du mich gehalten hast. Ob ich mich jetzt besser fühle? Hätte ich dir was anderes erzählt, wäre ich ein verdammter Lügner.«

»Ich komme heim«, sagte ich, munter und verliebt – und frustriert. Warum hatte er denn bis *jetzt* warten müssen, um mir zu erzählen, was er wirklich fühlte? Ich wollte nichts mehr, als auf unsere riesengroße Matratze fallen und mit diesem geilen, sich elend und beschissen fühlenden, einsamen, unglücklichen Mann bis zum Wahnsinn Liebe machen. Und dann wollte ich aufstehen und Kaffee kochen. Und danach wollte ich das Ganze von vorne. Aber ich konnte es nicht! Dieser verdammte Riesenozean lag zwischen uns – und brüllte vor Lachen. »Ich rufe sofort die Fluggesellschaft an«, sagte ich.

»O nein, das wirst du nicht tun.«

»Was?«

Schweigen – eine boshafte Variante mittelalterlicher Folter.

»Erklär, was du meinst!« verlangte ich.

»Ich meine, daß der andere Teil von mir sich in ein verrücktes Huhn verliebt hat, das einfach verschwindet und tut, was ihm gefällt. In diese einssechzig große Blondine, die von den Kritikern was zwischen die Zähne bekommt – von Leuten, die überhaupt keine Ahnung haben, was ein gutes Stück ist – und sich dann auf die Hinterbeine stellt, um zu kämpfen. Und bereit ist, für das Leben ihres besten Freundes zu kämpfen, der zufällig eine Schwuchtel ist. Oh, Gott – womit bin ich nur gestraft.«

Zwei Gedanken gingen mir gleichzeitig durch den Kopf. Zuerst: Ich werde für den Rest meines Lebens versuchen, die aufregende Frau zu werden, für die er mich hält. Und zweitens: Ich sollte besser nach Hause fahren, bevor er die Wahrheit herausfindet. Aber ich sagte nur: »Ich liebe dich mehr als alles andere auf der Welt.«

»Ja, schön, du kannst dich verdammt glücklich schätzen, daß du mich hast, Schwester.«

Kurz vor Mittag schoß Chris den Hügel zum Kai in einem olympiadeverdächtigen Spurt hinunter, um vor der

Fähre dort zu sein. Ich lief weiter hinter ihm, beladen mit einer Plastiktasche, die mit Sandwiches, Chips und Zitroneneis für unser Strandpicknick gefüllt war. Es war ein perfekter australischer Strandtag. Über dreißig Grad – eine Herbsthitzewelle. Die Herbstblumen standen in voller Blüte, und in der Ozeanluft, die die sommerliche Feuchtigkeit unter Verschluß hielt, war ein süßer Duft. Oben, von einem schattigen Weg aus, schaute ich zu, wie Max' Fähre sich ihren Weg durch das türkisblaue Wasser bahnte, als sie in den Hafen von Manly einlief. Und genau in diesem Augenblick dachte ich, es ist gut, wie es ist. Oz hatte etwas zauberhaft Lebendiges – dieses faszinierende Land auf der anderen Seite der Erde, das eine exotische und wundervolle Mischung von Geheimnis und Erdigkeit in einem zu sein schien. Die Tatsache, daß Chris und ich einen ganzen Tag und einen ganzen Abend mit einem reinrassigen Aborigine verbringen würden, der von einem Geisterdoktor zu uns geschickt worden war, der vor Hunderten – vielleicht sogar Tausenden – von Jahren gelebt hatte, schien mir ein Beweis für den Zauber des Landes zu sein.

Dieser Nachmittag war voller Überraschungen. Zunächst stellte sich heraus, daß Max nicht schwimmen konnte. Als Chris darauf bestand, er solle sein Surfbrett ausprobieren, machte Max die Grundregeln klar. Er würde drei Känguruhlängen weit in das kalte Salzwasser gehen – oder hüfttief.

»Komm schon, Max«, drängte Chris ihn. »Man kann auf einer sechs Meter langen Welle nicht reiten.«

»Ich hab' dir an dem Tag, als du auf dem Skateboard warst, gesagt, daß wir gerne den Boden unter unsren Füßen spüren«, sagte Max.

»Meine Mom hat ein Buch zu Hause, in dem man schwimmende Aborigines sieht« höhnte Chris. »Du kannst schwimmen – du willst dich nur drücken!«

»Ja«, sagte Max. Er schnappte sich den dürren Jungen, lief mit ihm in die Wellen hinein und schleuderte ihn mit fliegenden Armen und Beinen in alle Richtungen. Chris kreischte vor Begeisterung, und Max tat es wieder und wieder und wieder, bis Max, kurz vorm Rande des totalen Zusammenbruchs, mir zurief: »Ich kann diesen jungen Burschen nicht müde bekommen!«

»Zeit zum Essen!« rief ich und hob die Picknicktasche hoch, damit meine nasse Ratte sie sehen konnte. Essen war das einzige, was Chris' Aufmerksamkeit wecken würde.

Max und Chris schlangen die Sandwiches hinunter und bezichtigten sich gegenseitig, zu viel und zu schnell zu essen. Nach dem Mittagessen streckte Max sich auf dem Badetuch aus, legte seinen Kopf auf seine braune Tasche und machte ein Nickerchen. Ich nahm eines der Bücher heraus, die Norman mir geliehen hatte, und Chris ging wieder ins Wasser, wo er auf den Wellen ritt, bis die Sonne schließlich hinter die Bäume tauchte und die Nachmittagsluft abkühlte. Um fünf Uhr packten wir unsere Sachen und gingen den Hügel hoch zu unserem Haus.

Als wir uns schließlich zum Abendessen setzten – es gab Pasta – war es nach neun. Es war ein erfüllter Tag gewesen.

»Ihre ... deine Nudeln sehen wirklich gut aus«, sagte Max, noch ein wenig scheu, das vertrauliche Du zu gebrauchen, das ich ihm am Strand angeboten hatte, während er die Papierserviette unter sein Kinn klemmte, um ein verblichenes rotkariertes Hemd zu schützen.

Ich hob mein Weinglas. »Cheers.«

Max hob seine Kaffeetasse. »Cheers.«

Chris hob sein Milchglas. »Bevor es zu spät ist!«

»Bevor es zu spät ist?« fragte Max.

»Das pflegte mein erster Dad immer zu sagen, wenn er anstieß.«

»Du hast einen ersten Dad?«

»Mein *erster* Dad ist gestorben«, erklärte Chris. »Reuel ist mein *zweiter* Dad.«

»Woran ist dein Vater gestorben?«

»Lungenkrebs«, sagte Chris. »Raucher.«

»Ahhh«, Max schüttelte den Kopf, »Rauchen ist nicht gut. Der Grog ist für einen auch schlecht.«

»Grog?« fragte Chris.

»Alkohol«, sagte ich zu Chris.

»Ich bin jetzt zehn Jahre vom Grog ab.«

»Warst du Alkoholiker?« fragte Chris unschuldig.

»Christopher!« zischte ich.

»Ja, ich war ein schlimmer Alkoholiker«, sagte Max, ohne zu zögern. »Du hast am Strand die ganzen Narben gesehen, die ich auf der Brust und auf dem Rükken habe.«

»Du hattest dein T-Shirt an, Max«, sagte Chris.

»Ich behalte immer mein Hemd an. Ist nicht gut, Narben zu sehen.« Max schnitt die Pasta in happengroße Stücke und fuhr fort. »Ich war eines Abends betrunken und bin in eine offene Feuergrube gerollt. Ich wär' fast gestorben. Als ich aus dem Krankenhaus kam, hab' ich die Ranch verlassen und bin her nach Sydney gekommen und hab' das Programm gemacht.«

»Anonyme Alkoholiker?« fragte ich.

»So was«, sagte Max und nahm einen Schluck schwarzen Kaffee.

»Dann bist du nie zurückgegangen, um als Stockman zu arbeiten?« fragte ich.

»Richtig. Gab für mich andere Dinge zu tun.«

»Hast du dich um deine Aborigines-Brüder gekümmert?« bohrte ich weiter.

»Ich kümmere mich wirklich viel um meine Brüder«, sagte Max. Er probierte den Salat. »Was ist da drin?«

»Nur Salatblätter, Tomaten und Zwiebeln.«

»Zwiebeln sind wirklich gut.«

»Ich muß bei Zwiebeln immer kotzen!« erklärte Chris.

»Kotzen, Bruder?«

»Übelkeit«, sagte Chris und umklammerte dramatisch seine Kehle.

Max lachte. »Vielleicht schmeckt dir Witchetty grub besser?«

»Was ist das?«

»Insektenlarven. Gut schmeckendes Essen.«

»Ich glaube nicht«, sagte Chris und gab sich selbst die Erlaubnis, den Tisch zu verlassen.

Ich schenkte mir noch ein Glas Wein ein. »Wo findet man Witchetty grub?«

»Draußen in der Mulga. Man kann sie in den Wurzeln des *kempeana*-Strauchs finden. Man nimmt einen ganz spitzen Stock und sticht in den Boden, bis man Grubs spürt.«

»Ißt man die roh?«

»Kann man machen. Oder man kocht sie in heißer Asche. Die Haut schwillt und wird hart.«

»Und wie schmeckt das?«

Max überlegte einen Augenblick. »Hast du mal eine Nuß gegessen – eine Mandel? Wie das.«

Ich glaube, es war das zweite Glas Wein, das mich veranlaßte, das Thema von kulinarischen Köstlichkeiten auf geisterhafte Ereignisse zu bringen. »Max«, begann ich, »meine Nachbarin hat in unserem Morton Bay-Feigenbaum Geisterkinder gesehen.«

Max blickte von seiner zweiten Portion auf. »Sagtest du nicht, es sei ein Mann gewesen?«

»Oh, das war so«, sagte ich. »Aber vor drei Tagen erfuhr ich, daß Gladys das gleiche gesehen hat.«

»Ja?« sagte Max. In dem Moment läutete das Telefon. Es war Victoria. »Liebste«, flüsterte sie, »ist er da?«

»Ja«, sagte ich. Ich war nicht überrascht, von ihr zu hören.

»Antworte einfach ja oder nein«, sagte Victoria verschwörerisch. »Fühlst du dich mit ihm wohl im Hause?«

Ich schaute zu Max hinüber, der aus dem Fenster auf die Morton Bay blickte. »Ja«, sagte ich. »Hundertprozentig.«

»Liebste, hör genau zu – wenn etwas passieren sollte, möchten Peter und ich, daß du anrufst, gleich wie spät es ist. Wir können in fünfundzwanzig Minuten bei dir sein. Verstehst du? Einfach nur ja oder nein.«

»Ja. Toll. Großartig.«

»Wirklich? Ja oder nein.«

»Wirklich.«

»Elizabeth«, sagte Peter im Hintergrund, »schließ deine Schlafzimmertür ab.«

»Das werde ich«, sagte ich. »Danke für den Anruf. Ich melde mich morgen.« Klick.

»Willst du rausgehen und dir deinen Baum ansehen?« fragte Max, als ich den Hörer aufgelegt hatte.

»Sicher«, sagte ich und wünschte mir, Victoria und Peter hätten sehen können, wie Max mit Chris am Strand gespielt hatte. Das hätte ihre Ängste beseitigt. »Möchtest du vorher noch Dessert? Ich habe Napoleons mit Devonshirecreme und frische Erdbeeren gekauft.«

Max klopfte auf seinen Bauch. »Ich bin satt. Ich werde einen zum Frühstück essen.«

Nachdem ich die letzte Tasse in den Geschirrspüler gestellt hatte, traten Max und ich aus der Vordertür. Es war still. Das einzige Geräusch war das gelegentliche Bellen von Hunden von den tieferliegenden Häusern. Die Kookaburras würden mit ihrem verrückten Gekekker erst kurz vor Sonnenaufgang beginnen. Trotz meiner Beklommenheit, ob die Geister Max besuchen würden, während er schlief, war da ein Gefühl von Frieden und Ruhe.

Als wir uns dem Morton Bay näherten, sagte Max: »Da oben sind jetzt keine Geister. Nur eine Menge sehr müder Vögel.«

»Max«, sagte ich. »Hast du je einen Geist gesehen?«

»Zu Hause kommt meine Mutter zu Besuch.«

»Du meinst, wenn du zu Hause in deinem Dorf bist?«

»Ja, wenn ich zu Hause in Enngonia bin. Manchmal kommen Leute wieder, die gestorben sind und folgen einem.«

»Oha«, sagte ich und bekam eine heftige Gänsehaut. »Macht dir das keine Angst?«

»Ach, die schlechten Leute können einen krank machen. Manchmal sieht man sie nicht. Aber sie sehen einen. Man räuchert sie weg«, sagte er gähnend.

»Du bist müde«, sagte ich. Falls ich die Absicht hatte, schlafen zu wollen, sollte ich diese Geistergeschichten lieber beenden. »Ich befürchte, daß Chris dich wirklich erschöpft hat.«

»Ich werd' mich hinlegen«, sagte Max und folgte mir über den Ziegelweg zurück zum Haus.

Als wir drinnen waren, nahm Max seine braune Tasche und ging zur Kellertreppe. »Ich muß früh aufsteh'n. Muß zurück nach Redfern. Mit meiner Nichte Essen kaufen.«

»Neben dem Bett steht ein Wecker.«

»Nicht nötig. Aborigines haben eine Uhr hier«, sagte er, wobei er auf seinen Bauch deutete.

»Tja, mein Wecker sind die Kookaburras.«

»Ja.« Max kicherte. »Die machen wirklich Lärm. Bis morgen früh.« Er zog sich über die steile Treppe in den Keller zurück.

»Schlaf gut«, rief ich ihm nach. »Und laß dich nicht von den Wanzen beißen.«

»Du hast Wanzen?«

»Oh, Entschuldigung«, sagte ich. »Das ist nur ein dummer amerikanischer Spruch.«

In dem Moment, als ich meinen Kopf auf das Kissen legte, war ich weg. Ich weiß nur, daß ich als nächstes die Kookaburras hysterisch draußen vor meinem Schlafzimmer lachen hörte. Ich schaute auf meine Uhr. Es war erst halb sechs. Ich konnte Max unten im Keller laut schnarchen hören. Ich lag im Bett und drehte mich von einer Seite zur anderen, konnte aber nicht wieder einschlafen. Um sechs stand ich auf und kochte Kaffee.

Ich war bei meiner zweiten Tasse Kaffee, als Max am Treppenabsatz auftauchte. Er sah blitzsauber aus in einem frischen Hemd und einer frischen Hose und natürlich dem Halstuch um den Nacken, das diesen Wild West-Look betonte.

»Gute Dusche da unten«, sagte Max. »Ich hab' das feuchte Handtuch zum Trocknen über das Waschbekken gehängt.«

»Perfekt«, sagte ich und wartete gespannt darauf, mehr zu hören.

»Ja, ich hab' mich wirklich gründlich geduscht.«

»Hast du gut geschlafen?«

»Wirklich gut geschlafen da unten«, sagte Max, während er sein Halstuch zweimal knotete.

»Großartig. So – äh – ich bring' dir einen Kaffee.«

Er setzte sich. »'ne Tasse wär' gut.«

»Schwarz?«

»Hast du Milch?«

»Ja. Sicher. Wie wär's mit einem Brötchen oder einer Schale Müsli?«

»Hast was von der Creme und den Beeren?«

Für einen Sekundenbruchteil wußte ich nicht, was er meinte. »Oh, der Napoleon!« Ich ging zum Kühlschrank und stellte dann das schokoladenüberzogene Dessert auf den Tisch.

»Für mich nur die Hälfte«, sagte Max und schnitt die zehn Zentimeter hohe Köstlichkeit durch.

»Ich werde die andere nehmen.« Ich beschloß, aufs Mittagessen zu verzichten. »Dann haben die Kookaburras dich also nicht geweckt?«

»Nee, dein Geist, der da unten wohnt, hat mich geweckt.«

Gott sei Dank war es hellichter Tag. Solange die Sonne durch die bleigefaßten Fenster strömte, konnte ich mit allem fertig werden. Ich nahm einen tiefen Schluck von meinem Kaffee, so daß meine Endorphine in voller Alarmbereitschaft waren. »Der Geist hat dich geweckt?« sagte ich, Ruhe heuchelnd.

»Jau«, sagte Max, während er sich mit seinem Napoleon beschäftigte.

»Dann ist Dwango also im Schlaf zu dir gekommen?«

Ungerührt sagte Max: »Ja, richtig.«

»Und?«

»Und dein Geist erzählte mir, daß ich dich zu meinem Dorf bringen soll.«

»Was?«

»Ich soll dich und den Jungen mit nach Enngonia nehmen, zu meinem Volk.«

Zwick mich, dachte ich. »Das hat der Geist dir erzählt?«

»Ja«, sagte Max, der jedes kleinste bißchen von seinem Teller kratzte. »Das ist das, was dein Geist da unten gesagt hat.«

In diesem Augenblick schien nichts real zu sein, und doch schien zugleich alles real zu sein. So natürlich. Wie Reuel gesagt hätte, war das einfach ein weiteres Stück des Puzzles. »Max«, sagte ich, »wirst du uns zu deinem Dorf bringen?«

Max schenkte sich noch eine Tasse Kaffee ein. »Willst du dorthin?«

»Ja, natürlich«, sagte ich. Ich stockte. »Ich meine, nein. Ich meine, ja. Vielleicht. Darf ich dir Bescheid geben?«

»Ja, du kannst mir Bescheid geben. Ich muß nur alles

mit Vater Ted und Schwester Pat und Schwester Dorothy klären.«

»Was klären?«

»Ihnen erzählen, daß ich eine Weile weg sein werde.«

»Wie lange würden wir denn wegbleiben?« fragte ich. »Also natürlich nur, wenn wir wirklich gingen?«

Max zuckte die Schultern. Ich wußte, daß Aborigines sich nicht um die Uhr kümmern. Andererseits trug Max eine Armbanduhr. Und in diesem Augenblick schaute er darauf, um zu sehen, wie spät es sei. »Ohh«, sagte er und erhob sich, »ich muß meine Fähre um halb neun zurück nach Redfern kriegen.« Auf dem Weg aus der Tür sagte er: »Ich ruf' dich morgen an und lass' dich wissen, wann ich euch hinbringen kann.«

Und so begann unsere Reise nach Enngonia.

7. Kapitel

Die Uhr im Armaturenbrett des Holden zeigte halb elf. Vor sechs Stunden waren wir in Dubbo abgefahren. Es war eine lange Strecke zu Max' Dorf an der Grenze von Queensland. Sie wurde sogar länger dadurch, daß ich mich dazu zwang, nicht schneller als hundert zu fahren. Für diese Vorsicht gab es einen guten Grund. Zwei Stunden zuvor war ich bei Einbruch der Dunkelheit fast hundertdreißig gefahren, als plötzlich aus dem Nichts zwei große Riesenkänguruhs aus dem hohen Buschwerk geschossen kamen, über die Motorhaube meines Wagens sprangen und in der untergehenden Sonne verschwanden. Sie ließen mich in einer roten Staubwolke zurück, und ich schrie: »Oh, mein Gott! Ich habe ein Känguruh getötet!«

»Du hast nichts getötet!« rief Max auf mein Geschrei hin. »Da laufen sie. In die Mulga. Zwei Riesenkänguruhs. Ich denke, daß der eine Bursche soviel wiegt wie ich.«

Ich hielt zitternd am Straßenrand und machte mir Vorwürfe, weil ich es gewagt hatte, in den gefährlichen Outback zu fahren. In Manly hätte ich nicht einmal Reuels Mietwagen *geparkt*. Wenn er mich jetzt nur sehen könnte – beim Niedermähen eines Känguruhs.

»Bist du *sicher*, daß wir sie nicht erwischt haben?« sagte ich.

»Du hast eines leicht gestreift. Aber das hat ihm nichts ausgemacht. Ja«, sagte Max. »Aber ihre Schwänze haben die Motorhaube ganz schön poliert.«

Chris steckte seinen Kopf zwischen Max und mich. »Mom, ich mach' jede Wette, daß du sie erwischt hast.«

Ich stieg auf dem verlassenen Mitchell Highway aus und inspizierte die Front des Wagens. Ich wischte mit meiner Gap-Jeansjacke über die Motorhaube, würzte sie mit der trockenen Erde. Max hatte recht. Kein einziger Kratzer. Da klebte nur eine dicke Schicht von rotem Lehm und Klumpen von dornigem Unkraut am Wagen, die ihn in eine Art Tarnwagen verwandelten. Der Schaden drinnen war minimal. Verspritzter Kaffee auf der Schaltkonsole und Zitroneneis auf meinen Khakishorts und auf meinen Beinen. »Max«, sagte ich, »ich bin ein Wrack.«

»Da hast du recht. Wir sollten ein Stück weiter Pause machen und einen Topf Tee kochen.«

»Ich hasse Tee«, sagte Chris und fügte hinzu: »Mom, ich sagte dir ja, daß wir einen Jeep mit ›roo bar‹ nehmen sollten! Aber auf mich hört ja niemand!«

»Mach deiner Mutter keinen Ärger«, schimpfte Max.

»Wieso mache ich ihr Ärger?« erwiderte Chris. »Sie hätte uns fast umgebracht.«

»Chris«, sagte ich, »du hältst jetzt Ausschau nach weiteren Känguruhs.«

»Diese Gegend stinkt mir!« sagte er.

»Ja«, sagte Max, »in der Morgendämmerung und in der Abenddämmerung springen sie auf die Straße, um zum Wasser zu gelangen.« Und damit steckte er ein leierndes Elvis-Band, das er mitgebracht hatte, in das Kassettenradio. Er begann zu »Are You Lonesome Tonight« zu summen.

»Mensch, das wird ja wirklich finster hier draußen«, sagte ich. Ich hatte das Gefühl, als würden wir in ein staubiges Schwarzes Loch im Weltraum fahren.

»Kein Mond heute nacht«, sagte Max und unterbrach das »Do-ya-stand-at-ya-doorstep-an'-picture-me-'ere ...«

Wer würde das jemals glauben? Ich inmitten von sechzig Millionen ausgedorrten Hektar – was immer ein Hektar sein mag –, und das mit meinem rotznäsigen Sohn und einem reinrassigen Aborigine, der wie der King schmachtete. »Ist Elvis hier im Outback sehr populär?« fragte ich Max.

»Ja, ist er wirklich. Als ich noch Stockman war, hatte der Pub bei uns eine Musikbox. Für einen Dollar konnten wir zehn Songs hören.«

»Hast du Aborigines-Lieder gesungen?«

»Als ich noch ein Junge war, sang meine Mutter immer am Feuer.« Ein paar Augenblicke später fügte er hinzu: »Ja, wahrscheinlich wird sie heute nacht vorbeikommen, um mich zu besuchen.«

Vorbeikommen, um ihn zu besuchen? Wahrscheinlich heute nacht? Ich dachte, Max habe gesagt, seine Mutter sei tot? Hatte ich das vielleicht mißverstanden? Ich versuchte mich genau an das zu erinnern, was mir Max über seine Mutter erzählt *hatte*, als er das Gesagte klarstellte: »Bevor meine Mutter ging, bin ich viel öfter nach Hause gefahren.«

Sie *war* also tot. Richtig – Max hatte mir erzählt, daß es in der Stadt von Geistern nur so wimmelte. Ich drehte mich zum Rücksitz, um zu sehen, ob Chris wach war und zuhörte. Er war es. Er verdrehte seine Augen und lächelte ein wenig abfällig. Zum Glück behielt er seine Gedanken für sich. Ein Zeichen dafür, daß er erwachsen wird, dachte ich. Ich werde ihm später ein Kompliment machen.

»Ach, meine Mutter war eine wirklich gute, starke Frau«, sagte Max. »Als sie hundert Jahre alt war, hat sie noch immer für uns gekocht.«

Hundert Jahre alt? Was war ihr Geheimnis? Ich mußte mich zurückhalten, um nicht irgendwelche Fragen nach ihr zu stellen. In einem gewöhnlichen Gespräch darf ein Weißer nicht über die Toten reden. Schwester Pat hatte mich davor gewarnt, als ich sie angerufen und um ein paar Ratschläge dafür gebeten hatte, wie Chris und ich uns in Max' Dorf verhalten sollten. Sie besaß ein unglaubliches Wissen über die Kultur der Aborigines und bereitete sich darauf vor, ins Nördliche Territorium zu ziehen, um in der Nähe von Darwin bei den Aborigines zu leben. Sie wollte sie im Schreiben unterrichten und zugleich ihre Doktorarbeit über Aborigines schreiben.

»Sie können sich glücklich schätzen«, hatte Schwester Pat gesagt. »Nur sehr wenige Menschen bekommen je Gelegenheit, die Aborigines wirklich kennenzulernen. Max kommt aus einer sehr guten Familie. Schwester Dorothy und ich haben seine Schwester Katie kennengelernt, als sie im vergangenen Jahr nach Sydney kam. Eine feine Frau. Sie und Ihr Sohn werden eine wundervolle Erfahrung machen.« Und dann fuhr Schwester Pat fort: »Man darf nur in ihre Reservation, wenn man von einem Aborigine eingeladen worden ist. Nicht eingeladene Personen müssen bei der Regierung eine Sondererlaubnis beantragen. Aber sogar die wird nur selten erteilt.«

»Warum ist das so?«

»Die Aborigines wollen unbedingt ihre Würde und ihre Privatsphäre bewahren. Heutzutage dürfen keine Touristenbusse mehr die Dorfstraßen hinauf und hinunter fahren. Denken Sie daran, wenn Sie Max' Volk besuchen, daß sie viele heilige Stätten haben, die respektiert werden müssen. Aber vielleicht haben Sie das Glück, zu einer ihrer Zeremonien eingeladen zu werden, die an heiligen Stellen stattfinden.«

»Was geschieht bei diesen Zeremonien?«

»Meistens wird gesungen und getanzt. Sie spielen ihre alten Geschichten nach.«

»Traumzeitgeschichten?«

»Ja, aber wenn man sie nach der Traumzeit fragt, wissen die meisten gar nicht, wovon man spricht.«

»Ich dachte, sie würden das Traumzeit nennen«, sagte ich.

»Die meisten Aborigines meinen mit Traumzeit einfach ihre alten Geschichten.«

»Dann dürfen wir nicht darum bitten, ihre alten Geschichten zu hören, die an heiligen Stätten erzählt werden?«

»Das ist absolut tabu.«

»Und was ist, wenn Chris und ich auf eine ihrer heiligen Stätten geraten?«

»Keine Sorge«, sagte Schwester Pat. »Max wird bei Ihnen sein. Halten Sie sich einfach an ihn. Sie hätten keinen besseren Führer bekommen können.« Dann sagte sie mit leichtem Zögern: »Max erwähnte Schwester Dorothy und mir gegenüber, daß in Ihrem Hause ein Geist zu ihm im Schlaf gesprochen habe. Er habe gesagt, er solle mit Ihnen seinen Stamm besuchen.«

Herrje, ich war mir absolut nicht sicher, wie Schwester Pat dazu stehen würde. »Ja«, sagte ich zögernd, »so seltsam es klingen mag, aber genau das ist passiert.«

»Ach, bei Max passieren solche Dinge oft«, vertraute Schwester Pat mir an. »Letzte Woche erst hatte Schwester Dorothy ein wichtiges Dokument verlegt. Wir haben überall danach gesucht. Konnten es nirgendwo finden. Wir erwähnten das Max gegenüber, als er auf eine Tasse Tee vorbeikam. Und am folgenden Morgen klopfte Max in aller Frühe an unsere Tür. Und er führte uns direkt zu dem fehlenden Dokument.«

»Sprechen die Geister durch ihn?« fragte ich.

»So ist es«, sagte Schwester Pat. »Ihnen steht eine vergnügliche Reise mit Max bevor. Denken Sie nur stets daran, ihm die Führung zu überlassen.«

»Sie wollen damit also sagen, daß wir einfach zusehen und zuhören und unsere großen amerikanischen Mäuler geschlossen halten sollen?«

Schwester Pater brüllte vor Lachen. »Ach, die Direktheit von euch Yankees ist wirklich wundervoll.«

Bevor wir auflegten, nannte Schwester Pat noch einmal die wichtigsten Dinge, die wir uns zu merken hatten. Es waren sechs. Ich schrieb sie auf und ging sie später mit Chris durch.

1. Frage nie nach ihren Namen. Seinen Namen darf man ihnen sagen.
2. Erwähne niemanden, der gestorben ist. In einem gewöhnlichen Gespräch redet man nicht über die Toten.

3. Man darf sie nach dem Namen ihres Stammes fragen und wo sie ursprünglich hergekommen sind.
4. Man darf sie nicht darum bitten, ihre Traumzeitgeschichten zu erzählen. Die sind heilig.
5. Man braucht sich nicht unbehaglich zu fühlen, wenn geschwiegen wird. Die Aborigines sind nachdenklich und ruhig.
6. Gehen Sie nur in ihre Häuser, wenn Sie dazu eingeladen werden.

Ich wiederholte diese Liste in Gedanken wieder, als ich in der Ferne plötzlich Scheinwerfer entdeckte. »Da kommt ein Road train«, sagte ich zu Max. Ich fuhr sofort an den Straßenrand, wie es in einem Reiseführer empfohlen worden war.

»Weshalb fährst du von der Straße?« fragte Max verblüfft.

»Da vorn kommt ein Straßenzug. Siehst du die Lichter?«

»Das ist kein Straßenzug«, sagte er und richtete sich auf. »Das Licht ist da drüben über dem Buschwerk.«

Einen Augenblick musterte ich die Straße. »Biegt die Straße nicht dorthin ab?«

»Diese Straße ist schnurgerade. Es gibt über ein langes Stück keine Biegung.«

»Wie? Was, in Himmels Namen, könnte das dann sein?«

Max hatte keine Ahnung – und es schien ihn auch nicht zu interessieren, was dazu beitrug, daß meine Besorgnis sich legte.

»Hier draußen im Mulga sieht man eine Menge Dinge, die man in der großen Stadt nicht sieht«, sagte Max.

»Kann man hier einen Rundfunksender empfangen?« fragte ich und fummelte an den Knöpfen herum, um zu versuchen, eine Verbindung mit der Außenwelt herzustellen.

»Ach, dieses Radio nützt hier draußen nichts.« Er schob ein Willie-Nelson-Band in das Gerät und döste ein, so daß ich mit einer ausschweifenden, irrsinnigen Phantasie alleine blieb, die nur durch »Georgia on My Mind« unter Kontrolle gehalten wurde. Als ich es nicht länger ertragen konnte, weckte ich ihn. »Max«, sagte ich und schüttelte seinen Arm, »das Licht ist noch immer vor uns.«

Max schaute so gelassen aus dem Fenster, als hätte ich gerade während einer sonntäglichen Spazierfahrt auf eine idyllische Landschaft gezeigt. »Ja«, sagte er, »richtig. Es ist da.«

»Was, zum Teufel, ist das? Sieht wie ein Scheinwerfer aus.«

Max schüttelte den Kopf. »Ich sagte dir doch, ich weiß es nicht.«

»Was so unheimlich daran ist«, sagte ich, während ich schneller fuhr, »daß wir ihm einfach nicht näherkommen.«

»Keine Sorge. Etwa vierzig Kilometer vor uns ist Sylvia's.«

»Wer ist Sylvia?«

»Ein Laden mit Milchbar. Wir werden Chris ein Eis kaufen.«

Ich wandte mich zum Rücksitz. Glücklicherweise schlief Chris tief. »Sollen wir ihn wirklich wecken?«

Max kicherte. »Ja. Reden kann er wirklich. Ich hab' eine Großnichte, die ist genau wie er.«

»So schlimm wie Chris kann sie nicht sein«, scherzte ich zurück und hatte plötzlich das Gefühl, die schlechteste Mutter der ganzen Welt zu sein. Von anderen Dingen abgesehen, dachte ich, wie hatte ich ihn nur guten Gewissens mitten im Jahr von der Schule nehmen können? Und würde eine verantwortungsbewußte Mutter ihren Sohn in die tiefste Einöde schleppen, in der staubige Straßen ins Nichts führten, Buschfeuer so alltäglich wie Lagerfeuer waren und ein dreitausend Kilometer langer Dingozaun errichtet worden war, um die wilden Hunde, Eber und Schlimmeres fernzuhalten?

Max unterbrach meine Schuldgefühle. »Warte, bis du Margaret kennengelernt haben. *Plapper-plapper-plapper …*«

»Wie alt ist Margaret?«

»Ach, etwa zehn«, sagte Max nach kurzem Nachdenken. »Ihr kleiner Cousin Matthew ist auch ein ganz wilder. Und Henry – der ist auch so einer.«

Das Licht begleitete uns auf dem ganzen Weg zu Sylvia's. Chris erwachte auf den letzten Kilometern und sah das Licht auch. Als wir schließlich das winzige Café, diesen Außenposten der Zivilisation, erreichten, erzählten wir Sylvia und den beiden Männern, die darin waren – Typen wie aus dem Bilderbuch – was wir gesehen hatten.

Als die Buschleute unsere Geschichte gehört hatten, schlenderten sie nach draußen. Das Licht war verschwunden.

»Es war da, als wir hineingingen«, sagte Chris verständnislos. »Sag's ihnen, Mom!« Er wandte sich an Max. »Max, du hast es auch gesehen!«

Die Einheimischen waren eindeutig mehr über Chris

amüsiert als über den Gedanken an ein mysteriöses Licht.

»Worüber regt er sich auf?« Rusty gab Ned einen Knuff. Der war etwa dreißig Zentimeter kleiner als sein Kumpel und lief mit einem deutlichen Humpeln – einem Humpeln, das er sich beim Ringen mit »Crocs« – mit Krokodilen – im Nördlichen Territorium eingehandelt hatte.

»Komm schon, Max«, bettelte Chris. »Erzähl ihnen, daß du's auch gesehen hast.«

Max war zu klug, um sich hineinziehen zu lassen.

»Ich glaub', der Bursche hat zuviel getrunken«, sagte Ned. »Was meinst du, Rusty?«

Rusty schien alles komisch zu finden, besonders Chris und mich mit unseren neuen Buschhüten. »Ihr tragt Cunnamulla-Wagenräder auf euren Köpfen«, sagte er.

Max begann zu lachen.

»Was ist ein Cunnamulla-Wagenrad auf unseren Köpfen?« fragte ich.

»Ich weiß, daß es in Cunnamulla Opalfelder gibt«, sagte Max und fügte hinzu: »Und ich kenne eine Dame, die dort lebt.«

Rusty nahm uns unsere neuen Hüte ab und begann die Krempen so zu verbiegen, daß sie nicht mehr steif und allzu neu aussahen. »Jetzt seht ihr so aus, als ob ihr hierher gehört«, sagte er und setzte uns die Hüte wieder auf.

Als wir wieder in dieser grob gezimmerten Kombination von Milchbar und Countrystore waren, schaltete Sylvia ein kratzig klingendes Funkgerät ein. »Sie haben also das Geisterlicht gesehen, ja?«

»Wir haben etwas gesehen«, sagte ich.

»Es war Geisterlicht«, sagte Sylvia und band sich eine Schürze mit Werbeaufdruck von Foster's Bier um. »Niemand weiß was darüber.«

Rusty setzte sich zu uns an den Holztisch, drehte sich eine Zigarette und sagte: »Ich glaub', es war ein Geist.« Er zog Chris den Hut ins Gesicht. »Was meinst du, Kumpel?«

Chris war nicht bissig. »Ist doch egal!« sagte er, verärgert darüber, daß ihm niemand glaubte.

Sylvia trat hinter die Theke und holte etwas von der köstlichsten Vanilleeiscreme heraus, die ich je probiert hatte.

»Die ist wirklich gut«, sagte Chris und vergaß seinen Groll auf der Stelle. »Könnte ich etwas mehr Schokoladenstreusel haben?«

»Junge«, sagte sie, »wieso bist du nicht in der Schule?«

»Ich bekomm' meinen Unterricht im Auto«, sagte er und widmete sich den Streuseln. »Gibt's hier irgendwo Kinder?«

»Du bist auf einer Schafstation, Junge. Komm bei Tageslicht zurück, dann werden der alte Rusty und Ned dir alles zeigen.«

»Wenn du keine Angst davor hast, Stoppellähme zu bekommen«, sagte Rusty.

»Da draußen mußt du dich auch vor den großen Braunen vorsehen«, fügte Ned hinzu.

»Große Braune?«

»Das sind Giftschlangen. Darum humpelt mein Kumpel«, sagte Rusty. »Genau vor dieser Eingangstür hat ihn eine große Braune erwischt.«

Chris meldete sich darauf zu Wort. »He, Sie sagten, es sei ein Krokodil gewesen!«

Ned öffnete eine Dose Toohey's-Bier zu seiner Fleischpastete. »War nur ein Scherz, Kumpel«, sagte er. »Es war eine Giftschlange.«

Rusty und Ned lachten. Sie entsprachen jedem bekannten Klischee vom Outback.

Chris wandte sich an mich. »Mom, wir brauchen was gegen Schlangenbisse.«

»Ja«, stimmte Max ihm zu, »wäre wirklich gut, so etwas zu haben.« Er lächelte nicht.

»Max«, sagte ich, »glaubst du wirklich, daß wir das brauchen?«

»Wäre eine echt gute Idee«, sagte er. Er wandte sich an Rusty und Ned. »Ja, meine weiße Freundin und der junge Bursche wissen nichts über das Leben in der Mulga.«

Mein Pioniergeist schrumpfte auf die Größe der Streusel auf meiner Eiscreme. »Sylvia«, sagte ich, »wissen Sie, wo ich ein Set gegen Schlangenbisse bekommen kann?«

Sie dachte einen Moment nach. »Hier draußen nirgendwo. Wahrscheinlich könnten Sie eins in Dubbo bekommen.«

»Das ist richtig«, sagte Rusty. »Drüben an der Macquarie Street. Gegenüber dem alten Gefängnis von Dubbo.«

»Auf dem Rückweg«, sagte Ned, »können Sie mit dem Sprößling zu den Galgen rübergehen. Da stehen lebensgroße Statuen von Banditen aus dem Wilden Westen, gegen die euer Billy the Kid ein Waisenknabe ist.«

»Ist doch unwichtig!« sagte Chris. »Wir brauchen was gegen Schlangenbisse!«

»Das ist jetzt aber nicht aufzutreiben, Junge«, sagte Sylvia.

»Und was machen wir, wenn wir von einer großen Braunen gebissen werden?« fragte Chris sichtlich beunruhigt.

Rusty zog ein Messer von der Größe, wie Crocodile-Dundee es hatte, aus seiner Gesäßtasche. »Du schneidest so in die Stelle«, sagte er. »Und dann so. Und dann saugst du.«

Damit war dieser Tag für meinen Sohn ein glücklicher Tag. Das war auch Rustys Absicht gewesen, und Chris' Augen weiteten sich in teuflischem Entzücken.

Als wir aufstanden, um unsere Reise fortzusetzen, schienen Sylvia, Rusty und Ned sichtlich enttäuscht zu sein, daß wir aufbrachen. Ich trat zu Max, der an der Registrierkasse stand, die aus der Zeit um die Jahrhundertwende stammte. Er zog seine Brieftasche heraus. Ich griff in meinen Geldgürtel. »Steck dein Geld weg«, schimpfte Max. »Du hast in Nyngan bezahlt.«

»Dann werden wir Sie auf dem Rückweg wiedersehen«, sagte Sylvia, während die drei Einheimischen uns zum Auto geleiteten.

»Ja, auf dem Rückweg.« Max winkte.

»Sieh dich vor dem Geist vor!« rief Ned.

»In unserem Land haben wir den Bigfoot!« schrie Chris durch das Autofenster unseren neuen Outback-Freunden zu.

Augenblicke später waren wir wieder auf dem Mitchell Highway und fuhren weiter Richtung Norden, nach Enngonia. Das mysteriöse Licht war verschwunden – jetzt jedenfalls.

Es war Mitternacht, als wir nach Bourke hineinfuhren – in die historische Hafenstadt am Darling River, 780 Kilometer nordwestlich von Sydney gelegen. Es war eine düstere Grenzstadt, früher berühmt für ihre Wolle, die mit Kamelen dorthin transportiert, dann auf Frachtkähne verladen und flußabwärts gebracht wurde, um schließlich bei Engländern und Italienern und Amerikanern und allen anderen zu landen, die erstklassige australische Wolle kauften. Als ich mich der Hauptstraße, der Mitchell Street, näherte, wurde ich an eine Geisterstadt in Arizona erinnert.

»Sieh mal da drüben das alte Hotel, Mom!« sagte Chris. »Ich wette, da hat's viele Schießereien gegeben.«

»Sieht aus wie Tombstone«, sagte ich. »Tombstone, Arizona, eine Stadt, die nicht sterben kann. Wo die Gebrüder Earp und die Gangster sich die Schlacht am O. K. Corral geliefert haben.«

Max nickte wissend. »Das ist das Old Royal«, informierte er uns. »Das steht schon lange da.«

»Tote Schlucht wäre ein cooler Name für die Stadt«, sagte Chris. »Mann, sieh dir den Saloon an! Können wir nicht aussteigen und ein bißchen herumlaufen?«

»Kommt nicht in Frage«, sagte ich. »Wenn wir das Ende dieser Straße erreicht haben, fahren wir direkt wieder zurück auf den Mitchell Highway.«

Aber schließlich fuhren wir doch einen kleinen Umweg. Als wir das Ende der Mitchell Street erreicht hatten, sagte Max mir, ich solle nach rechts abbiegen.

»Weshalb?« fragte ich.

»Könnten mal eben sehen, ob mein Neffe und meine Nichte zu Hause sind«, sagte er, als ob es zwei Uhr nachmittags sei.

»Aber es ist Mitternacht«, sagte ich.

»Keine Sorge«, sagte Max. Er dirigierte mich durch dunkle, staubige, gewundene Straßen, auf deren rotem Lehmboden herrenlose Pferde frei herumliefen. Überall standen Trauben verbeulter Autos geparkt.

»Ist das ein Reservat?« fragte Chris.

»Ja, richtig«, sagte er und deutete zugleich auf ein unscheinbares Haus, das wie ein Wohnwagen aussah, an der Ecke. »Das ist ihr Haus. Halte an der Auffahrt.«

»Die Lichter sind alle aus«, sagte ich. »Wir erschrekken sie vielleicht, wenn wir um die Zeit bei ihnen vorbeischauen.«

»Und was, wenn sie glauben, wir seien Einbrecher und pusten uns die Köpfe weg?« sagte Chris.

»Wird nichts passieren«, sagte Max. Er öffnete die Wagentür. »Sie haben gerade ein Baby bekommen.«

Ein Baby! Das war noch schlimmer. Zwei dürre Hunde kamen, um uns zu begrüßen. »Max«, sagte ich, »Chris und ich werden nicht aussteigen, wegen der Hunde da draußen.«

»Ihr könnt hier warten«, rief Max zurück. »Ich sehe mal, ob jemand da ist.«

Während Max um die Ecke verschwand, stieg Chris auf den Beifahrersitz und versuchte, mit dem Autoradio einen Sender zu empfangen. »Max kommandiert soviel rum«, beklagte sich Chris.

»Wir sind in seinem Land«, sagte ich.

»Er läßt mich ja nicht mal zur Abwechslung vorn sitzen«, sagte Chris, womit er zum Kern des Problems kam.

»Es war ein langer Tag, und wir alle sind müde«, sagte ich. Ich versuchte, vernünftig mit ihm zu sprechen.

Ich sah, daß Max zurückkam. »Da kommt er. Laß uns jetzt einfach weiterfahren.«

»Ich kann niemand finden«, sagte Max. Er öffnete die Wagentür. »Spring wieder nach hinten, junger Mann.«

»Ich will auf dem Vordersitz bleiben!«

»Frauen und Kinder sitzen hinten. Nun mach schon, Kumpel.«

»Auf dem Rücksitz wird mir schlecht«, jammerte Chris. »Ich werde alles vollkotzen.«

»Chris!« schnappte ich. »Geh nach hinten.«

»Nein!«

»Okay«, sagte ich, »wenn wir Max' Dorf erreichen, hast du Hausarrest!«

»Du machst mich wahnsinnig, Mom«, sagte er und stieg auf den Rücksitz. »Hausarrest im Outback. Als ob diese ganze Tour nicht schon beschissen genug wäre ...«

»Christopher, ich mag dieses Wort nicht!« Ich blickte zu Max hinüber. »Er ist einfach müde.« Ich setzte von der Auffahrt zurück und fuhr auf die einsame Straße, die uns tiefer in die rote Prärie führte. »Wann erreichen wir denn offiziell Back o'Bourke?«

»In diesem Moment«, sagte er. »Die nächste größere Stadt liegt weiter oben Richtung Queensland.«

Am Stadtrand passierten wir eine große Tafel, auf der stand: TOR ZUM WIRKLICHEN OUTBACK. Ich konnte nicht anders als mich fragen, wer sie aufgestellt hatte und warum.

»Ich denke, dieses Schild bedeutet, daß wir nirgendwo ein McDonald's finden werden«, sagte Chris in tragischem Tonfall.

»Nur Baumwolle und Schafe«, sagte Max.

»Er macht doch nur Witze, Mom, oder?«

Ich ignorierte ihn. »Woher bekommt man hier Wasser?«

»Darling River«, sagte Max. »Wenn er nicht völlig ausgetrocknet ist. Ist in diesem Jahr wirklich schlimm.«

Ich fuhr weiter, hypnotisiert von dem Nichts. »Es ist schwer, die Straße zu sehen«, sagte ich gähnend.

»Mach dein Fenster auf«, sagte Max. »Dann kommt frische Luft rein.«

Der Herbst im Outback war nachts sehr kalt. Ich zog ein Sweatshirt über und kurbelte das Fenster ein Stück herunter. »Weiß man, daß wir kommen?«

»Ich habe ihnen vor vier Tagen eine Nachricht geschickt.«

»Hier gibt es sogar Post?«

»Einmal die Woche«, sagte Max, »aber ich hab' ihnen die Nachricht mit einem Vogel geschickt.«

»Mit einem Vogel?« sagte ich. Ich war mir nicht sicher, ob ich das recht verstanden hatte.

»Richtig. Ich hab' einen Vogel geschickt.«

Ich hörte sofort auf, rational zu denken. Schließlich war ein Vogel, der eine Nachricht von Redfern nach Enngonia brachte, nicht weniger plausibel als ein toter Geisterdoktor, der mich zu Max führte.

»Max«, sagte ich, »wie hast du mit dem Vogel kommuniziert?«

Max tippte an seine Stirn. »Man öffnet sich der Welt und spricht zu dem Vogel. Sagt ihm, was man will. Er kann leichter hierherfliegen als ich«, sagte er und fügte hinzu: »Niemand in meiner Familie hat Telefon.«

Wir fuhren schweigend weiter. Eine friedliche Unheimlichkeit lag über dem Outback. Auf unerklärbare

Weise beruhigte sie die Sinne. Ich war so weit von zu Hause weg, wie es nur möglich war, und doch begann ich, während ich weiter und weiter Back o' Bourke fuhr, irgendwie eine Art von Verbindung zu etwas zu empfinden, das größer war als meine eigene Welt.

Wir waren etwa eine Stunde im Nichts gefahren, als Max rief: »Ho! Wir sind da!«

Ich schaute auf die Autouhr. Viertel nach eins morgens. »Soll ich auf dieser Straße bleiben?« fragte ich. Mein Herz hämmerte buchstäblich in nervöser Erwartung.

»Es gibt keine andere Straße«, sagte Max amüsiert. »Fahr am Oasis Hotel und Pub vorbei.« Er deutete auf ein flaches Betongebäude, dessen Front mit Kakteen und Palmen bemalt war. Der Reiseführer hatte also recht: »Eine kleine Ansiedlung mit einem Pub und einer Benzinzapfsäule.« Hätte der Autor das beschönigt, er wäre ein Lügner gewesen.

»Hier ist nix!« knurrte Chris.

»Ich hab' all meine Nichten und Neffen hier«, sagte Max.

»Das ist doch wohl ein Witz«, flüsterte Chris mir ins Ohr.

Ich wandte mich nach hinten und zischte: »Genug!« Dann drehte ich mich zu Max. »Ich hoffe, wir wecken niemand auf.«

»Ach, die warten alle auf uns«, sagte Max, wobei er seinen Sicherheitsgurt löste und damit meiner Phantasie freien Lauf gab. »Ihr seid unsere ersten weißen Gäste.«

Max war sich des inneren Druckes, den er damit bei mir bewirkte, überhaupt nicht bewußt. Ich war froh, daß ich in Dubbo unseren Vorrat an Schokoriegeln aufgestockt hatte.

Ich folgte der befestigten Straße etwa vierhundert Meter, vorbei an einem kleinen Lebensmittelgeschäft mit Milchbar, einer neu errichteten Grundschule und einem Polizeiposten, der einen weißen Polizisten beherbergte. Ich bog um eine Kurve und hielt Sekunden später vor Katies Haus, das zwischen anderen identischen Häusern auf einer Fläche von wenigen hundert Quadratmetern eingeklemmt war. Das Haus sah genauso aus wie das von Max' Neffe – eine eingeschossige, schmucklose Angelegenheit. Wellblechdach. Holzveranda vorn. Schlicht, aber ordentlich. Die Straße – eine Aborigines-Version von Levittown – war völlig anders, als ich mir eine Aborigine-Reservation vorgestellt hatte.

Noch bevor ich den Motor abgestellt hatte, begannen Menschen auf unseren Wagen zuzuschlendern. Sie schienen aus allen Richtungen zu kommen. Es war offenkundig, daß sie auf uns gewartet hatten. Max stieg zuerst aus dem Wagen. Alle wirkten sichtlich glücklich, ihn zu sehen. Ich sah kein herzliches Lächeln in unsere Richtung. Es war genauso wie damals, als wir in Redfern in dem Aborigines-Restaurant gewesen waren. Ich kramte im Handschuhfach herum, um Max Gelegenheit zu geben, zu erklären, wer wir waren.

»Mom«, sagte Chris nervös, »alle starren uns an.«

»Sie sind neugierig«, sagte ich. Ich konnte nichts von dem verstehen, was Max zu seinen Verwandten sagte, aber der ausbleibende Jubel sagte mir, daß wir uns so gut wie nur möglich zu benehmen hatten.

»Denk daran«, sagte ich zu Chris, »geh nicht in ihre Häuser, wenn du vorher nicht dazu eingeladen worden bist.«

»Ich werd' nicht mal in die Nähe ihrer Häuser gehen.«

»Nun sei nicht so.«

»Sie sehen aber nicht freundlich aus«, sagte er. »Sieh dir doch nur die gespenstische, zahnlose alte Frau dort drüben an. Erschieß mich lieber gleich.«

»Ich bin sicher, daß sie sehr nett sind«, sagte ich, obwohl ich insgeheim einer Meinung mit ihm war. Ich atmete einmal tief ein, um mich zu beruhigen, und zwang mich dann, aus dem Auto zu steigen. »Hallo«, sagte ich zu den reservierten Gesichtern, die Max umgaben. »Ich bin Liz Fuller.« Ich deutete auf das Wageninnere. »Das ist mein Sohn Christopher.«

Sie schauten verdutzt von mir zu Chris und wieder zurück zu mir. Ich atmete nochmals tief ein und gab ein nervöses, dämlich klingendes Lachen von mir, das in die betäubende Stille fiel. Ich erinnerte mich daran, daß die Aborigines Schweigen als angenehm empfanden. Das Schlimmste, was ich tun könnte, war neurotisch drauflos zu schwätzen. Das Nächstschlimmste, was ich tun könnte, war, Schokoriegel zu verteilen.

Nachdem Stunden vergangen zu sein schienen, wahrscheinlich waren es nur fünfzehn oder zwanzig Sekunden gewesen, sprach Katie, die Matriarchin der Sippe. »Ihr werdet müde sein«, sagte sie mit eintöniger Stimme, die durch eisblaue Augen und tiefe Falten noch eintöniger wirkte.

Ich wußte nicht, ob ich ja oder nein sagen sollte. Ich dachte, sie könne uns für ungesellig halten, wenn ich ja sagte. Sagte ich nein, könnte sie sich verpflichtet fühlen, uns zum Tee oder etwas anderes einzuladen. Ich entschied mich für einen Kompromiß. »Wir sind ein wenig müde.« Ich kicherte verlegen. »Wir sind jetzt über zwölf Stunden auf der Straße gewesen, nicht wahr, Max?«

»Richtig«, sagte er. Ich vermochte nicht zu sagen, ob er durch den kühlen Empfang seiner Familie verlegen war oder nicht.

Ein kleines Mädchen von etwa zehn Jahren begann zu kichern. Ich überlegte, ob das Margaret sein mochte.

»Ja, wir alle sind müde«, sagte Max. Ich war sicher, daß er spürte, was ich fühlte.

Auf diese Worte hin löste sich die Menge auf. Das kleine Mädchen indes war entschlossen, zu bleiben. Doch einer der Erwachsenen scheuchte sie weiter. »Geh nach Hause.«

Max bot uns verschiedene Unterkünfte zur Auswahl an. Wir könnten neben Katie in einem verlassenen Haus schlafen, das von einem großen Schaf, zahlreichen streunenden Katzen und Hunden und einem kranken Verwandten in Besitz genommen worden war, oder Max würde ein Lagerfeuer machen und wir schliefen draußen.

»Wir schlafen am Lagerfeuer!« sagten Chris und ich gleichzeitig.

Während Max sich auf die Suche nach Brennholz machte, holten Chris und ich unsere Taschen aus dem Kofferraum und stellten sie um ein Feuer, das bis auf ein wenig glimmende Glut heruntergebrannt war.

»Muß ich meine Zähne putzen?« fragte Chris.

»Heute nacht nicht«, sagte ich.

»Ich muß pinkeln«, sagte er, wobei er auf und ab hüpfte.

»Geh zu dem hohen Gras dort hinüber.« Plötzlich erinnerte ich mich, daß die Geschichte von den Giftschlangen kein Scherz war. »Aber tritt nicht hinein«, fügte ich hinzu.

Als Chris zurückgekommen war, tat ich das gleiche. Giftnattern waren eine weniger große Bedrohung, als sich in ein dunkles, verlassenes Haus zu wagen.

Und so kampierten wir in dieser ersten Nacht unter dem weiten Himmel des Outback. Die Sterne hingen wie Kugeln an Fäden daran. Ich hatte sie so nie zuvor gesehen. Ihr Strahlen war so stark, daß es die öde Landschaft überzog. Es war großartig. Wahrscheinlich hätte ich es wundervoll gefunden, hier zu sein, doch ich konnte nur daran denken, daß wir Stunden vom nächsten Krankenhaus entfernt waren, niemand ein Telefon hatte und niemand uns auch nur eine Spur von Wärme gezeigt hatte. Im schwachen Licht der Glut konnte ich, vielleicht drei Meter entfernt, die Silhouette von Max ausmachen. »Ja, heute nacht waren wirklich alle müde«, sagte Max, der sich damit lahm für seine unhöfliche Familie entschuldigte. »Am Morgen werden wir mit ihnen reden.«

»Ich kann nicht warten«, flüsterte Chris. Er lag neben mir, hatte seine kleine Schulter an meine gepreßt, lag eingekuschelt in seinem neuen Schlafsack. »Mom, wir müssen weg aus diesem Nest.«

»Psst«, sagte ich. »Schlaf.«

»Das kann ich nicht.«

Aber wenige Minuten später schlief er. Soviel Glück

hatte ich nicht. Das Outback war von unvertrauten Geräuschen erfüllt. »Heult da ein Tier?« fragte ich Max.

»Dingo«, sagte er.

»Dingo!« rief ich aus und erinnerte mich an eine entsetzliche Geschichte über den Dingo, das irgendwo in der Nähe von Ayers Rock ein Baby gestohlen hatte – oder hatte ich gelesen, daß die Mutter das Baby ermordet hatte? Vielleicht macht das Outback bizarre Dinge mit Menschen. »Holen sie nicht manchmal Babys?«

»Hühner«, sagte Max. »Kleine Känguruhs. Emus ...« Seine Stimme verlor sich. Augenblicke später schnarchte er. Ich war zum Schlafen zu müde. Ich lag auf dem harten, roten Boden und drehte mich von einer Seite zur anderen, um irgendwie bequem liegen zu können, versuchte herauszufinden, warum wir so ungastlich empfangen worden waren. Katie hatte gewiß nichts davon erwähnt, daß sie für uns am Morgen Weizenkuchen backen wollte. Selbst die Amish waren freundlicher gewesen, als Chris und ich zu ihnen kamen. Aber andererseits waren sie auf uns vorbereitet gewesen. Und sie waren Weiße, wie wir. Ich schlief in dem sicheren Gefühl ein, daß die Eulo-Sippe glücklicher wäre, wenn wir einfach wieder wegfuhren.

Keine Stunde später wurde ich durch Max' ziemlich laute Stimme aus dem Schlaf gerissen. Er sprach mit jemand. »Mir geht es gut, Mum. Ich ruhe hier nur mit meiner weißen Freundin und ihrem Jungen. Sie ist eine gute Frau. Er ist ein guter kleiner Bursche ...«

Es war halb vier morgens, und Max sprach mit seiner toten Mutter.

»Sie sind den weiten Weg von Amerika hergekommen. Da gibt's viele Pferde ... Ja, ich bring' sie morgen zu dir, damit du sie kennenlernst ...«

Morgen? Morgen würden wir auf dem Weg nach Hause sein.

»... mit meinen Brüdern in Redfern bin ich wirklich sehr beschäftigt ...«

Chris' gleichmäßiger Atem neben mir war beruhigend. Das war so etwa das einzige Normale ringsum. Während Max weiter mit seiner Mutter plauderte, fiel mir eine tolle Entschuldigung dafür ein, warum wir unbedingt nach Hause fahren müßten: Ich hatte meine Medikamente gegen Allergie vergessen. Wenn ich sie nicht täglich nahm, riskierte ich einen gefährlichen allergischen Anfall. Ich döste ein, voller Zuversicht, daß wir um zehn Uhr morgen früh auf dem Mitchell Highway sein würden, um nach Dubbo zu fahren und von dort aus den Zug nach Sydney zu nehmen. Ich wünschte mir nur, daß einer von Max' Verwandten Telefon hätte, damit wir unsere Reservierung für den Zug ändern könnten. Vielleicht, dachte ich, kann ich aus dem Oasis Pub anrufen.

»Mom«, hörte ich Chris im Halbschlaf sagen, »es ist acht Uhr. Zeit zum Aufstehen.«

»Junge«, sagte Max darauf, »laß deine Mutter schlafen.«

Ich kroch tiefer in meinen Schlafsack und nickte wieder ein. Mir war nicht richtig bewußt, wo ich war. Ich weiß nur, daß als nächstes ein streunender Hund nur Zentimeter von meinem Gesicht entfernt herumschnüffelte. »Hau ab!« sagte Max und jagte ihn fort.

Ich richtete mich auf, um den Köter wie die Fliegen zu verscheuchen. Langsam gewöhnten sich meine Augen an die sengende Morgensonne. Das Bild war alles andere als faszinierend: Fertighäuser in gleichen Abständen auf den öden roten Lehm gestellt, dürres Buschwerk und eine Handvoll unglücklicher Bäume, die um Regen bettelten. Ich erinnerte mich an einen Satz aus meinem Reiseführer: »Jeder, der sich in das Outback wagt, würde alles tun, um sich irgendwie die Zeit zu vertreiben.«

»Der Kaffee ist fertig«, sagte Max, der den Beutel mit dem Robert Tims-Kaffee im kochenden Wasser herumschwenkte.

»Toll«, sagte ich und griff nach dem Blechbecher. Aber ich hatte bereits Metallgeschmack im Mund. Während der Nacht mußte ich über den Boden gerollt sein und meine Lippen mit rotem Lehm beschmiert haben, und ich bildete mir ein, das Eisen zu schmekken. »Wie spät ist es?«

»Neun«, stöhnte Chris. Er lehnte sechs Meter entfernt an unseren Taschen, aß eine Schale Instant-Haferflocken und schaute böse zu mir herüber. Er ignorierte eine Gruppe von Kindern, die sich hinter einem Baum versteckt hatten und ihn beobachteten. Während ich den Kaffee schlürfte, versuchte ich mich dazu zu überreden, wenigstens einen ganzen Tag zu bleiben.

»*Boogalies* gehen heute morgen flußabwärts«, sagte Max und machte mich damit neugierig.

»Was ist ein Boogalie?« fragte ich.

»Flußkrebs«, sagte Max. »Wirklich süß schmeckendes Fleisch. Wir werden sie heute mittag essen.«

Nach meiner zweiten Tasse Kaffee und einem kurzen Ausflug in das verlassene Haus, um die Toilette zu benutzen, traf ich meine Entscheidung. Es war Zeit zu gehen. Ich griff in meinen Rucksack und stieß einen Schrei aus. »Oh, Scheiße!«

»Was ist?« sagte Max.

»Mein Medikament«, sagte ich voller Panik. »Ich hab's in Maly vergessen.«

»Wofür ist es?«

»Ich habe *sehr* schlimme Allergien«, sagte ich schniefend.

Max' Reaktion war besser, als ich erhofft hatte. »Brauchst du es?« sagte er beunruhigt.

Ich atmete einmal tief, aber sehr besorgt ein. »Zweimal täglich«, sagte ich.

Chris schaute verdutzt drein. Er war sich nicht sicher, ob ich das nichtexistente Medikament tatsächlich vergessen hatte, aber er spielte sofort mit. »Mist! Wir müssen Mom nach Hause bringen.«

Ich schaute in Max' Gesicht. Er sah verwirrt aus. »Dann mußt du zurück nach Hause?« sagte er.

»Max, ich habe keine andere Wahl. Oh, ich bin ja so enttäuscht. Es darf einfach nicht wahr sein. Ich bin völlig niedergeschmettert.«

»Sind wir beide«, sagte Chris.

Niemand sah enttäuschter aus als Max. Er rollte ernst die beiden Decken zusammen, auf denen er geschlafen hatte, und ging, um den Abwasch zu machen.

»Mom, du bist echt cool!« sagte Chris und schlug seine Handflächen begeistert auf meine. »Diese Kinder sind überhaupt nicht nett. Sieh doch nur. Jetzt sind sie da drüben, verstecken sich in dem hohen Gras und beobachten jeden Schritt, den ich mache.«

»Okay, lad den Wagen ein. Wenn Max zurückkommt,

gehen wir zu Katie rüber und verabschieden uns höflich.«

»Ja!« sagte Chris und stieß seine geballte Faust in die Luft. »Und dann sind wir weg!«

Mein kleiner Schwindel hätte wohl überall in der Welt funktioniert, aber nicht im Outback. Denn Max hatte einen Cousin am Ende der Straße, der sehr viel von Buschmedizin verstand. Zwanzig Minuten später saßen Max und ich an einem Küchentisch, wo ich Medicine Tom und seiner hartgesichtigen Frau meine Symptome schilderte.

»Ich habe vor allem Schnupfen und Husten«, sagte ich zu dem weißhaarigen Mann. Seine Haut war pechschwarz, seine Augen von einem milchigen Blaugrün, das ihm etwas Prophetisches verlieh und Respekt zu verlangen schien. All meine Instinkte sagten mir, ich sollte einen Rückzieher machen. Aber ich war schon zu weit gegangen. »Manchmal kann das Keuchen sehr schlimm sein«, fuhr ich fort.

»Keuchen?« Tom wandte sich an Max.

Max wandte sich an mich. »Kannst du beschreiben, was Keuchen ist?«

Ich stieß ein gräßliches Röcheln aus, worauf sich das angespannte Gesicht der Frau lockerte. »Arrrg.« Sie griff sich an die Brust.

»Mmmh«, sagte Tom. »Keuchen.« Er schaute zu seiner Frau und rasselte etwas ganz schnell auf Aborigines. Sie zwickte ihren Nasenrücken und erwiderte darauf etwas. »Ja, ja, ja«, sagte er, legte seine Finger auf seine Augenlider und fuhr darüber, während er sich wieder mit seiner Frau besprach.

»Kommt viel Wasser aus deinen Augen?« fragte Tom.

Jetzt gab es kein Zurück mehr. »Manchmal so stark, daß ich nichts mehr sehen kann«, sagte ich und fühlte mich in diesem Augenblick wie damals auf der Volksschule, wenn ich unter Vortäuschung falscher Tatsachen zur Schulkrankenschwester gegangen war und atemlos darauf wartete, daß sie schließlich sagte: »Ruf deine Mutter an, damit sie dich abholen kann.«

»Jucken deine Augen?« fragte Tom.

»O ja, sehr.«

»Brennen sie?«

Je länger ich Tom ansah, desto weicher wurde sein Gesicht. Bei seiner Frau war es ebenso. Ganz sicher war ich mir nicht, aber sie schienen um mich besorgt zu sein. Wie konnte ich diese Scharade fortsetzen?

»Brennen deine Augen?« fragte Tom wieder.

Ich mußte mich entscheiden. Ich zögerte.

Max deutete das so, als hätte ich nicht verstanden, was Tom gefragt hatte, und so wiederholte er langsam und deutlich: »Stechen deine Augen?«

Was sollte es, Teufel auch. »Ja, sie stechen«, sagte ich. Trotz der Morgenkühle wurde mir sehr warm. Ich zog meine Jeansjacke aus. Das Gap-Etikett fiel mir ins Auge. Was gäbe ich nicht darum, bei Gap in Westport herumzuwühlen. Im Starbucks Cappuccino zu trinken. Mit Freundinnen darüber tratschen, wer was mit wem macht. Mit Reuel zusammen zu sein. Ich mußte raus aus Toms Küche. Ich mußte raus aus Enngonia. Ich wandte mich an Max. »Max, könntest du, *bitte*, Tom erklären, daß ich seine Sorge wirklich zu schätzen weiß, und natürlich auch die Sorge seiner Frau, aber ich brauche ein ganz bestimmtes Medikament. Ich darf nur das nehmen. Könntest du das weitergeben?«

»Ja.« Max nickte. »Ich werde ihnen das sagen.«

»Und sag ihnen bitte *ausdrücklich*, wie sehr ich ihre Sorge zu schätzen weiß«, fügte ich in dem erbärmlichen Versuch, meine Schuld zu mildern, hinzu.

Ich verstand nicht alles, was gesagt wurde, aber ein paar Stichworte bekam ich mit: Manly, Medizin, Zug, Dubbo, junger Bursche. Nachdem etwa fünf Minuten intensiv gesprochen worden war, erhob sich Max vom Küchentisch und erklärte: »Tom wird jetzt mit dir in den Busch gehen, um Medizin zu holen.«

»Was?«

»Tom wird dich kurieren.«

Verdammter Mist! Das durfte doch nicht wahr sein. »Max, ich muß ein rezeptpflichtiges Medikament einnehmen«, sagte ich, wobei mir der kalte Schweiß ausbrach. »Ich kann nicht einfach ein anderes Medikament einnehmen.«

»Du wirst gesund werden.«

»Was ist mit Chris?« rief ich. »Er wartet am Lagerplatz auf mich.«

»Ich werde jetzt zu ihm gehen und den Jungen holen und ihn mit meinen Großneffen bekannt machen«, sagte er, und mit diesen Worten ging er aus der Tür.

»Sag ihm, daß ich sehr bald zurück sein werde«, sagte ich. Ich sah Tom um Bestätigung heischend an.

Tom indes war damit beschäftigt, an der Küchenspüle mehrere Flaschen mit Wasser zu füllen. »Der Kühler ist schon seit einer ganzen Weile hin.«

Während wir in Medicine Tom's 67er Toyota-Lastwagen, der keine Windschutzscheibe hatte, über die unbefestigte Straße holperten, versuchte ich mir vor Augen zu führen, daß ich nicht wirklich gelogen hatte.

Ich hatte schließlich Heuschnupfen, auch wenn ich dafür keine Medikamente nahm. Jeden Frühling und Sommer bekam ich alle klassischen Symptome – laufende Nase und brennende, feuchte Augen. Ich war nur zu faul, dagegen etwas zu tun. Vielleicht *konnte* Tom mich kurieren – mit einem Naturheilmittel. Ich schaute ihn an. Sein ausgeprägtes Aborigines-Gesicht, umrahmt von Einstein-Haar, weckte Vertrauen.

»Wohin fahren wir?« fragte ich.

»Da oben hin«, sagte er. Er bog auf eine steinige schmale Straße ab, die einem Fluß folgte. Wir waren erst wenige Minuten gefahren, als ich etwas Großes und Totes und halb Versunkenes in dem schlammigen Wasser sah.

»Was ist das?« heulte ich auf.

»Känguruh«, sagte Tom. »Sei froh, daß du Allergien hast und es nicht riechen kannst.«

Genau in dem Moment roch ich etwas. »Puuuuh«, sagte ich.

»Oh, du *kannst* es riechen.«

Die holperige Fahrt, der stinkende, verwesende Kadaver und der fehlende Schlaf bewirkten Brechreiz bei mir. »Mir ist schlecht.«

»Halte dir die Nase zu«, sagte Tom und gab Gas.

Ich tat, was er gesagt hatte.

»Jetzt wird's dir besser gehen«, sagte Tom. Er fuhr über eine kaum wahrnehmbare unbefestigte Straße, die von Kiefern gesäumt war, deren Duft die Luft erfüllte. Sofort war meine Übelkeit verschwunden.

Danach zu urteilen, wie Tom seinen Wagen manövrierte, hatte ich keinen Zweifel daran, daß er genau wußte, wohin er fuhr. Aber ich hatte kein großes

Vertrauen darin, daß wir dorthin gelangen würden. Zerbrochene Foster's Bierflaschen lagen auf unserem Weg und ich rechnete damit, daß es nur eine Frage der Zeit war, bis ich das Zischen eines Reifens hören würde, aus dem die Luft entwich.

Fünfzehn Minuten nachdem wir losgefahren waren, hielten die Reifen noch immer. Tom stoppte neben einem großen Kaktus, der in einem so intensiven Rot blühte, daß die umstehenden Büsche dadurch rosa gefärbt wirkten.

»Wir sind da«, sagte er und zog die Handbremse an.

Ich kletterte vorsichtig aus dem Wagen, um die Schmerzen nicht zu verstärken, die ich durch das Schlafen auf steinharter Erde hatte. Aber meine Knochen waren nicht das eigentliche Problem. Es waren meine Füße. Bei jedem Schritt drangen Dornen, sogenannte Ziegenköpfe, durch die Gummisohlen meiner abgetragenen Sandalen.

»Alles in Ordnung?« fragte Tom, der mich am Ellenbogen festhielt, während ich die Ziegenköpfe aus meinen Füßen zog.

»Ich muß mich wohl abhärten«, sagte ich kichernd, da ich nicht noch mehr wie ein unhöflicher Schlappschwanz wirken wollte. Wir liefen durch einen Hain hoher Kiefern und weiterer blühender Kakteen, bis Tom fand, was er haben wollte. Er zog ein Taschenmesser aus seiner Hosentasche und begann Proben von einem Kaktus zu nehmen, der in voller Blüte stand und große purpurne Früchte trug. Medicine Tom's Technik: abschneiden, Zwicken, daran riechen, in einen Plastikbeutel geben. Ich schaute ihm fasziniert zu. Nachdem er etwa ein Dutzend Proben von verschiedenen Stellen des Kaktus genommen hatte, machten wir uns auf den Weg zurück. Wir hatte die halbe Strecke zum Lastwagen zurückgelegt, als Tom einfiel, daß er noch etwas brauchte.

»Warte hier«, sagte er und reichte mir den Plastikbeutel.

Im Nu kam er zurück, mit einem einzelnen Blatt in der Hand. »Wenn wir in die Nähe des toten Känguruhs kommen«, sagte Tom, »halte dir das unter die Nase.«

Ich nahm das grünlich-braune Blatt und roch daran. »Riecht irgendwie nach Anis.«

»Anis?«

»Lakritze«, sagte ich.

»Magst du's?«

»Ja, wirklich!«

Tom strahlte. »Wenn du deine Augen schließt, wirst du nicht mal wissen, wann wir daran vorbeifahren.«

»Okay«, sagte ich und stieg wieder in den Lastwagen ein. Ich schloß meine Augen fest und preßte das Blatt unter meine Nase.

»Gut«, sagte Tom und startete den Lastwagen. Dann schaltete er plötzlich den Motor wieder ab. »Ach, ich muß Wasser in den Kühler nachgießen, bevor wir weiterfahren.«

Ein paar Minuten später hoppelten wir über den steinigen Weg zurück.

»Hast du deine Augen geschlossen?« fragte Tom.

»Ich sehe nichts«, sagte ich und dachte daran, wie mein Bruder Gary mir, als wir Kinder waren, die Augen verbunden und mich durch die Nachbarschaft geführt hatte und ich raten mußte, auf wessen Hof wir gerade waren. Der gleiche spielerische Geist von Abenteuer war jetzt in der Luft. »Gib mir keine Hinweise«, sagte ich.

»Neee, ich werde nichts sagen.«

Ein paar Minuten verstrichen und Tom sagte: »Riechst du was?«

»He, du hast versprochen, nichts zu sagen!«

»Ich habe nichts gesagt«, sagte Tom. Seine Stimme sprühte vor Belustigung.

Nach etwa weiteren fünf Minuten sagte Tom: »Du kannst jetzt deine Augen öffnen. Wir sind wieder auf der Hauptstraße.«

»Unglaublich! Das mit diesem Blatt funktioniert ja *wirklich*! Weißt du, Tom, ich sollte die Pflanze einpakken und mit nach Hause nehmen.«

Als ich diese Worte sagte, »mit nach Hause«, fiel mir plötzlich ein, daß ich, seit Tom sich mit mir auf die kleine Reise gemacht hatte, nicht mehr daran gedacht hatte, Enngonia zu verlassen. Ich hatte nicht daran gedacht, nach Connecticut zurückzukehren. Ich hatte weder an Chris gedacht noch daran, was er und Max machen würden.

Und das war gut so, denn es gab absolut nichts, worüber ich mir Sorgen hätte zu machen brauchen. Max war mit Chris und Margaret auf ein Mineralwasser und eine Tüte Kartoffelchips in die Aborigine Milchbar gegangen, und als wir daran vorbeifuhren, sah Tom, wie sie aus dem Laden herauskamen.

»Ho!« rief Tom, als er laut und quietschend hinter einem achtzehnachsigen Schleppzug zum Stehen kam, der vor dem Laden geparkt stand. Er war mit geschorenen Schafen beladen und von Fliegen umschwärmt.

Max setzte sich neben mich. Margaret sprang auf die Ladefläche des offenen Lastwagens.

»Christopher, setz dich hierher!« befahl Margaret so herrisch wie Charlie Brown's Lucy. Sie sah Lucy sogar ein wenig ähnlich.

»Mom«, sagte Chris selbstgerecht, »das verstößt gegen das Gesetz. Da hinten gibt's keine Sicherheitsgurte.«

»Wird schon nichts passieren«, sagte Max. »Wir fahren nicht weit.«

Chris stieg wie ein tausend Jahre alter Mann auf die offene Ladefläche und setzte sich so weit wie möglich von Margaret entfernt hin.

»Du hast deine Medizin bekommen?« sagte Max.

»Die ist hier«, sagte ich und hielt den Plastikbeutel hoch. Ich wandte mich an Tom. »Was machst du jetzt damit?«

»Es für dich fertig machen«, sagte Tom und bremste für einen mageren Hund, der die Straße überquerte. »Es wird heute abend fertig sein.«

Wie versprochen, kam Tom bei Anbruch der Dämmerung mit einem Stoffbeutel, der mit einer Mischung gefüllt war, die pulverisiert, angefeuchtet, gekocht und dann zum Trocknen in die sengende Sonne gelegt worden war. Ich bekam die Anweisung, die stechend riechende Mixtur sofort nach dem Aufstehen und kurz vorm Schlafengehen zu inhalieren. In drei Tagen würde er wiederkommen und nach mir sehen. Früher könne er nicht kommen, weil es einen Notfall in Lightning Ridge gab, wo einige Neffen arbeiteten, die dort den kostbaren schwarzen Opal schürften. Falls ich Probleme hätte, sollte ich zu seiner Frau gehen. Die Medizin würde ihren Zweck erfüllen, und ich fand mich mit der

Tatsache ab, daß ich bis zu Toms Rückkehr nirgendwohin gehen würde.

Das Folgende ist ein Brief, den ich an Reuel an unserem dritten Tag im Outback schrieb:

20. April 1995
Enngonia, Australien

Lieber Reuel,

ich fühle mich, als sei ich auf der Oberfläche des Mondes, umgeben von außerirdischen Geschöpfen. Wir starren einander viel an und reden sehr wenig. Max jedoch tut alles, damit wir eine schöne Zeit verbringen. Heute hat er Chris gelehrt, wie man Kaninchen aufspürt. Er hat keins erwischt – Gott sei Dank –, aber es war lustig, Chris einfach dabei zu beobachten, wie er sein Ohr auf die Erde preßte, als er lernte, wie man nach den feinen Geräuschen in der Erde zu lauschen hat. So still und konzentriert habe ich ihn noch nie gesehen.

Max' Schwester, Katie, betrachtet alles, was ich tue und sage, mit tiefem Mißtrauen. Heute morgen habe ich ihr eine Tasse Kaffee mit einem meiner Kaffeebeutel hinübergebracht, aber sie sagte mir nur, ich sollte sie auf den Küchentisch stellen. Als ich später kam, um meine Tasse zu holen, hatte sie nicht einen Schluck davon genommen. Ich fragte sie, ob mit dem Kaffee etwas nicht in Ordnung sei, und sie sagte: »Ich trinke Tee.« Und dann wischte sie weiter ihre Veranda, als ob ich nicht dagewesen wäre. Chris gegenüber ist sie viel weniger abweisend. Sie hat sogar laut aufgelacht, als

Chris sie fragte, ob sie Angst hätte, so dicht beim Friedhof zu wohnen. Ich laufe inzwischen wie auf Eierschalen, weil ich versuche, niemanden zu verletzen.

Sei froh, daß Du nicht hier bist. Ich habe seit drei Tagen nicht geduscht. Heute nachmittag bringt Max Chris und mich zu einem Wasserloch für ein Bad. Das Wasser soll kristallklar sein und so sauber, daß man es trinken kann. Ich glaube das erst dann, wenn ich's gesehen habe.

Heute ist der erste Tag, an dem alle Kinder gemeinsam miteinander spielen. Ein Junge namens Squeaky ist Schiedsrichter beim Basketballspiel. Chris hat seinen Basketball mitgenommen. Dann ist hier ein kleines Mädchen namens Margaret, das nie mehr als drei Meter von Chris entfernt ist. Romantik liegt in der Luft. Sie ist wirklich sehr süß.

Liebling, ich werde für jetzt Schluß machen. Ich will nicht, daß sie denken, ich schreibe über sie. Sie beobachten jeden meiner Schritte. Vor unserer Abreise hatte ich Gladys gebeten, meine Post einmal die Woche hierher zu senden, aber das wird jetzt nicht nötig sein, da wir in dem Augenblick von hier wegfahen, wenn Tom aus einem Ort namens Lightning Ridge zurückkehrt. Er wird jeden Moment zurückerwartet. Ich hoffe nur, daß sein alter Lastwagen hält. Ich denke jede Sekunde an Dich. Ich sehe Deine Lachfältchen, die so sexy sind, und höre überall Dein volles Lachen und bekomme dabei ein warmes, kribbelndes Gefühl wie ein Teenager, der zum erstenmal verliebt ist. Womit habe ich das Glück verdient, Dir begegnet zu sein? Auf eine ganz sonderbare, verrückte Weise hat mir das Hiersein meine Liebe zu Dir bewußter gemacht. Ich kann's gar nicht erwarten, nach Manly zurückzufahren und den Rückflug nach Hause zu buchen. Mit etwas Glück werden wir nächste Woche um diese Zeit zusammensein. Ich hoffe, daß Du nicht nach Bosnien fliegen mußt. Aber ich verstehe. Ich habe viel über unser letztes Gespräch nachgedacht. Ich finde es wundervoll, daß Du mich nicht verlassen willst. Dies ist meine letzte Reise weg von Dir. Ich will das Leben meiner Mutter – jeden Sonntag Spaghetti und Hühnchen. Das ist ein Versprechen. Sollte ich Dir zu langweilig werden, nehme ich Schauspielunterricht. He – warum habe ich nicht vorher daran gedacht ...

Ich liebe Dich
Liz

P. S. Liebling, würdest Du bitte Randy anrufen und ihm sagen, was wir vorhaben? Ich bete, daß er nicht wieder im Krankenhaus ist.

Später an diesem Tage führte Max mich zu dem Wasserloch hinunter. Ich wollte, daß Chris mitkommt, aber er sagte, er wollte bleiben, um Squeaky dabei zu helfen, einen stabileren Basketballkorb zu bauen. Chris schlug vor, daß wir Margaret einladen sollten, uns zu begleiten. Als Margaret das hörte, rümpfte sie ihre Stupsnase, verschränkte ihre Arme und sagte, sie müsse sich vergewissern, ob der Korbreifen auch wirklich so groß sei, daß der Ball hindurchpaßt. »Männer können nichts richtig machen«, sagte sie und schaute mich um Zustimmung heischend an. »Du hast völlig recht, Margaret«, sagte ich.

Und so gingen Max und ich in der Hitze des Nachmittags einen Weg zwischen ums Überleben kämpfenden Bäumen hinunter zu der versprochenen Süßwasserquelle, die Max mit dem Aborigines-Namen Winthi bezeichnete. Wir mußten gute zwanzig Minuten gelaufen sein, bevor wir einen Haufen Steine von unterschiedlicher Größe und Form erreichten. Ich schaute zu, wie Max oben auf den Haufen einen Stein legte, den er auf dem Weg aufgehoben hatte, und ich nahm an, daß die Formation eine spirituelle Bedeutung hatte. Nachdem der Stein an seinem Platz war, führte Max mich einen sandigen Hang hinunter, auf dem Ameisenhügel und Dornenbüsche standen, und dort unten, am Fuße des Hügels, lag ein Teich, der im strahlenden Sonnenlicht wie ein kostbarer Saphir schimmerte.

Einen Augenblick lang stand ich benommen da. Dann kniete ich mich an den Uferrand und schöpfte eine Handvoll von dem klaren, kühlen Wasser. »Ich fühle mich wie Alice im Wunderland«, sagte ich, während ich schaute, wie das Wasser flüssigem Silber gleich durch meine Finger rann.

»Wir sind früher zu Initiationen hierher gekommen«, sagte Max. Er senkte seine ledrige Hand, um damit Wasser zu schöpfen und zu trinken. »Mein Großvater war ein *koradji*.«

»Das hast du erwähnt«, sagte ich und trank ebenfalls. Das Wasser war ebenso süß wie klar.

»Ja, er hat die Menschen besser gemacht. Und manchmal hat er sie schlechter gemacht.«

»Wie hat er sie schlechter gemacht?«

»Er hat den Knochen gezeigt«, sagte Max. »Vor vielen Jahren hat ein Mann aus der Nähe von Tinnenburra eine Eulo-Frau gestohlen. Mein Großvater rief alle zu einer Zusammenkunft an diesem Wasserloch. Während der Zeremonie richtete er den Knochen in die Richtung, wo der Mann war, der die Eulo-Frau gestohlen hatte. Nachdem der Knochen gezeigt war, ging das Blut des Mannes in den Knochen. Stücke des Knochens gingen in den Mann und machten ihn richtig krank. Nach der Zeremonie wurde der Knochen in Emufedern gewickelt und da drüben vergraben«, sagte Max, wobei er auf eine drei Meter entfernte Stelle deutete. »Von Zeit zu Zeit grub mein Großvater den Knochen aus und wärmte ihn. Dadurch wurde der Mann noch kränker, bis er schließlich starb.«

Ich wußte, daß Dinge wie diese im Outback passieren können. Schwester Pat hatte mir erzählt, daß die Glaubenskraft der Aborigines so stark ist, daß ein Opfer, wenn es merkt, daß es Ziel eines gezeigten Knochens ist, mit Sicherheit sterben wird. Ich fragte Max, ob es noch andere zauberkundige Männer in seinem Dorf gäbe. Aber er antwortete nicht. Vielleicht war es ein Stammesgeheimnis. Ich wechselte das Thema. »Also wirklich, ich habe noch nie zuvor ein so wundervolles Wasserloch gesehen.«

»Willst du dich jetzt ein bißchen abkühlen?«

»Oh, ja!« sagte ich und schnürte meine Turnschuhe auf. »Ich kann's kaum erwarten.«

»Ich werde ein bißchen spazierengehen, während du schwimmst«, sagte Max. Ein perfekter Gentleman.

»Das brauchst du nicht. Ich habe meinen Badeanzug unter den Shorts.«

»Ich werde den Pfad runterlaufen und ein Nickerchen unter einem Baum machen, zu dem ich immer ging, als ich noch ein junger Bursche war«, sagte Max. »Ruf mich, wenn du wieder draußen bist.«

»Ist dieses Wasserloch tief genug, um darin tauchen zu können?«

»So tief wie der Himmel hoch ist«, sagte Max im Davongehen.

Nachdem Max aus dem Blickfeld verschwunden war, zog ich mich völlig aus und tauchte in das Wasser. Sofort spürte ich die kühle Wärme der umarmenden Quelle. Von unten blubberte etwas nach oben, das nicht nur meinen Körper, sondern auch meinen Geist an einen ruhigen und verzeihenden Ort hob. Ich weiß nicht, wie lange ich in diesem transzendenten Zustand schwelgte, aber ich weiß, daß alles einfach ein wenig anders zu sein schien, als ich Max vom Pfad her mich rufen hörte. In dem Augenblick dachte ich, es läge daran, weil ich erfrischt war. Aber es war viel mehr als das.

»Max«, sagte ich, »hast du mich aus einem besonderen Grund hierher gebracht?«

»Du sagtest, du wolltest dich reinigen.«

»Aber in diesem Wasser ist etwas mit mir geschehen.«

Sein Gesicht war ruhig und ernst. »Ich möchte dir etwas zeigen«, sagte er. »Folge mir.«

Ich schnürte meine Turnschuhe zu und begann ihm das Ufer hoch zu folgen. Ich hatte gerade ein paar Schritte gemacht, als etwas Helles und Blitzendes mich veranlaßte, zu dem Wasserloch zurückzuschauen. Es war eine Lichtkugel. Sie hüpfte anmutig im Wasser, fast verspielt, auf eine verblüffende Weise, fast menschlich. Während ich das tanzende Licht betrachtete, spürte ich die starke Präsenz von etwas anderem, begleitet von einer Vibration, die mich über die Quelle dorthin aufhob, wo ich eins mit dem Licht zu werden schien, das jetzt überall war. Vereint mit den warmen Strahlen blickte ich in die tiefe, blaue Quelle hinab, und dort, auf der Oberfläche des Wassers sah ich Dwangos kristallklares Spiegelbild. »Das spirituelle Tor ist für dich geöffnet, damit du eintreten kannst«, ließ der Geisterdoktor mich wissen.

8. Kapitel

Wir nahmen einen anderen Weg zurück. Max wollte mir den Baum zeigen, unter dem er gedöst hatte, während ich schwamm, und ich folgte ihm so unbeschwert und glücklich wie in meiner Kindheit, wenn ich im August durch das Wasser des Rasensprengers in unserem Vorgarten lief. Als wir zu diesem sehr gewöhnlichen graugrünen Baum gelangten, sagte Max, daß er eigentlich gar nicht geschlafen habe. Er habe nur dort gesessen und über eine Frau nachgedacht, die er einmal vor vielen Jahren gekannt hatte. Ihr Name war Thaalangay. Das bedeutete frisch. Er nannte sie Gay. Sie war stark, hatte kleine Hände, tiefbraune Haut und Augen, die blauer, klarer und tiefer als die Quelle waren. Sie waren sich am Ende der Trockenzeit begegnet und hatten jeden Tag zusammen verbracht. Am frühen Morgen, wenn der Tau noch auf den Grasbüscheln lag, schwammen sie in dem Wasserloch, und spätabends lagen sie unter dem Baum und sangen, tanzten, erzählten und verliebten sich. Sie wollten heiraten, doch Gay war als Kind dem Sohn des Bruders ihrer Großmutter versprochen worden, ihrem Onkel also. Als bekannt wurde, daß Gay und Max mehr als nur Freunde waren, ließ Gays Vater sie von ihren Brüdern in das Lager ihres Anverlobten bringen, wo sie den älteren Mann heiratete – einen Mann, der bereits eine Frau und fünf Kinder hatte. Viele Tage danach aß und schlief Max nicht. Er saß unter dem Baum und erinnerte sich an die Zeit, in der sein Herz nicht gefangen war und er Frieden hatte.

Er glaubte, daß der Baum besondere Kräfte habe. Es war der einzige Baum in der Gegend, der in den letzten vierzig Jahren alle großen Buschfeuer überlebt hatte. Er war niemals vom Blitz getroffen worden und hatte nie unter Wassermangel gelitten. »Die Wurzeln«, sagte Max, »haben sich den Weg hinunter gewunden und an dem Wasserloch vereint, wo sie füreinander sorgen.«

»Aber, Max«, sagte ich, »wenn dieser Baum und diese Quelle besondere Kräfte haben, warum haben sie nicht für dich und Gay gesorgt? Warum haben sie zugelassen, daß sie dir weggenommen wurde?«

»Ach«, antwortete Max, »das ist nur ein Teil meiner Geschichte. Komm, wir sollten zum Abendessen zurückgehen.«

Als wir den Lagerplatz wieder erreichten, wartete dort Toms Frau, deren Name Fran war, wie ich erfuhr, mit einer Nachricht auf uns. Toms Wagen war in der Nähe von Goodooga liegengeblieben, und er konnte erst zurückkommen, wenn aus Dirranbandi ein neuer Kühler geschickt werden konnte. Letztes Mal war es die Hinterachse gewesen. Es hatte drei Monate gedauert, bis er wiederkam. In dieser Zeit hatte er auf den Opalfeldern gearbeitet. Die eigentliche Botschaft aber war die, daß am Samstag ein *corroboree* stattfinden würde – ein Begriff, der alle Zeremonien und Rituale umfaßt, bei denen gesungen und getanzt wird – und daß wir alle eingeladen seien. Mit diesem speziellen Corroboree sollten die Geburtstage von Margaret und Matthew gefeiert werden, Cousins, die am selben Tage geboren waren.

»Was kann ich mitbringen?« sagte Max, dessen Augen zu leuchten begannen. Max war ein wirklich geselliger Mann.

»Ach«, sagte Fran und schaute auf unsere Taschen, die auf einem Haufen am Baum lagen und darauf warteten, für die Rückfahrt nach Sydney in den Wagen geladen zu werden, »du bist der einzige hier, der ein gutes Känguruh zubereiten kann, Max.«

»Ja«, pflichtete er ihr bei. »Der alte Henry kann ein gutes Emu machen, aber vom Känguruhbraten versteht er nichts.« Keine falsche Bescheidenheit bei Max. Er bog seine breiten Schultern zurück und blies seine kräftige Brust auf.

»Dein Känguruh ist nie trocken«, sagte Fran dick auftragend.

»Wir werden uns Samstag ganz früh am Morgen eins holen«, sagte Max mit dem gleichen zufriedenen Gesichtsausdruck, den Reuel hatte, wenn ich ihm ein Kompliment für seine Grillhähnchen machte. »Es wäre wirklich gut, wenn Tom zurück wäre. Dann könnten wir es hinten auf seinen Wagen legen.«

»Vielleicht könnten wir es auf das Dach meines Wagens binden«, platzte ich heraus, bevor ich es verhindern konnte. Alles, was mir noch fehlte, war, daß das Dach meines gemieteten Holden eingedrückt war und trockenes Känguruhblut an den Seiten klebte, wenn ich ihn in Dubbo wieder dem Agenten übergab.

»Ja«, sagte Max, der mir eine Freude machen wollte. »Das könnten wir wirklich tun.«

»Wie schwer ist denn so ein Känguruh eigentlich?« fragte ich eine Kehrtwendung machend. Aber Max und Fran waren bereits mit etwas anderem beschäftigt.

»Ich will keinen Grog auf dem Corroboree«, sagte Fran und zog damit klare Grenzen.

»Du hast recht«, pflichtete Max ihr bei. »Ich werde für heute abend nach dem Essen eine Zusammenkunft einberufen.«

Kaum hatte Max diese Worte ausgesprochen, als Margaret und Chris, gefolgt von einem halben Dutzend Kinder, die Straße heraufgerannt kamen und in Katies Haus liefen. Sekunden später kamen sie mit einem Krug kalten Wassers und einer Tüte Lollies wieder heraus. »Aber eßt sie nicht alle auf. Ihr habt noch nicht zu Abend gegessen!« rief Katie. Die Szene war so herrlich vertraut.

Während Max und Fran weiter Pläne für das Corroboree machten, traf irgend etwas in mir eine Entscheidung. In der Sekunde, als Fran gegangen war, wandte ich mich an Max und sagte: »Ich brauche deine Hilfe, um diese Taschen nach drinnen zu bringen. Ich ertrag's keinen Augenblick länger, aus Taschen zu leben.« Ich war plötzlich bereit, mich zu entspannen und zu genießen.

Max zeigte sein breites, zahnloses Grinsen. »Wir werden dich da drüben in dem verlassenen Haus neben Katie unterbringen«, sagte er und schwang auf jede seiner Schultern eine Tasche. Ich folgte Max, beladen mit zwei Lebensmitteltaschen, Chris' Schultasche und meinem Laptop.

Und so saß ich an diesem Abend, während Max ein Familientreffen leitete, um darüber zu diskutieren, daß auf dem Corroboree nicht getrunken werden sollte, an einem Lagerfeuer und beobachtete, wie die Sonne langsam hinter dem westlichen Horizont versank und orangene, rosa, purpurne und blaue Strahlen verbreitete. Als die Lichtschau vorbei war, starrte ich in das Feuer. Wie das Leben sich doch in zwölf kurzen Stunden geändert hatte. Früh am Morgen war ich aufgewacht und hatte nur den einen Gedanken gehabt, Enngonia zu verlassen. Jetzt könnten mich nicht einmal zehn wilde Pferde nach Hause zurückziehen. Und in dem Augenblick, als mein Verhalten sich änderte, änderte sich auch das Verhalten derer um mich herum. Kurz nachdem Katie gesehen hatte, wie Max und ich unsere Taschen ins Haus brachten, kam sie herübergeschlendert. Ich war gerade dabei, unsere sauberen Kleidungsstücke von denen, die gewaschen werden mußten, zu trennen. Zögernd sagte sie: »Ich glaube, dein Junge hat ein paar neue Freunde gefunden.«

»Es gefällt ihm wirklich gut«, sagte ich vorsichtig.

»Jetzt sind sie mit dem großen Ball im Bushland. Der kleine Mitchell versucht, ihn deinem Jungen wegzunehmen.« Sie lächelte so schnell, daß ich mir nicht sicher war, ob es wirklich ein Lächeln war.

»Chris sagte, er würde ihnen gern Basketballspielen beibringen«, sagte ich. »In Amerika ist das sehr populär.«

»Ja?« sagte Katie mit ernster Miene. »Ich hab' davon gehört.«

Ich wollte ihr erzählen, daß alle großen Basketballspieler in den USA schwarz sind, aber dann überlegte ich es mir anders und sagte nichts.

»Henri hat einen großen Emu für heute abend zum Essen«, erklärte Katie daraufhin. Sie sprach zu der rissigen, wasserfleckigen Decke.

War dies eine Einladung? Ich war mir nicht sicher, wie ich antworten sollte, und so sagte ich wieder nichts, da mir Schwester Pats Warnung einfiel, daß Aborigines direkten Blickkontakt mit Fremden für unhöflich halten.

Ein paar Momente später sagte Katie: »Er ist gerade dabei, die Grube zu graben.«

Ich zwang mich dazu, meinen Mund zu halten. Ich sortierte weiter die Kleidungsstücke.

Katie richtete ihren Blick von der Decke auf den Linoleumboden. »Hast du schon mal Emu gegessen?«

Mein Herzschlag beschleunigte sich. »Nein«, sagte ich, noch immer Blickkontakt vermeidend.

Daraufhin wandte Katie sich an Max, der Schafköttel aus dem Korridor gefegt hatte. »Max«, sagte sie, »bring deine weiße Freundin und den kleinen Kerl zum Emu rüber.«

Max' Gesicht erhellte sich im dunklen Korridor. »So lange man Henrys Emu nicht probiert hat, weiß man nicht, was wirklich gut schmeckt!« verkündete er – und dabei schwang er enthusiastisch den selbstgemachten Besen. Eine halbe Sekunde später schossen Dutzende von dem, was wie mit Schokolade überzogene Rosinen aussah, durch den Korridor und aus der Eingangstür hinaus auf den roten Lehm. »Ich mache Brot«, sagte er.

In der Erregung des Augenblicks verstieß ich gegen die erste Protokollregel. »Katie«, sagte ich, »sag bitte Liz zu mir.« Man spricht niemand mit Namen an, Dummchen.

»Dann sehe ich dich heute abend, Liz«, sagte Katie. Sie machte kehrt und ging zu ihrem Haus zurück.

Am folgenden Morgen kam Henry auf eine Tasse Kaffee vorbei und um mir sein Rezept für Emu zu geben, das er mir versprochen hatte, nachdem ich geschwärmt hatte, wie wundervoll es sei. Die Wahrheit war: Ich hatte keinen einzigen Bissen von dem riesigen, unattraktiven Vogel, der nicht fliegen kann, gegessen. Das Fleisch lag fetttriefend auf meinem Teller; davon ging ein beißender Geruch von starken Kräutern aus, der mich benommen machte und bei mir Übelkeit erregte. Ich versuchte mehrere Male, einen winzigen Happen zu kosten, aber ich bekam das dunkle Fleisch nicht über meine Lippen. Glücklicherweise gab es im Dorf keinen Mangel an herumstreunenden Hunden, die auf Futtersuche waren. In dieser Nacht schlossen Chris und ich Freundschaft mit einigen Tieren, und später – als wir allein waren – verschlangen wir verlegen unseren ganzen Vorrat an Kräckern mit Erdnußbutter und eine ganze Tüte Schokoladenkekse.

Nachstehend folgt das Emu-Rezept, das ich auf meinem Laptop-Computer geschrieben habe, während Henry neben mir saß.

Grab eine Grube in der Nähe von Emu-Futterplatz

Decke Grube mit Ästen zu

Stecke Speer in Boden der Grube – Vogel kann nicht herausspringen

Rupfen und ausnehmen

Grube zum Braten vorbereiten

Vogel mit Kräutern und heißen Steinen füllen

Um Fliegen fernzuhalten, Eingeweide in etwa zehn Meter Entfernung wegwerfen. Dann haben die Fliegen auch Futter

Wenn ein Bein angeschnitten wird und Vogelsaft klar herausläuft, ist der Vogel gar.

Als ich mit dem Tippen fertig war, wollte Henry meinen Computer ausprobieren. Also setzte ich ihn ihm sofort auf den Schoß und sagte ihm, er solle tippen, was immer er wolle.

»Ich kann nicht so gut lesen oder schreiben«, sagte Henry entschuldigend.

»Das ist in Ordnung. Such einfach das A«, sagte ich zu dem kleinen, drahtigen Mann, der wahrscheinlich Ende Dreißig, Anfang Vierzig war.

Langsam und methodisch fuhr Henry mit seinen braunen, knochigen, zernarbten Fingern über die Tastatur. Etwa eine Minute später rief er aus: »Ho! Da ist es! Ich hab' das A.«

»Perfekt. Jetzt drück darauf.«

Henry drückte darauf und drückte weiter, so daß der Buchstabe dutzendfach wiederholt wurde.

»Ohh! Ich hatte vergessen zu sagen, daß man nur leicht und schnell drücken darf.«

Sofort hob Henry seine Finger hoch.

»Schau auf den Bildschirm, Henry.«

»Ohhh!« sagte er entzückt. »All diese As. Ich werde das B suchen.« Er drückte die Taste nieder und murmelte leise »Leicht und schnell.«

Als Henry beim G angelangt war, schaute ihm das halbe Dorf über die Schulter und half ihm den nächsten Buchstaben zu jagen und herauszupicken. Das Interesse war jedoch nur kurzlebig. Anders bei Henry. Er hörte erst auf, als er beim Z angelangt war. Und als er das geschafft hatte, brach er so laut in Begeisterungsrufe aus, daß sich wieder eine Menge um ihn scharte.

»Nimmt diese Maschine auch Wörter an?« fragte Henry.

»O ja«, sagte ich. »Auf dem Ding kann man ganze Bücher schreiben.«

»Ja? Wie?«

»Jetzt hast du mich aber erwischt. Ich bin wirklich dumm, was Computer anbelangt, aber ich weiß, daß darin ein kleiner Chip ist, der die ganze Arbeit macht. Frag mich aber nicht mehr.« Ich lachte.

Henry lachte auch. »So etwas wie Magie?«

»Für mich ist es wie Magie«, sagte ich. »Ich werde speichern, was du geschrieben hast, und morgen kannst du noch mehr schreiben.«

»Ja?«

»Absolut«, sagte ich. »Vielleicht kannst du morgen Wörter schreiben?«

Henrys Lächeln schwand. »Ich kenne viele Wörter«, sagte er. »Aber ich weiß nicht, wie man sie schreibt.«

»Das ist kein Problem. Ich kann dir helfen.«

Henry sah mich an. »Bist du auf die High School gegangen?«

»Ja.«

»Tja«, sagte er nachdenklich. »Morgen früh muß ich nach Bourke. Danach komme ich vorbei.«

»Dann bekommst du morgen deinen ersten Unterricht. Machen wir eine Zeit ab.«

»Ja, machen wir eine Zeit ab.«

»Welche Zeit ist dir denn recht?« fragte ich, die einzigartige Uhr der Aborigines völlig vergessend.

»Wann immer ich herkomme, ist mir recht«, sagte Henry ganz ernst.

»Toll«, sagte ich und wies mich zurecht, weil ich so stockkonservativ war, vor allem hier draußen. »Dann werden wir anfangen, wann immer du kommen kannst.«

»Dann werden wir anfangen«, wiederholte Henry. Er erhob sich von der roten, staubigen Erde, auf der er im Schneidersitz gesessen hatte, steckte sich eine Zigarette an und ging zu Katies Hof zurück, wo die Männer sich versammelt hatten, um zuzuschauen, wie Charlie Max die Haare schnitt.

Die folgenden wenigen Tage waren ganz mit den Vorbereitungen für das Corroboree am Samstag erfüllt. Das Menü wurde peinlich genau geplant. Nichts schien dem Zufall überlassen zu sein. Katie machte Damper, das australische Brot. Dorothy, Max' Nichte, brachte Jamswurzelsalat mit. Lou sorgte für Kartoffelsalat. Lydia für Bohnensalat. Max lieferte natürlich das Känguruh. Squeaky sagte, daß die Boogalie laufen würden.

Flo machte einen Schokoladenkuchen mit Puderzukker, und ihre Schwester Tam machte einen Vanillekuchen mit Schokoladenguß und wollte ihn mit Geburtstagskerzen verzieren – falls der Aborigines-Laden sie je bekommen sollte. Und, ach ja, Henry schrieb auf dem Computer Geburtstagswünsche für Margaret und Mitchell.

Während die Erwachsenen sich mit den Vorbereitungen beschäftigten, verzehrte die kleine Margaret sich bei dem Gedanken darüber, was sie anziehen solle.

Am frühen Freitagmorgen, als ich auf dem Weg in das verlassene Haus war, um zu duschen, kam Margaret zu mir. »Liz, kannst du mal kommen und einen Blick auf meine beiden Trägerkleider werfen?«

»Aber natürlich«, sagte ich. »Und später kannst *du* mir vielleicht helfen, etwas zum Anziehen auszuwählen.«

»Was willst du mit diesem Haar machen?« fragte sie, während sie neben mir lief und sehr besorgt meine ausgetrocknete blonde Mähne beäugte.

»Ich werde es waschen und etwas Frisiermittel draufgeben«, sagte ich. Ich blieb kurz stehen, um mit meinen Fingern durch Margarets vollen Schopf von weichem, welligem braunen Haar zu fahren, auf dem goldene Lichter spielten. »Es wird nie so hübsch werden wie deins, aber«, fügte ich hinzu, »es wird besser sein, als es jetzt ist.«

Margaret schaute sehr ernst drein. »Tja«, sagte sie, »ich glaube ich kann dir dein Haar machen.«

»Wirklich?«

Margaret krauste ihre Nase und nickte und gab damit zu verstehen, daß dies vielleicht meine einzige Hoffnung sein könnte. »Wirst du Make-up tragen?«

»Ich habe keins dabei«, entschuldigte ich mich. »Oh, Moment. Ich habe etwas farbigen Lippenglanz in meiner Tasche.«

»Mehr hast du nicht?«

»Ich fürchte, nein. Aber wenn ich gewußt hätte, daß ich zu einer ganz besonderen Geburtstagsparty eingeladen werden sollte, hätte ich natürlich ein Partykleid und das ganze Make-up mitgebracht.«

»Du hast kein Partykleid für dich?« sagte Margaret verstimmt.

»Ich habe hübsche braune Shorts und ...«

»Shorts?« Margaret war fassungslos. Sie blieb entsetzt mitten im Schritt stehen. Wie konnte ich auch nur auf die Idee kommen, in Shorts auf ihre Party zu gehen?

»Aber mir fällt gerade ein, Margaret, daß ich einen Sarong habe. Ich trage ihn über meinem Badeanzug.«

»Sarong?« Es gab Hoffnung für mich.

»Laß uns hineingehen, und dann zeige ich ihn dir.«

Mit Margaret im Gefolge suchte ich mir vorsichtig meinen Weg um die Schafköttel herum, die im Korridor lagen. Zum Glück gab es eine Tür zu unserem Schlafzimmer, die das große ungeschorene Schaf und die anderen Viecher am Eintreten hinderte.

»Warum schlafen du und Chris draußen und nicht hier drin?« fragte Margaret, während sie sich im Schlafzimmer umsah. Der einzige Einrichtungsgegenstand war eine verschmutzte Matratze, die an der Wand lehnte. Die Fenster waren nackt, und in der Fassung an der Decke steckte keine Glühbirne.

»Wir lieben es wirklich sehr, draußen zu schlafen.«

Margaret rümpfte ihre Nase. »Hier drin ist es nicht schön«, sagte sie und traf damit den Punkt.

Bevor sie meine Garderobe durchging, schoß sie über den langen, schmalen Korridor zu einem Zimmer im hinteren Teil des Hauses. »Ich bin gleich wieder bei dir«, sagte sie.

Als Margaret zurückkehrte, sagte sie, daß ihr Onkel Bampu, der im hinteren Zimmer schlief, mich kennenlernen wollte, nachdem er gebadet und etwas gegessen hatte. Darüber würde ich mich sehr freuen, sagte ich, wunderte mich aber, warum Max ihn nie zuvor erwähnt hatte. Vielleicht hatte er das doch, und es war mir entgangen. Wie auch immer – Margaret und ich waren eifrig damit beschäftigt, für mich eine passende Kleidung zu finden. Wir musterten gründlich alles, was ich hatte. Margaret entschied, daß ich definitiv am besten in dem roten Sarong und dazu einem schwarzen T-Shirt aussehen würde. Sie würde mir dazu ein Paar Ohrringe mit baumelnden roten Beeren geben und mich hinaus in den Busch führen, um dort Lippenstift und Eyeliner aufzulegen.

Nachdem dies geregelt war, wandte Margaret sich Herzensangelegenheiten zu.

»Werden du und Onkel Max heiraten?« fragte sie, während sie mit der Innenfläche ihrer kleinen Hand die Falten aus dem Sarong strich.

»Was?«

»Alle reden darüber, daß du und Onkel Max verliebt seid«, vertraute Margaret mir von Frau zu Frau an.

»Ach ja?«

»Meine Tanten sagen, daß du deshalb hergekommen bist.«

»Margaret«, sagte ich, überwältigt von dem, was ich gerade gehört hatte, »dein Onkel Max ist einfach wundervoll, aber wir werden *nicht* heiraten. Wir sind nicht Freund und Freundin. Ich bin schon verheiratet.« Ich zeigte ihr meinen Ehering. Sie warf nur einen flüchtigen Blick darauf.

Nach kurzem unbehaglichem Schweigen sagte sie: »Wo ist dein Mann?«

»Zu Hause, in Amerika.«

»Er sollte hier bei dir sein.«

»Weißt du, Margaret, das gleiche hat mir meine Mutter gesagt.«

Später an diesem Abend kam Lila, Margarets beste Freundin, zu mir und berichtete, daß Margaret die ganze Geschichte, daß Max und ich verliebt seien, nur erfunden habe, weil Margaret wollte, daß ich in Enngonia bliebe, damit sie Chris heiraten könnte! Ich verschwieg Chris diese Information.

Aber ich erzählte es Max.

Der ergötzte sich daran. Er brach in schallendes Gelächter aus. »Ach, Margaret, sie ist wirklich ein Früchtchen. Man weiß nie, was sie sich als nächstes einfallen läßt.« Er wischte sich die Tränen aus den Augen. »Hat sie dich schon hinüber zum Orangenhain geführt?«

»Noch nicht«, sagte sie, »aber sie will mich noch zu Onkel Bampu bringen und mit ihm bekanntmachen.«

»Sie will was?« sagte Max, als ob er nicht recht gehört habe.

»Zu dem Verwandten bringen, der hinten im Zimmer schläft.«

»Neee«, sagte Max kopfschüttelnd. »Ich möchte nicht, daß du dorthin gehst.«

Einen Grund dafür nannte er nicht. Aber etwas war in seiner Miene und in seinem Tonfall, das mir riet, keine Fragen zu stellen.

In dieser Nacht hatte ich eine lebhafte Mischung quälender Träume. Irgendwann mußte ich einen Schrei ausgestoßen haben, der das Blut erstarren ließ, denn das nächste, was ich wußte, war, daß Max meinen Arm schüttelte.

»Alles in Ordnung mit dir?« fragte er. Seine blauen Augen waren nur Zentimeter von meinen entfernt.

Ich richtete mich mit einem Ruck kerzengerade auf. »Wie spät ist es?«

Max schaute zu den Sternen empor. »Kurz nach zwei.«

»Ich glaube, ich hatte einen Alptraum.«

»Ich dachte, du hättest vielleicht was gesehen.«

»Wie?«

»Ja«, sagte Max, »etwas früher am Abend, als ich unten auf dem Friedhof war und meine Mutter besuchte, hatte ich keine Streichhölzer dabei, um die bösen Geister wegzuräuchern. Ein paar böse Geister sind mir hierher gefolgt.«

»Bist du sicher?«

»Ich spüre, daß genau in diesem Augenblick mein Nackenhaar aufgerichtet ist. Und du hast im Schlaf geschrien. Das ist ein sicheres Zeichen, daß irgendwelche Geister da sind, die nicht gut sind.«

»O Gott«, keuchte ich.

»Was hast du mit den Streichhölzern gemacht?« fragte er. »Ich muß sie wegräuchern.«

»Sie sind in meinem Rucksack. Da drüben bei dir.«

Unser kleines Lagerfeuer war erloschen, so daß es unmöglich war, etwas zu finden.

»Ich kann hier nichts finden«, sagte Max, während er herumtastete.

»O neiiin!« rief ich. »Ich glaube, ich habe sie im Haus gelassen.«

»Das ist in Ordnung«, sagte Max. »Ich gehe und hole sie.«

»Nicht ohne mich«, sagte ich. Ich stand auf und war dankbar dafür, daß Chris eingeladen worden war, bei Ian, seinem neuen Freund, zu schlafen.

Als wir in das verlassene Haus traten, in dem sich unsere Sachen befanden, kam das Schaf heraus. Dann hörte ich ein Summen oder Singen, das vom Ende des stockfinsteren Korridors kam, oder glaubte das zu hören.

»Was ist das?« fragte ich und umklammerte Max' Arm.

»Bampu«, sagte Max.

Ich öffnete die Tür zum Schlafzimmer. »Ist mit ihm alles in Ordnung?«

Max antwortete nicht. Ich ergriff meinen Rucksack. Augenblicke später waren wir wieder draußen.

In einer mondlosen Nacht im Outback gewinnt Dunkelheit eine völlig neue Bedeutung. Wir gingen schweigend zum Friedhof. Es war unheimlich still. Das einzige Geräusch war das Klatschen meiner Sandalen auf der ausgedörrten, rissigen Erde und Max' schwerer Atem.

Ein bißchen schwach in den Knien folgte ich Max über einen Weg zwischen Sträuchern und Kakteen, bis ich neben uns einen Zaun bemerkte. Max blieb stehen.

Dann sah ich den winzigen Friedhof. Mir war so unheimlich, daß ich merkte, daß ich »Mary Had a Little Lamb« summte – das Wiegenlied, mit dem ich Chris früher in den Schlaf gesungen hatte.

Max entzündete ein Streichholz. »Ich räuchere euch weg«, erklärte er der milden Nachtluft. »Wir haben genug davon, daß ihr uns folgt! Ihr bleibt jetzt hier!«

Mein Herz klopfte ebenso laut wie Max sprach. »Sind sie noch da?« fragte ich. Ich hatte Angst, woanders hinzuschauen als auf Max' Profil.

Max entzündete ein weiteres Streichholz.

Dann blies er es schnell und kräftig aus. »Sie sind jetzt weg«, sagte er voller Überzeugung. »Wir werden nicht länger von bösen Geistern gestört.«

»Bist du sicher?« sagte ich und nahm soviel Mut zusammen, um mich umzuschauen. Das einzige, was ich sehen konnte, waren ein paar dürre weiße Stäbe, die mehrere Steingräber markierten.

Bevor wir uns zum Gehen wandten, verweilte Max noch für einen Augenblick. Dann sprach er zu seiner Mutter. »Schlaf gut, Mutter. Ich muß wirklich früh aufstehen, um für das Corroboree ein Känguruh zu jagen. Ich sehe dich dann später.« Max wandte sich an mich. »Willst du etwas zu ihr sagen?«

Wollte ich etwas sagen? Ich wollte sagen: Laß uns blitzschnell von hier verschwinden, verdammt! »Ist wirklich nett, Sie kennenzulernen«, sagte ich. Und dann machten wir uns auf den Weg zurück.

Als wir den Lagerplatz erreichten, war ich wacher denn je zuvor. Bis zum Tagesanbruch dauerte es noch Stunden, aber an Schlaf war nicht zu denken. Ich fragte Max, was er mache.

»Ich schaue einfach zu denen Stern hoch«, sagte Max.

So schaute ich auch einfach zu den Sternen hoch. Und ich wurde wirklich schnell auf meinen Platz verwiesen. Der Nachthimmel war von so überwältigender Pracht, daß ich nur staunend einatmen konnte. Der riesige Himmel gab mir das Gefühl, so unbedeutend wie ein Floh zu sein, und doch, je länger ich das großartige und ehrfurchtgebietende Bild betrachtete, desto wichtiger begann ich mich zu fühlen. Nichts von dem da oben oder hier unten war dem Zufall überlassen. *Ich* war Teil dieses harmonischen Ganzen. Und mit diesem Gedanken kam ein außergewöhnliches Gefühl von Trost darüber, daß ich bei Max Eulo war. Es war sogar so beruhigend, daß ich ein Thema ansprach, das ich unter normalen Umständen niemals in einer Million Jahre angesprochen hätte. Ich sagte: »Sag mal, Max, hast du Weiße je gehaßt? Hast du je Angst vor ihnen gehabt?«

Max schien unbeeindruckt von der Frage zu sein, die, dessen bin ich sicher, aus dem Nichts gekommen zu sein schien. »Nein«, erwiderte er, »aber meine Mutter hatte wirklich Angst vor Weißen. Immer wenn sie sie kommen sah, sagte sie mir und meinen Schwestern und Brüdern, wir sollten uns von ihnen fernhalten. Darum wollte ich dich mitnehmen und dich ihr vorstellen, damit sie sehen kann, daß du eine wirklich gute weiße Frau bist.«

»Max«, sagte ich. »Ich habe niemals Angst vor Schwarzen gehabt.«

Er stützte sich auf einen Ellenbogen. »Ja? Und warum?«

Ich mußte selbst eine Minute lang überlegen, warum das so war. »Ich glaube, das reicht in die Zeit zurück, als ich noch ein kleines Mädchen war. Ich habe sehr viel Zeit mit meiner Großmutter verbracht, mit Old Ma. Mit am schönsten daran war, daß jeden Samstagmorgen Ted kam – der schwarze Handwerker –, um mit uns Tee zu trinken und Kuchen zu essen. Ted war wundervoll. Er konnte Rauch aus seinen Ohren blasen. Konnte eine Zigarette verschwinden lassen. Und er konnte besser als Fred Astaire steppen. Er hat mir das Steppen beigebracht. Aber Old Ma sagte, ich solle das niemand erzählen. Weißt du, ihrer Tochter, meiner Tante Ruth, gefiel es nicht, daß Ted mit uns verkehrte. Aber Old Ma sagte, was sie nicht wisse, könne sie nicht verletzen. Also kam Ted weiter auf Tee und Kuchen zu uns, und ich lernte immer besser steppen. Nachdem ich dreizehn oder vierzehn geworden war, sah ich Ted nicht mehr. In meiner Teenagerzeit verbrachte ich die Wochenenden nicht mehr bei Old Ma. Aber sie hielt mich über den Samstagmorgentee auf dem laufenden. Ich war achtzehn, als Ted Kehlkopfkrebs bekam. Kurz darauf starb er. Ich erinnere mich, daß es Sommer war. Ich fuhr mit Old Ma zu seiner Beerdigung, und da lernten wir seine Frau kennen. Sie wußte alles über Old Ma und mich. Sie wußte, daß ich auf die Ohio State gegangen war. Sie wußte, daß Ted mich Steppen gelehrt hatte, als ich ein kleines Mädchen war. Sie hatte sogar das Foto, das bei meinem High School-Abschluß gemacht worden war«, sagte ich mit leiser werdender Stimme.

Ich war mir nicht sicher, was Max von all dem denken mochte. Ich konnte in seinem Gesicht nicht lesen, zumal es dunkel war. Eine ganze Weile schwiegen wir beide. Max lag wieder auf dem Rücken, blickte zum Himmel hoch und war tief in seine eigenen Gedanken versunken. Ich hing meinen nach. Ganz besonders ein Gedanke beschäftigte mich: Wenn Old Ma und all diese Samstage mit Ted nicht gewesen wären, wäre ich vielleicht nie hier an Max' Seite.

»Siehst du das Kreuz des Südens?« fragte er.

»Wohin muß ich schauen?«

»Direkt über deinen Kopf.«

Ich wußte, wonach ich zu schauen hatte. Ich wußte, daß es das war, was auf der australischen Flagge war. Aber ich konnte es nicht finden.

»Suche nach einem ganz hellen kleinen Stern in der Gruppe.«

Als ich ihn noch immer nicht finden konnte, kam Max zu mir herüber. Er nahm mein Gesicht in seine Hände und drehte meinen Kopf in die richtige Position. Seine Berührung war sanft und überhaupt nicht bedrohlich oder ungehörig. Es waren die Hände eines Freundes, dem ich vertraute, und ein Freund, der mir genug vertraute, um zu wissen, daß seine Geste genau als das aufgefaßt werden würde, was sie war.

»Er ist genau da oben«, sagte er und hob mein Kinn etwas an. »Siehst du ihn?«

»Ich sehe ihn! Der kleine leuchtende Stern.«

»Er wird dort von einem Geist gehalten«, sagte Max, nahm seine Hände von meinem Gesicht und setzte sich neben mich. »Er scheint auf die Köpfe aller Menschen, die durch Liebe verletzt worden sind.«

»Das ist wunderschön.« Eine Weile saßen wir schweigend da und blickten zu diesem strahlenden Stern auf. Ich dachte daran, wie sehr Liebe mich verletzt hatte. »Ich glaube, er scheint auf viele Köpfe«, sagte ich leise.

»Ja.«

Ich hatte das Gefühl, als wolle Max mir mehr sagen, doch als er das nicht tat, konnte ich nicht anders und fragte ihn. »Max«, fragte ich, »denkst du im Augenblick an Gay?«

»Ja«, sagte er, sammelte etwas Anmachholz und entzündete es. »Ich hab' an sie gedacht.«

»Du sagtest, daß du zu diesem besonderen Baum gegangen seist, nachdem sie dich verlassen hatte.«

»Das stimmt. Und nachts habe ich dort gelegen und zu diesem kleinen strahlenden Stern hochgeschaut und zu dem Geist gesungen, der ihn hält. Der Stern dort oben hat auf mich heruntergeschaut und alles gehört, was ich sagen mußte. Und ich habe viel gesagt. Ich habe zu diesem Stern viele böse Dinge gesungen.«

»Was für böse Dinge?«

»Ach, einmal sagte ich, ich wünschte mir, daß ich einen Knochen auf ihren Mann gerichtet hätte.«

»Und was hat der Stern darauf gesagt?«

»Er sagte mir, daß ich nie wieder frei sein würde, um wie Wasser zu laufen, wenn ich einen Knochen gerichtet hätte. Wo immer ich liefe, würden Steine meine Füße verletzen. Der Wind würde immer gegen mich wehen, mich an ein und derselben Stelle festhalten, egal wie schnell ich mich zu bewegen versuchte.«

»Und du wußtest, daß dies wahr geworden wäre?«

»Ja, das wäre passiert.«

»Und wann hast du das sein lassen?«

»Als mein Lied sich veränderte.«

»Ich verstehe nicht?«

»Solange man dasselbe Lied singt, kommt man nirgendwohin.«

Darüber dachte ich einen Augenblick nach. »Aber wie«, sagte ich, »kann man sein Lied ändern, wenn man an etwas klebt?«

»Man geht an einen heiligen Ort und öffnet jeden Teil seines Ich und hört auf das, was man hören soll.«

»Wie hört man das?«

»Man bringt seinen ganzen Körper zur Ruhe. Die Vögel singen für einen. Das Wasser spricht mit einem. Die Sterne. Die Tiere. Sie helfen einem zu sehen, wer man ist und was man mit seinem Leben tun soll.«

»Nehmen sie den Schmerz weg?«

»Der Schmerz geht nirgendwohin. Er bleibt, wo er bleiben muß. Genau hier«, sagte Max und tippte auf sein Herz. »Der Schmerz, der genau hier sitzt, ist es, der das Herz größer macht. Der Schmerz darf nicht einfach weggehen. Schmerz ist, was Liebe ausmacht. Wenn man viel alten Schmerz mit sich trägt, trägt man viel Liebe in sich. Wenn man keinen Schmerz kennt, kann man zu niemand gut sein. Und man kann auch nicht zu sich selbst gut sein.«

»Du willst also sagen, daß der Schmerz anfängt, für einen zu arbeiten, wenn man nicht gegen ihn kämpft?«

»Richtig«, sagte Max. »Er gehört einem. Dann sagt man sich, das ist mir passiert. Ich bewahre es. Ich merke es mir. Dann beginnt das für einen zu arbeiten – nicht gegen einen.«

»Aber wie schafft man das?«

»Durch Zuhören – man hört der Erde zu. Und wenn man dem Klang der Erde zuhört, dann hört man sich selbst zu«, sagte Max. »Wenn man lernt, wie man allem um einen zuhört, öffnet sich das Innere wirklich weit, und man verbindet sich. Und dann beginnt man den richtigen Weg zu gehen. Es ist nicht Schmerz, der einen zu leben hindert. Es ist die Angst vor dem Schmerz, der einen festhält. Es ist die Furcht.«

Plötzlich wußte ich genau, was Max meinte. Ich war voller Furcht, und die Furcht war schrecklich. Doch der Schmerz über Johns Tod war etwas, das ich schließlich zu schätzen gelernt hatte. Ich war mit etwas in Berührung gekommen. Durch den Schmerz fühlte ich mich menschlicher, lebendiger, mitfühlender. Doch die Furcht war etwas, das mich noch immer dazu brachte, wie ein verängstigtes Huhn davonzulaufen.

»Max«, sagte ich, nachdem einige Zeit vergangen war. »Ich habe daheim einen sehr engen Freund, der an AIDS stirbt.«

»AIDS?«

»Du hast doch sicher von AIDS gehört?«

»Oh, AIDS«, sagte Max mit plötzlichem Verstehen in seiner Stimme. »Das ist diese schreckliche Krankheit.«

»Ja«, sagte ich. »Sie ist wirklich entsetzlich. Das Sterben meines Freundes schmerzt. Doch bei einer dieser Begegnungen, die ich mit Dwango hatte, wurde mir gesagt, daß ich zu jemandem geführt werden würde, der mir Informationen geben würde, die Randy helfen könnten. Weißt du, wer diese Person sein könnte?«

»Ich weiß nicht«, sagte Max. »Ich werde darüber schlafen.«

»Du meinst, du willst die Geister bitten, durch dich zu sprechen, während du schläfst?«

»Richtig.« Und wenige Augenblicke später schnarchte Max laut.

Als ich am folgenden Morgen aufwachte, war Max fort. Ich brauchte eine Weile, um mich zu orientieren. Dann erinnerte ich mich daran, daß dies der Tag des Corroboree war. Max war vor Anbruch der Morgendämmerung gegangen, um das Känguruh zu jagen. Erst viel später würde ich erfahren, ob die Geister durch Max gesprochen hatten. Während ich meinen Schlafsack zusammenrollte, hatte ich plötzlich wieder die unglaublichen Ereignisse der vergangenen Nacht vor Augen. Für einen Sekundenbruchteil fragte ich mich tatsächlich, ob ich vom Friedhof und den bösen Geistern nur geträumt hatte. Aber dann schaute ich auf meinen Rucksack. Die Streichhölzer lagen oben drauf. Die Sohlen meiner Gummisandalen waren vom Betreten des verlassenen Hauses im Dunkeln mit Schafkot bedeckt. Alles war sehr deutlich. So eigenartig es war – alles war tatsächlich geschehen. Und neben den Geistern und dem Gang zum Friedhof war da vor allem die einfache Erkenntnis, zu der ich gelangt war, als ich mit Max vorm Einschlafen sprach.

Ich war um die halbe Welt gereist, um zu entdecken, daß all der Schmerz, die Einsamkeit, die Angst, die Sorge und Enttäuschung, die sich in mir aufgestaut hatten, die wie ein Tumor an meinen Organen nagten, umgekehrt werden konnten. Sie konnten zu etwas Positivem umgewandelt werden, wenn ich willens war, meine menschlichen Gefühle zu besitzen, und aufhörte zu versuchen, vor ihnen zu fliehen. Der Schlüssel zu all dem war einfach, allem um mich herum zuzuhören, den Vögeln, dem Ozean, dem Himmel und der Erde. Ich war durch diese neue Erkenntnis so von Freude und Erleichterung erfüllt, daß ich mich sofort hinsetzte und an Reuel zu schreiben begann. Als ich mitten dabei war, dies zu Papier zu bringen, kam Henry zu seiner dritten Computerunterrichtsstunde.

»Hallo, Henry«, begrüßte ich ihn. »Willst du ins Haus rübergehen und dich an den Computer setzen?«

»Neee, ich warte hier auf dich.« Er ließ sich auf den Boden sinken und setzte sich im Schneidersitz auf den roten Lehm. Es sah aus, als nähme er seinen zugewiesenen Platz in einem Klassenzimmer ein.

Als ich zurückkehrte, saß Henry mit geschlossenen Augen da, und er bewegte seine Finger auf einer unsichtbaren Tastatur. Bei seiner letzten Lektion hatte ich ihm gezeigt, wie man den Computer ein- und ausschaltet und Microsoft Word aufruft. Sein Dateiname war Henry.

Ohne einen Augenblick zu vergeuden, klappte er den Laptop-Computer auf und rief seine Datei auf. »Ich bin bereit«, sagte er.

»Das war schnell«, sagte ich überrascht.

»Ich hab' das die ganze Nacht durch immer wieder in Gedanken getan. Ich hab' das alles jetzt hier oben.« Er tippte an seine Schläfe.

»Was für eine Mitteilung möchtest du denn zum Geburtstag der Kinder schreiben?« fragte ich, während ich mich neben ihn hockte.

»Ich will ihnen sagen ›Alles Gute zum Geburtstag‹.«

»Das ist alles?«

Henry sah mich an, als käme ich von einem anderen Planeten. »Es ist ihr Geburtstag«, sagte er und machte sich auf die Suche nach dem A.

»Natürlich. Das ist perfekt.«

Als der Glückwunsch fertig war, druckte ich ihn auf meinem kleinen Portabledrucker aus. Henry musterte das Blatt Papier gründlich. Dann stand er auf – er wollte Roland bitten, etwas darauf zu zeichnen.

»Wer ist Roland?«

»Ach, Roland ist mein Cousin. Er ist ganz spät in der letzten Nacht aus Cobar gekommen. Roland ist ein wirklich guter Künstler. Er hat einen Holden-Lastwagen.«

»Heißt das, er ist eigens wegen des Corroborees hierher gekommen?«

»Ja, alle werden hier sein«, sagte Henry, der noch immer das Blatt Papier musterte.

»Glaubst du, daß Tom kommen wird?«

»Tom arbeitet auf den Opalfeldern.«

»In Lightning Ridge?«

»Ja«, sagte Henry, »da ist er.«

»Du meinst, er konnte das Ersatzteil für seinen Lastwagen nicht bekommen?«

Henry lächelte unsicher. Es war ein etwas unterdrücktes Lächeln, mit dem er eine rote Flagge hißte. Hatte Tom da drüben in Lightning Ridge vielleicht eine kleine Affäre? Trotz seiner über sechzig Jahre war seine Ausstrahlung sexy. Vielleicht war das der Grund, warum Tom seinen alten Lastwagen behielt.

Kurz nach zehn kehrte Max zurück. Chris und ich

schauten von Katies Veranda aus zu, als Max und Roland das frisch erlegte Känguruh aus dem Lastwagen hoben. Wenige Minuten später nahm Max ein langes Messer und begann, es zu häuten. Daraufhin nahm Chris, der das alles beobachtet hatte, seinen Basketball, stürmte die Verandastufen hinunter und schrie dabei aus vollem Halse. Das veranlaßte Katie, aus dem Haus gestürmt zu kommen. Sie hatte ihren einjährigen Enkel Matthew auf den Armen.

»Ist mit deinem Jungen alles in Ordnung?« fragte Katie, während sie Fliegen von Matthews Gesicht streifte. Sie schien wirklich besorgt zu sein, daß Chris sich verletzt haben könnte. Sie warf nur einen kurzen Blick zu dem Kadaver hinüber, der fünfzehn Meter entfernt lag.

»O ja. Chris hat nur noch nie zuvor zugeschaut, wenn ein Känguruh gehäutet wird«, sagte ich. Als ob ich das hätte.

»Ho!« rief Max Katie und mir zu. »Glaubt ihr, daß dies genug zu essen ist?« Er grinste von einem Ohr zum anderen und war sehr stolz auf sich.

Katie schwenkte abweisend ihre Hand, als wolle sie sagen, kümmere dich um deine Arbeit und hör auf, anzugeben. Sie wandte sich an mich. »Matthews Mutter arbeitet heute den ganzen Tag im Aborgines-Laden.« Sie wischte etwas Speichel vom Mund des Babys und fügte hinzu: »Möchtest du eine Tasse Tee?«

»Sehr gerne.«

Ein großmütiges Lächeln breitete sich über ihr Gesicht, und für einen kurzen Augenblick sah sie genau wie Max aus. »Magst du auch Johnnykuchen?«

»Oh, ich habe gerade eine Schüssel Haferflocken gegessen«, sagte ich, während ich ihr über den Korridor in die Küche folgte. Trotz der Tatsache, daß elf oder mehr Menschen zu verschiedenen Zeiten des Tages das Haus belegten, war es überraschend sauber und ordentlich und hell. Die Strahlen der Morgensonne, die durch das Fenster über der Spüle hereinfielen, schufen einen Glanz, der den Raum in ein Weiß tauchte und die bröckelnde Farbe und die Unebenheiten verdeckte. Katie setzte Matthew auf den Küchentisch und bat mich, auf ihn zu achten.

»Setz dich hierher«, ordnete Katie an. Sie wischte ein paar Krumen beiseite und stellte eine Blechdose vor mich hin. »Sind wirklich leckere Kekse. Die Frau meines Sohnes brachte sie bei ihrem letzten Besuch mit. Sie ist Krankenschwester. Eine sehr kluge Frau.«

Von meinem Sitzplatz aus, einem Metallstuhl, auf dem ein Kissen lag, konnte ich in das Wohnzimmer blicken. Vor einem großen Panoramafenster stand ein verblichenes Sofa. Gegenüber dem Sofa stand ein kleiner hölzerner Beistelltisch mit mehreren gerahmten Familienfotos darauf. Auf dem Teppichboden lagen drei Matratzen ohne Laken. Jemand, den ich nicht erkannte, lag bäuchlings quer auf zweien und schnarchte. Wer immer es war, Katie war wütend auf ihn.

»Ich hab' dies beim Aufstehen gefunden«, sagte Katie verärgert. Sie zog eine leere Flasche aus einer braunen Papiertüte.

Ich wußte, was ich zu tun hatte. Und das war, meinen Mund zu halten. Ich schaute sie ausdruckslos an und nahm Matthew auf, der an der Tischkante entlangkroch. Ich sprach mit ihm. »Heute ist dein Geburtstag, großer Junge. Bald wirst du schon ganz alleine laufen können ...«

»Es ist reiner Methylalkohol!« bellte Katie den betrunkenen Mann auf den Matratzen an.

Ich sagte nichts. Katie knallte mit Gerätschaften in der Küche herum, während sie das Wasser für unseren Kaffee kochte. Ich redete weiter auf das Baby ein. »Kannst du einen Finger hochheben ...«

»Seine Familie hat nichts zu essen, weil er sich mit dem Schnaps umbringt ...«

Ich erinnerte mich daran, daß Katie nicht mit mir sprach.

»Eine *weiße* Frau und ihr junger Sohn sind zu Besuch gekommen und sehen dich sinnlos betrunken ...«

Ich setzte mein Gespräch mit dem Baby fort. »Du und deine Kusine Margaret werdet all eure Geburtskerzen ausblasen ...«

»Verpestest mein Haus mit diesem stinkenden Alkohol ...«

»Willst du mit meiner Uhr spielen?« Ich nahm meine Timex ab und ließ sie vor Matthews riesengroßen braunen Augen baumeln.

»Auf der Party wird es *keinen* Alkohol geben ...«

Ich wußte nicht, wohin Katies Tirade führen würde. Zum Glück für alle Beteiligten tauchten Max und Roland genau in dem Moment an der Eingangstür auf, als Katie ihren Besen wie eine geladene Flinte ergriff und damit zum Wohnzimmer ging.

»Hast du Schnur?« rief Max von der Eingangstür.

»Komm hierher, Max!« befahl Katie.

»Ich will keine Blutflecken machen«, rief Max zurück.

»Max!« schrie Katie.

Einen Augenblick darauf erschienen Max und Roland. Roland mußte Anfang Dreißig sein und war eindeutig ein Eulo. Die Hemdbrüste beider Männer waren mit Blut bespritzt.

»Schau dorthin.« Katie deutete mit ihrem Besen in die Richtung. »Er hat sich mit Metho betrunken!«

»Aaach«, sagte Max und schüttelte angewidert seinen Kopf. Er ging zu der Gestalt, die auf die Matratze gefallen war. »Steh auf und dusch dich und iß etwas!«

Der verwahrloste Mann rollte sich herum, öffnete trunken ein Auge und schaute ihn an. Als er Max über sich stehen sah, erhob er sich, versuchte, das Gleichgewicht zu halten und murmelte: »Was ist los, Onkel Max?«

»Wieso, zum Teufel, hast du Metho hierhergebracht? Geh und wasch dich!«

Katie hielt ihren Besen kampfbereit. Als der betrunkene Neffe über den Korridor zum Bad wankte, entspannte Katie sich. Sie setzte den Besen ab, als würde sie einen Revolver zurück in ihr Holster stecken. Dann ging sie zu einem Gemälde hinüber, das an der Wand mitten über dem verblichenen Sofa hing. »Das ist eins von Rolands Bildern«, sagte sie, und ein stolzes Lächeln breitete sich über ihr Gesicht.

»Das ist wunderschön«, sagte ich, wobei ich mich an Roland wandte. Ich stellte keine weiteren Fragen zu dem Bild, das in wirbelnden roten, braunen, schwarzen und weißen Farben gemalt war. Alle Kunst der Aborigines hat eine verborgene symbolische Bedeutung, die nur Stammesangehörigen verständlich ist.

»Rolands Vater ist am Alkohol gestorben«, sagte Katie und strich liebevoll Rolands Haar zurück. Dabei wurden eine markante Stirn und eine große, sehr frisch wirkende Narbe über seiner rechten Augenbraue sichtbar. »Ich hab' diesen Jungen großgezogen.«

»Bumerang.« Roland lachte, während er auf die Narbe zeigte.

Auch Max brach in Gelächter aus. Offensichtlich ein Insider-Scherz. Aber dann klärte Roland mich auf. Er sagte, daß eine weiße Frau in den Laden gekommen sei, in dem er arbeitete und ihn gefragt hatte, als sie den ›häßlichen‹ Schnitt sah, ob ein Bumerang die Ursache dafür gewesen sei. Alle lachten noch mehr.

»Habt ihr in Kalifornien Bumerangs?« Roland grinste.

»Oh, ich bin nicht aus Kalifornien«, sagte ich. »Ich komme aus Connecticut.«

»«Ca-net?«

»Co-net-ti-cut.«

»Ca-net-iii-cat«, wiederholte er. »Gibt es dort Filmstars?« Seine braunen Augen funkelten erwartungsvoll.

»Die meisten sind in Kalifornien«, sagte ich, überrascht von der Frage. »Aber, ja, einige leben bei uns.«

»Wer zum Beispiel?«

»Hast du je von Paul Newman gehört?«

Ein Ausdruck des Verzückens breitete sich über Rolands ohnehin strahlendes Gesicht.

»Du kennst ihn?« fragte ich.

»*Butch Cassidy and the Sundance Kid*«, rasselte er herunter, als sei er Kandidat in einer Quizshow. Sein Gesichtsausdruck sagte mir, daß er ein Leben lang auf genau diese Gelegenheit gewartet hatte.

Roland nickte Verständnis heischend seiner Tante und seinem Onkel zu. »Wen gibt es da noch?«

»Hast du je von Robert Redford gehört?«

Roland schlug beide Hände nach unten, als würde er bei *Jeopardy*! auf den Risikoknopf schlagen. »*Butch Cassidy and the Sundance Kid.*«

»Mal überlegen«, sagte ich. »Wie wär's mit jemand, der nicht mehr lebt?«

»Nur zu«, sagte Roland. Er steckte sich eine Zigarette an, forderte mich auf, ihn auf die Probe zu stellen. Katie und Max verfolgten unser Spiel. Sie waren erfreut und zugleich irgendwie verblüfft über die Welterfahrenheit ihres Neffen.

»Je von Bette Davis gehört?«

Roland nahm einen Zug aus seiner Zigarette und sagte cool und selbstbewußt: »*What Ever Happened to Baby Jane?*«

Okay, ich war beeindruckt. Ich schnippte mit den Fingern. »Marilyn Monroe?«

Roland schnippte ebenfalls mit den Fingern. »*Some Like It Hot.*«

Wir machten noch ein wenig weiter, und dann erzählte ich Roland meine *Me and Jezebel*-Geschichte. Ich erzählte ihm, daß ich in dem Stück mitgespielt hatte.

»Du bist Schauspielerin?« sagte Roland. Er richtete sich auf und sah mich an, als sei ich Jane Fonda.

»Oh, ich bin keine richtige Schauspielerin.«

»Diese weiße Frau hier ist Schauspielerin.« Roland wandte sich zu Max und Katie, um die Großartigkeit von etwas, das überhaupt nicht stimmte, einwirken zu lassen.

Gott, ich fühlte mich wie ein großmäuliges Arschloch. »Ich würde mich nicht als Schauspielerin bezeichnen.«

»Eine Schauspielerin«, sagte er, warf seinen Kopf zurück und blies eine gewaltige Rauchwolke aus. Es war offensichtlich, daß er wollte, ich sei Schauspielerin, und in diesem Augenblick wollte ich ihn wirklich nicht enttäuschen.

»Okay, ich war kurze Zeit Schauspielerin.«

»Könntest du uns heute abend was vorführen?« fragte Roland.

»Wie?«

»Auf dem Corroboree.«

»Was soll ich tun?«

»Was immer du willst«, sagte Roland.

Ich wußte nicht, was ich sagen sollte, also spielte ich den Ball zurück. »Was wirst *du* tun?«

»Er sollte lieber keine Bumerangs mehr werfen«, mischte Max sich ein.

»Weißt du«, sagte ich, »Christopher ist ganz verrückt darauf zu lernen, wie man einen Bumerang wirft.«

»Wo ist dein Sohn?« fragte Roland.

»Er ist mit Ian zusammen. Sie helfen Squeaky, einen neuen Basketballkorb zu bauen.«

Aus irgendeinem Grunde veranlaßte das Max, zu kichern.

»Ich werde mir einen von Henry leihen«, sagte Roland, »und ihm zeigen, wie man ihn wirft.«

»Ich hoffe, daß er nicht zurückkommt«, sagte ich besorgt.

»Wenn er das nicht tut, hab' ich's ihm nicht richtig beigebracht«, sagte Roland, rieb sich seine Narbe und lachte wieder mit Max. Dann tranken die beiden Männer ihren Tee aus und standen auf, um das Känguruh fertig zu enthäuten.

»Sei vorsichtig, wenn du mit dem Jungen Bumerang wirfst!« mahnte Katie, als sie aus der Tür gingen. Ich nickte ihr dankbar zu. Für einen kurzen Moment waren Katies blaue Augen auf meine gerichtet. Sie sagte nichts, aber ich konnte ihre Worte laut und deutlich hören. »Sooo, Weiße sorgen sich genau wie wir um ihre Kinder.«

Der Rest des Vormittags und der frühe Nachmittag vergingen mit Vorbereitungen für die Party. Und dann, kurz nach vier, kam Margaret aus ihrem Haus – so arrogant wie Scarlett O'Hara in »*Vom Winde verweht*«. Sie hatte sich herausgeputzt, trug ein rotes Trägerkleid mit großen weißen Punkten. Ihr glänzendes Haar war zu einem Pferdeschwanz gebunden, in den winzige weiße Wildblumen gesteckt waren. An ihrem Handgelenk trug sie ein Plastikarmband, von dem Herzen baumelten. Max und ich hatten das zwei Tage zuvor bei einem Ausflug nach Bourke ausgesucht. Sie trug neue rote Gummisandalen, und ihre Fußnägel und die Fingernägel waren hellrot lackiert, so daß alles zusammenpaßte. Ihre Mutter Dorothy war neben ihr und fummelte an den Blumen, die in Margarets Haar steckten, herum, obwohl sie eine große, zugedeckte Schüssel trug. Das Bild hatte nichts mit dem zu tun, was man sonst in *National Geographic* zu sehen bekommt.

Mir wurde die besondere Ehre zuteil, mit Katie, Dorothy und Margaret zu Frans Haus gehen zu dürfen. Ihr Vater, Hal, war auf die letzte Minute schnell nach

Bourke gefahren, um Cousins abzuholen, die den langen Weg von Mundadoo gekommen waren. Einer von ihnen, so wurde mir gesagt, spielte das Didgeridoo.

Auf halbem Wege erkundigte Margaret sich plötzlich: »Wo ist dein Sohn?«

»Als ich Chris zuletzt sah, tauschten er und Ian Baseballkarten. Sie werden gleich kommen.«

Margaret zuckte unbekümmert ihre Schultern. Sie wandte ihre Aufmerksamkeit den eingepackten Geschenken zu, die ich auf der Schüssel mit den Bohnen trug, die Matthews Mutter gemacht hatte.

»Ich wette, daß ich ahne, was du für mich hast«, sagte sie.

»Du kannst ahnen, aber ich sag's dir nicht.«

Sie befühlte das flache, weiche Päckchen. »Ein Sarong?«

»Nein.«

»Etwas zum Anziehen.«

»Könnte sein.«

»Ein Pulli?«

»Laß es, Margaret«, sagte ich. Sie mußte einfach auf das hellgoldene Banana Republic-Sweatshirt warten, das ich zum Glück nie getragen hatte. Daran hingen sogar noch die Etiketten. Den Preis hatte ich entfernt, hatte das Schildchen aber als Beweis dafür drangelassen, daß es neu und in den Vereinigten Staaten gekauft worden war.

»Ich weiß, was du für Mitchell hast«, neckte mich Margaret und ließ ihre strahlendweißen Zähne blitzen.

»Ach, ja?«

»Ein Spielzeugboot«, sagte sie. »Das zieht man auf, und es fährt in der Badewanne herum und pfeift.«

»He, wer hat dir das erzählt?«

»Heute morgen stand es noch im Aborigines-Laden, und dann, nachdem ihr gegangen wart, war es fort. Und ich bin ...«

»Tja, ich denke, daß der alte Tom auf den Opalfeldern bei Lightning Ridge ist«, fiel Dorothy ihrer kriminalistischen Tochter ins Wort. Sie blickte starr geradeaus.

»Das hat Henry mir erzählt«, sagte ich und überlegte, ob Dorothy vielleicht mehr wußte.

»Ist nicht das erste Mal, daß er bei einem Cooroboree fort ist.« Ihre Stimme klang deutlich verurteilend.

Ich stellte mich dumm. »Ich glaube, daß es Schwierigkeiten mit der Lieferung der Ersatzteile für seinen Lastwagen gibt.«

Als sie das hörte, verzog sie ihren Mund und warf mir einen Blick von der Seite zu. Das bedeutete: »Darüber werden wir noch reden.«

Frans Haus unterschied sich von allen anderen durch eine frisch gestrichene hellblaue Eingangstür und einen Rasen, der von mehreren Orangenbäumen dominiert war, deren Orangen abgepflückt waren.

»Alle reifen Orangen sind in der Bowle«, berichtete Margaret. »Ich hab' beim Auspressen geholfen.«

»Du bist wirklich umwerfend, Margaret«, sagte ich. »Du hattest Zeit, Bowle zu machen, mein Haar zu flechten, mir Make-up aufzulegen und siehst noch immer wundervoll aus.«

Margaret tat das Kompliment ab und führte mich an dem Haus vorbei auf den festlich wirkenden Hof dahinter. Picknicktische waren da aufgestellt und eine große Grube für das Lagerfeuer ausgehoben worden.

Ballons, die Chris und ich spendiert hatten, schmückten ein gutes Dutzend Aluminiumklappstühle. Als ich die Geschenke absetzte, bemerkte ich die alte Frau, die Chris und ich an diesem ersten Abend gesehen hatten, als wir ins Dorf gekommen waren. Fran kam herüber und stellte sie als Ama, die Tante von Max und Katie, vor. Ich wollte ihr guten Tag sagen, aber sie nahm keinen Blickkontakt auf, was mir recht war. In den wenigen Sekunden, die ich vor ihr stand, schrie sie Fran an, weil die ihr Mittel gegen Arthritis nicht hatte, und als Fran sagte, daß sie es im Hause habe, drohte die streitlustige alte Frau mehreren Kindern, die Snacks vom Tisch stiebitzten, mit der Faust. Während ich von ihr zurückwich, erinnerte ich mich plötzlich meiner Großtante Rosa, die auch so eine launische Schreckschraube gewesen war. Immer wenn wir zu Besuch kamen, murrte sie und drohte meinem Bruder und mir mit der gleichen Körpersprache. »Ihr Kinder spielt nicht in der Vogeltränke vom heiligen Franziskus, ist das klar?!« Sekunden später rannten Gary und ich um die Wette nach draußen und kletterten über Kopf und Arme des heiligen Franziskus und bespritzten uns mit Wasser, bis wir klatschnaß waren – oder bis Tante Rosa auf uns zu gehumpelt kam, wobei ihr mächtiger Busen unter ihrem schwarzen Trauerkleid wogte. »Ihr seid Taugenichtse! Ihr braucht eine Tracht Prügel!« Gary und ich schüttelten darauf dreist ebenso unsere Fäuste. »Unverschämte Gören!« Mein Vater mußte dann eingreifen und uns auf den Rücksitz unseres Buick, Baujahr 1955, verfrachten, wo wir zu bleiben hatten, bis Tante Rosa sich beruhigt hatte – wozu gewöhnlich ein paar Schluck von dem italienischen Rotwein meines Großvaters nötig waren.

Während Margaret umherging und alle Ankömmlinge begrüßte, half ich Fran, die Salate und das Brot auf dem Tisch zu arrangieren. Unsere Unterhaltung war so vertraut, daß ich mich erinnern mußte, tief im Outback bei Aborigines zu sein und nicht bei meiner Familie bei einem Picknick in Cleveland Heigths.

»Ja, dieser Bohnensalat wird bestimmt schnell weg sein«, sagte Fran und schob die Schüssel ein wenig hinter den Jamswurzelsalat.

»Ich hab' ihn probiert, als ich ihn rübertrug«, sagte ich.

Fran kostete ebenfalls davon. »Er ist wirklich gut, nicht wahr?«

»Phantastisch.«

»Hast du schon Katies Johnnykuchen probiert?« fragte Fran, während sie ein Stück davon abriß und es mir reichte.

»Zweimal. Sie will mir ihr Rezept geben.«

»Sie backt ihn nicht lange genug«, flüsterte Fran und sah sich nach Katie um. »Ich werde mal einen für dich machen.«

»Gerne«, sagte ich und deckte eine Plastikschüssel mit Dingern ab, die wie geschwärzte Erdnußflips aussahen. »He, Fran, was sind das für Dinger?«

»Ahh, das sind Larven. Probier mal eine.«

O Gott, das war der Teil des Picknicks, vor dem ich mich fürchtete.

»Die schmecken wirklich gut«, sagte sie aufmunternd.

Meine Finger bewegten sich unter Qualen langsam

zu der verkohlten Delikatesse, doch bevor sie sie berühren konnten, zog ich sie zurück. »Oh, ich hebe mir meinen Appetit besser für später auf.«

Als Fran daraufhin ihre Lider senkte, wußte ich, daß sie mir meine Ausrede nicht abkaufte, aber sie ging nicht weiter darauf ein.

Liebenswürdigerweise wechselte sie das Thema. »Nimmst du die Medizin, die Tom für dich gemacht hat?« fragte sie.

»Zweimal täglich.«

»Fühlst du dich besser?«

»Ich habe keine laufenden, juckenden Augen mehr«, antwortete ich wahrheitsgemäß. Ich würde ganz bestimmt etwas von dieser Mischung mit nach Hause, nach Connecticut nehmen, denn in unseren Sommern herrscht Pollenplage. »Was meinst du – wie lange wird sie wirken?«

»Wenn Tom wieder hier ist, wird er noch mehr für dich machen.«

»Toll«, sagte ich, obwohl ich meine Zweifel hatte, wann das sein würde.

»Ja, das Ersatzteil für den Lastwagen muß jeden Tag aus Dubbo kommen. Woanders konnte er es nicht kriegen.«

Ich dachte: Weiß sie nicht, was jeder weiß? Daß er auf den Opalfeldern arbeitet?

»Er ist nicht glücklich, weil er das Corroboree verpaßt«, sagte Fran und schüttelte voller Mitleid für ihren armen, erschöpften, gestrandeten Mann ihren Kopf.

Ich vermute, sie wußte es nicht. Aber andererseits – vielleicht gab's da gar nichts zu wissen. Vielleicht war es nur mein eigenes Mißtrauen, daß ich ihm unterstellte, er habe etwas mit einer anderen Frau. Was immer der Grund sein mochte, dieses Spiel war faszinierend. Aber es war nicht annähernd so faszinierend wie das, was dann geschah.

9. Kapitel

Etwa eine Stunde nach Beginn des Corroboree war Chris noch immer nirgends zu sehen. Ich ging zu Katies Haus, um herauszufinden, was er und Ian trieben. Auf halbem Wege dorthin näherte sich mir eine etwas üppige Frau in einem blaugelb geblümten Kleid mit zwei kleinen Kindern. Ich sagte hallo. Sie sagte ebenfalls hallo. Und dann fragte sie, wo das Corroboree sei. Ich erzählte ihr, daß es bei Fran sei, und deutete die Straße hinunter auf das Eckhaus mit der blauen Tür. Sie schien keine große Eile zu haben, dorthin zu kommen, und sah sich um, als taxiere sie das Dorf. Ich wollte nicht unhöflich sein und einfach weitergehen, deshalb betrachtete ich ebenfalls die verschiedenen Häuser, und dann lächelte ich die Kinder an, die mich anstarrten, als würden sie einen Geist sehen. Ich hielt es nicht für schicklich, mich vorzustellen. Die Frau hätte sich dann vielleicht genötigt gesehen, sich ebenfalls vorzustellen, und nach Aborigines-Protokoll stellt man keine persönlichen Fragen. Nachdem mehrere Augenblicke keiner von uns gesprochen hatte, sagte ich, daß ich auf dem Weg die Straße hinunter sei, um nach meinem Sohn zu suchen. Es würde nur wenige Minuten dauern, ihn zu finden. Wenn sie wolle, könne sie warten, und dann würden wir gemeinsam zu Frans Haus hinübergehen. Ihre Augen wurden groß, und sie lächelte, halb scheu, halb herzlich, und dabei verwandelte sich ihr Gesicht, das ich zunächst recht gewöhnlich gefunden hatte, in ein sehr hübsches. Ihre Augen waren tiefblau, so tiefblau, daß sie fast braun wirkten. Sie hatte ausgeprägte Wangenknochen, die von einer vollen Nase getrennt waren, was ihr ein exotisches, irgendwie tahitianisches Aussehen gab, das keine Ähnlichkeit mit einem anderen Gesicht im Dorf hatte. Ihr Alter konnte ich nicht bestimmen, aber ich schätzte, daß sie in der Mitte ihrer Jahre sein mußte.

Ich fand Christopher und Ian an Katies Küchentisch, wo sie eine lautstarke Auseinandersetzung über etwas führten, was mit einer Basketballkarte zu tun hatte. »Margaret wundert sich, wo ihr Jungen bleibt«, sagte ich sehr mütterlich. Ian blickte auf und sagte so perfekt wie Chris Fuller: »Wen interessiert's?«

»Mich!« schnappte ich den babygesichtigen Zwölfjährigen an, der Chris' Orlando Magic Baseballkappe trug. »Ihr Burschen habt fünf Minuten, um die Basketballkarten wegzulegen und rüber zu Katie zu gehen. Und jetzt dalli!« Ich wartete, bis sie gegangen waren, und dann eilte ich dorthin zurück, wo die Frau und die beiden Kinder noch immer standen, und gemeinsam spazierten wir zu dem Corroboree.

Ich war erleichtert, als ich Chris, Ian und Margaret zusammen um den Tisch mit den Snacks stehen sah, aber meine Erleichterung war nicht von langer Dauer. Margaret folgte den Jungen und machte ihnen Vorhaltungen, weil sie erst zu spät gekommen waren und dann die Unverschämtheit besessen hatten, die ganzen Kartoffelchips zu vertilgen.

»Hau ab!« sagte Chris zu der pferdeschwänzigen Brünetten. »Meine Mom hat die Chips gekauft.«

»Hau schleunigst ab, Margey, du Nerverin!« fügte Ian hinzu.

Wütend über die Behandlung, die ihr an dem Corroboree, das zu ihren Ehren veranstaltet wurde, zuteil wurde, bellte Margaret: »Ihr Burschen seid hundsgemeine Dreckskerle!« Und damit drehte sie sich auf ihren neuen roten Sandalen um und stürmte davon, um Trost bei ihrem Onkel Max zu finden, der mit einem halben Dutzend anderer Männer an der Bratgrube stand. Von meinem Aussichtspunkt sah es so aus, als habe sie ein verständnisvolles Ohr gefunden.

Ich fand einen freien Stuhl und bot ihn meiner neuen Freundin an. Dann brachte ich ihr und den Kindern Bowle und einen Teller mit gerösteten Larven, Brezeln und einer Art gerösteter Nüsse, die wie Mandeln aussahen, aber wie Benzin schmeckten. Als ich ihr den Blechteller reichte, dachte ich, was für ein unwahrscheinliches Bild das sei. Ich in der Rolle einer Gastgeberin für eine Aborigines-Frau, der ich gerade erst begegnet war. Mehrere Male machte ich Anstalten, wegzugehen, aber ihre Augen sagten mir, daß sie nicht alleingelassen werden wollte. Tatsächlich schien es sogar so, als wolle sie nicht einmal gesehen werden. Die Kinder saßen auf ihrem Schoß, eines auf jedem Knie, so daß sie niemand sehen, aber selbst auch nicht gesehen werden konnte.

»Deine Kinder sind hübsch«, sagte ich und hockte mich neben ihre Kinder.

»Die Kinder meiner Tochter«, sagte sie, während sie abwechselnd die Köpfe der Kinder zärtlich streichelte.

»Wo lebst du?«

»In Cunnamulla«, erwiderte sie.

»Cunnamulla«, wiederholte ich und überlegte, woher der Name mir so vertraut vorkam. »Könnten wir an deiner Stadt auf dem Weg von Sydney hierher vorbeigekommen sein?«

»Nein, es liegt etwa hundertzwanzig Kilometer nördlich von hier. Oben am Warrego River.« Sie schaute mich neugierig an. »Du kennst es?«

»Irgendwie, aber ich weiß es nicht genau.«

»Vielleicht hast du von dem *Yapunyah*-Baum im Zentrum unserer Stadt gehört?«

Ich schüttelte meinen Kopf, nein.

Wir saßen einen Augenblick da, ohne zu sprechen. Dann fragte sie: »Vielleicht hast du vom Robber's Tree gehört?«

»Nicht direkt.« Ich war versucht zu lügen, um die Dinge einfacher zu machen.

»Da ist eine große Schafstation.«

Als ich Schafstation hörte, fiel es mir wie Schuppen von den Augen. »Ohh, Cunnamulla!« Ich erzählte ihr, daß einer der Männer in Sylvias Café Chris und mir gesagt hatte, unsere neuen Buschhüte sähen so aus, als würden wir Cunnamulla-Wagenräder auf den Köpfen tragen.

»Cunnamulla-Wagenräder auf den Köpfen?« Sie lachte und entblößte dabei einen Überbiß, der nicht unattraktiv war.

»Weißt du, was damit gemeint war?«

Sie schüttelte ihren Kopf. »Nein, aber jeden August

haben wir das Cunnamulla-Eulo Opal Festival, eine große Parade und einen Ball und vielleicht ...«

»Sagtest du Eulo?«

»Ja.«

»Das ist Max' Name, und daher kommen seine Leute ursprünglich«, sagte ich.

Ein Ausdruck von Unbehagen zeigte sich kurz in ihrem Gesicht. Ich wollte nicht neugierig sein, und so wechselte ich das Thema. »Sieht die kleine Margaret da drüben nicht einfach bezaubernd aus?«

»Margaret?« fragte sie und biß in eine geröstete Larve.

Die Sache wurde rätselhafter. »Das Mädchen mit dem Pferdeschwanz und den Blumen im Haar«, sagte ich und sah, daß Margarets Blick auf mich gerichtet war. »Margaret«, rief ich, »komm doch einmal kurz her. Ich möchte dir jemand vorstellen.«

Margaret kam mit dem kleinen Mitchell herübergesprungen, der auf ihrer schmalen Hüfte hüpfte. »Ich weiß, wer du bist«, sagte Margaret keck.

Die Frau warf ihren Kopf zurück und riß ihre Augen auf, als wolle sie sagen: Woher weißt du, wer ich bin?

»Und ich weiß, warum du hergekommen bist«, fuhr Margaret jetzt *sehr* keck fort.

Die Frau senkte ihre Lider, als fürchte sie sich vor Margarets nächsten Worten.

Ich eilte der Frau zur Hilfe. »Das Corroboree«, sagte ich, »ist für Margaret und den kleinen Mitchell.«

»Ahh.« Die Frau nickte.

»Du bist den ganzen Weg von Cunnamulla hierher gekommen?« fragte Margaret.

Die Frau schien von Margarets Allwissenheit nicht begeistert zu sein.

»Die Kleinen müssen zur Toilette«, erwiderte die Frau und nahm die Kinder von ihrem Schoß.

»Ich bring' euch hin«, bot Margaret an. Sie ließ ihren Cousin Mitchell so heftig auf die rote Erde fallen, daß er fast wieder hochhüpfte.

»Oh, ist schon gut, Margaret«, sagte ich und hob den überraschten Mitchell auf. »Ich bringe sie hin. Nimm du das Baby.«

Die Frau wirkte erleichtert, als Margaret, Mitchell wieder auf ihrer Hüfte, davonhüpfte. Ich führte sie ins Haus und ging wieder hinaus und zu dem Geburtstagsmädchen.

»Margaret«, sagte ich, »wer ist diese Frau, der ich dich vorgestellt habe?«

»Welche Frau?«

»Die Frau, die gerade ins Haus gegangen ist, um die Toilette zu benutzen.«

Margaret drehte ihren Zeigefinger geziert um ihren Pferdeschwanz.

»Sag's mir, Margaret«, verlangte ich.

»Ich soll meinen Mund halten.«

»Sagt wer?«

»Meine Tanten.«

»Warum?«

Margaret sah sich um, und dann stellte sie sich auf ihre Zehenspitzen und flüsterte mir ins Ohr: »Die Frau ist Onkel Max' alte Freundin.«

»Was sagtest du?« Ich konnte nicht recht gehört haben.

Sie brachte die ganze Frechheit eines Mädchens, das zwölf wird, auf und sagte: »Ich sagte gerade, daß diese Frau Onkel Max' alte Freundin ist.«

»Gay.«

»Ihr Name ist Thaalangay«, korrigierte Margaret mich.

Ich war mir nicht so sicher, ob ich ihr glauben sollte. Margaret hatte, wie ich wußte, eine blühende Phantasie. »Ist das die Wahrheit?«

Margaret hob ihre Hand, als wolle sie auf einen ganzen Stoß von Bibeln schwören. »Echt«, sagte sie, wobei ihre roten Fingernägel vor meinen Augen blitzten. Ich glaubte Margarets »echt« nicht, aber ich glaubte, daß es Gay war.

Ich schaute über die Grube hinüber. Max stach mit einem langen Gabelstock in das Känguruh. Er wirkte so cool und beherrscht – so voll auf sein Känguruh konzentriert. War das nur Machogehabe? Was ging hier vor? Hatte *er* sie eingeladen? Warum schien Gay niemand auf der Party zu kennen? Und wenn sie Leute kannte, warum sprach sie nicht mit ihnen? Und warum kam niemand zu ihr herüber? Und warum sprach sie nicht mit Max? Wie war sie überhaupt hierhergekommen? Ich konnte die Spannung nicht länger ertragen, und deshalb brachte ich die geheimnisvolle Frau und ihre beiden Enkelkinder, als sie wieder herauskamen, zu einem Stuhl neben der griesgrämigen alten Ama – es war der einzige freie Stuhl, was nicht überraschte.

»Ich bin in fünf Minuten zurück«, sagte ich und hob fünf Finger hoch.

»Fünf Minuten?« bestätigte sie und hielt ebenfalls fünf Finger hoch.

»Nicht ganz«, sagte ich.

Ich schoß hinüber zu der Känguruhgrube, wo sich jetzt über ein Dutzend Männer versammelt hatten und kräftig Zigaretten rauchten. »Max«, ich machte eine Handbewegung, »ich muß mit dir reden.«

Max reichte den Gabelstock, den er zum Prüfen des Känguruhs benutzte, an Roland weiter. »Paß gut drauf auf«, wies Max seinen Neffen an.

Als Roland mich sah, nahm er den Gabelstock und hielt ihn wie ein Gewehr. »*True Grit*«, knurrte er.

»John Wayne«, knurrte ich zurück, worauf die Männer in schallendes Gelächter ausbrachen.

Max und ich begaben uns zur Vorderseite des Hauses, wo wir alleine waren. »Gay ist hier«, sagte ich, praktisch atemlos.

»Ja, das weiß ich.«

»Wer hat sie eingeladen?«

»Ich.«

»Du!« Es dauerte mehrere Sekunden, bis ich begriff, was das bedeutete. »Max, warum hast du mir das nicht gesagt?«

»Ich sag's dir gerade«, sagte er lässig.

»Willst du denn nicht zu ihr gehen und mit ihr sprechen? Sie ist ganz allein. Alle ignorieren sie.«

»Du ignorierst sie nicht.«

Die Logik entging mir völlig.

»Du hast ihr und den Kindern etwas zu trinken gegeben?«

»Natürlich.«

Max machte eine Handbewegung, als wolle er sagen: »Und wo ist dann das Problem?«

»Max, wann hast du Gay zum letzten Mal gesehen?«

»Vor achtzehn Jahren«, sagte er, ohne zu zögern.

»Warum jetzt?«

Max schaute plötzlich völlig abwesend drein.

»Max«, drängte ich ihn, »warum jetzt?«

»Du erinnerst dich an gestern abend, als wir zu dem hellen Stern hochschauten?«

»Ich erinnere mich.«

»Ich erzählte dir, daß ich zu dem Geist gesungen habe, der diesen Stern hält, nachdem Gay einen anderen Mann geheiratet hatte?«

»Ja.«

»Und du erinnerst sich, daß du mir erzähltest, daß dein Freund eine wirkliche böse Krankheit hat?«

»AIDS«, sagte ich. »Und ich erzählte dir, daß Dwango mich zu jemand führen würde, der etwas weiß, was Randy helfen kann. Ich fragte dich, ob du weißt, wer diese Person sein könnte.«

»Richtig. Und ich sagte, daß ich darüber schlafen würde.«

»Hast du darüber geschlafen?«

»Ja, ich hab' darüber geschlafen.«

»Und?«

»Der Geist sagte, daß ich mit Thaalangay sprechen sollte.«

»Um Randy zu helfen?«

»Um mir selbst zu helfen«, sagte Max. »So stand ich heute morgen auf, hab' meine Schlafdecke zusammengerollt und bin los, um das Känguruh zu jagen. Aber bevor ich das tat, bin ich in den Oasis Pub gegangen. Hab' mit Annie, der Besitzerin, eine Tasse Kaffee getrunken. Mein Blick fiel auf das Telefon. Es sah mich direkt an. Ich trank noch eine Tasse Kaffee und aß einen Käsetoast. Während ich aß, begann ich darüber nachzudenken, daß ich Thaalangay gerne von meiner weißen Freundin und ihrem jungen Sohn erzählen würde. Ich wollte ihr erzählen, wie du in unserer Aborigines-Dorf gekommen bist und daß du nicht mit erhobener Nase herumläufst. Du behandelst uns wirklich gut. Meine Leute haben keine Angst vor dir. Du siehst nicht wie wir aus, aber du bist eine von uns. Und als ich das alles gedacht hatte, hab' ich das Telefon genommen und herumtelefoniert, bis ich sie gefunden hatte.«

»Aber was ist mit Gays Mann?«

»Ist seit fünfzehn Jahren tot. Ich sagte ihr, daß wir hier dieses große Corroboree haben, und fragte sie, ob sie von Cunnamulla herkommen und teilnehmen wolle. Sie sagte, sie glaube nicht, daß irgend jemand sie sehen wolle. Ich sagte ihr, daß meine weiße Freundin aus Amerika bestimmt glücklich sein würde, sie zu sehen, und daß sie wirklich nett sein würde.«

»Dann ist Gay wegen *mir* hier?«

»Wegen der Geister«, stellte Max klar. »Sie sind diejenigen, die dich in mein Dorf und Gay hierher geschickt haben.«

»Max«, platzte ich heraus, »warum bin ich hier?«

»Bist du hier nicht glücklich?« sagte Max. Er sah beunruhigt aus.

»Ich *liebe* es, hier zu sein.« Das meinte ich ernst.

»Nun, deshalb bist du hier«, sagte er und machte Anstalten, zurück zu der Känguruhgrube zu gehen.

»Moment noch. Wann gehst du zu Gay hinüber und sprichst mit ihr?«

»Hinübergehen?«

»Ja. Sie wartet darauf, daß du sie begrüßt.«

Er nahm seinen Buschhut ab und fuhr sich mit den Fingern durch seine dichte Mähne von grauem welligem Haar. »Woher weißt du das?«

»Ich bin eine Frau, Max. Frauen wissen immer, was andere Frauen denken, wenn es um Männer geht.«

Er dachte darüber nach. »Und was, meinst du, denkt sie über mich?«

Trotz der Cowboyaufmachung war Max genau wie jeder andere Mann, den ich kannte. »Wahrscheinlich denkt sie, daß du ein wirklich netter Mann bist.«

»Ja?« Er grinste und riß den Mund auf. Ich glaubte, rosa Mandeln sehen zu können. »Glaubst du, daß sie denkt, ich sei ein guter Kerl?«

»O Mann«, sagte ich, »ich komme mir vor, als sei ich wieder auf der High School.«

»Du warst auf der High School?«

»Max«, sagte ich, »versuch nicht immer das Thema zu wechseln. Du hast Angst davor, zu ihr zu gehen. Richtig?«

»Ja, ich hab' Angst.«

»Dann gehe ich mit dir zu ihr rüber.«

Max wollte mich begleiten, blieb dann aber plötzlich stehen. »Als ich sie das letzte Mal sah, war das nicht gut.«

»Wie das?«

»Ich war betrunken.«

»Ja, aber du bist jetzt nicht betrunken.«

»Sage ihr, daß ich rüberkommen werde, wenn das Känguruh gebraten ist«, sagte Max und machte sich auf den Weg zurück zur Grube.

»Du willst, daß *ich* Vermittlerin bin?«

»Vermittlerin?«

»Unwichtig.«

Ich ging zu dem Picknicktisch zurück. Gay saß nicht mehr neben der alten Frau. Sie war zu einer Bank gegangen, die sieben Meter entfernt stand. Sie lauschte Max' Neffen Greg, der das Didgeridoo spielte. Als sie mich sah, rutschte sie beiseite. »Komm«, sagte sie und klopfte auf den Platz neben sich.

Als ich mich neben sie setzte, griff sie in eine Plastiktüte, die zu ihren Füßen stand, und nahm ein Päckchen Zigaretten heraus. »Rauchen?«

»O danke, aber ich rauche nicht.«

Sie hielt mir das Päckchen weiter mit einem solchen Eifer hin, daß ich es mir anders überlegte. »Warum nicht«, sagte ich und nahm eine der Mentholzigaretten.

»Wie lange wirst du hier in Enngonia bleiben?«

»Ich weiß es noch nicht«, sagte ich, während ich den ersten Zug seit Jahren aus einer Zigarette nahm.

Sie blies das Streichholz aus. »Vielleicht könntest du nach Cunnamulla kommen?«

»Das würde ich gerne«, sagte ich hustend.

Eine Weile saßen wir schweigend da, rauchten unsere Zigaretten und genossen offenkundig die seltsame neue Gesellschaft des anderen. »Bist du verheiratet?« fragte sie.

»Jetzt anderthalb Jahre. Mein Mann war für fünf Wochen zu Besuch hier. Aber jetzt ist er wieder in Amerika.«

»Du bist erst anderthalb Jahre verheiratet?« sagte sie überrascht.

»Mein erster Mann, der Vater meines Sohnes, starb vor vier Jahren. Ich bin jetzt zum zweiten Mal verheiratet.«

»Ahh, mein erster Mann starb vor fünfzehn Jahren.«

»Das tut mir leid.«

Sie nahm einen langen Zug. »Er war alt«, sagte sie

und erzählte mit diesen drei Worten die ganze Geschichte.

»Ohh.«

»Er war wirklich alt.«

»Mmmh«, sagte ich, nach einem neutralen Thema suchend.

»Amerika ist weit weg.« Offensichtlich lag ihr auch an Neutralität.

»Fünfzehntausend Meilen weg.«

»Puh, das weiteste, wohin ich gekommen bin, ist Alice.«

»Alice Springs?«

»Ja.« Sie nickte. »Hast du Heimweh?«

»Ich habe kein Heimweh, aber ich vermisse meinen Mann sehr. Und ich vermisse es, mit meiner Mutter telefonieren zu können.«

Sie stutzte. »Du hast Telefon da, wo du wohnst?«

»Ja«, sagte ich. Ich hoffte, daß es nicht zu angeberisch klang.

»Ich auch«, sagte sie. Es war noch etwas, das wir gemeinsam hatten. Sie trat ihre Zigarette mit der Spitze ihrer orangefarbenen Sandale aus. »Max hat mich heute morgen angerufen. Hat mir von dir erzählt.«

Ich heuchelte Überraschung. »Hat dir von *mir* erzählt?«

Sie wandte sich ab. »Er sagte, du bist eine wirklich gute weiße Frau.«

Um nicht dreist zu wirken, wandte auch ich mich ab. »Max erzählte mir, daß du ganz großartig bist«, sagte ich.

Langsam wandte sie sich wieder mir zu. Ein feines Lächeln trat in ihr gut proportioniertes Gesicht. »Ich kenne ihn schon lange, lange Zeit«, erwiderte sie und nahm fast Blickkontakt auf.

Ich wagte nicht zuzugeben, daß ich ihre Vergangenheit kannte. »Ach, ja?«

»Ich kannte ihn schon, bevor er sich dieser Boxertruppe anschloß.«

Das war eine Neuigkeit! »Sagtest du, Max war in einer Boxertruppe?«

»Hat er dir nichts davon erzählt?«

Das erklärte die stark vernarbte Nase und die fehlenden Schneidezähne. »Nein, das hat er mit keinem Wort erwähnt.«

»Ich habe davon auch nur aus zweiter Hand erfahren«, sagte Gay. Sie strich sich über ihr blauschwarzes Haar, das straff nach hinten in ihre Nackenbeuge gekämmt und mit einem handbemalten Clip zusammengehalten war. »In der Stadt erzählte man, daß er ein guter Boxer gewesen ist«, sagte sie.

»Ich werde ihn bitten, mir davon zu erzählen.« Ich überlegte, ob sie ihr Haar färbte.

»Du kannst ihm sagen, daß ich das auch gerne hören würde.« Gay lächelte, genau in dem Augenblick als Max rief, daß das Känguruh fertig sei.

So aß ich an diesem Abend zum ersten Mal Känguruh. Ich wollte schon fast darauf verzichten, aber Max legte eine dicke Scheibe auf meinen Teller und bestand darauf, daß ich es in seiner Anwesenheit probierte. Natürlich erwartete er Lob, und Lob bekam er auch. Es war einfach köstlich. Es sah wie Rindfleisch aus, schmeckte aber mehr wie Lamm. Ich legte etwas auf Chris' Teller und sagte ihm, es sei Rindfleisch, und er wich für Sekunden zurück.

Nachdem kein Fleisch mehr am Känguruh war, scharten wir uns um das Lagerfeuer, und Max unterhielt uns mit einem »Garn« über seine Boxertage. Obwohl er zu uns allen redete, sprach er nur zu einer.

»Es war mein erster Kampf für Roy Bell«, sagte Max, der im Schneidersitz auf der roten Erde saß, direkt gegenüber von Gay und mir. »Ich war ein junger Bursche. Etwa zwanzig. Ich war Stockman. Aber es war Trokkenzeit. Und wir waren in Enngonia und verdienten uns ein paar Dollar mit dem Häuten von Känguruhs. Viel andere Arbeit gab's nicht.« Er warf einen Blick zu Gay, zu der er immer noch kein Wort gesprochen hatte.

»Ich erinnere mich, wie Roy Bell in die Stadt gefahren kam«, fuhr Max fort und tat so, als säße er am Lenkrad. »Er kam aus Queensland runter. In einem großen weißen Lastwagen, der mit ganz bunten Bildern bemalt war – von Kämpfern in bunten Shorts. Die standen alle kampfbereit da. Aborigines-Männer und weiße Männer waren da. Roy Bell hielt direkt auf der anderen Seite der staubigen Straße. Wir blieben alle stehen und starrten rüber. Es war das erste Mal, daß wir je eine Boxertruppe durchkommen sahen. Er hatte alle Boxer in dem großen Lastwagen bei sich. Ein kleiner Holden für seine Frau, und vier oder fünf andere Wagen folgten, und ein Verpflegungswagen für alle.«

»Roy Bell war ein großer, hart aussehender Bursche.« Max sprang auf die Beine und blies seine Brust auf, während er die Rolle von Roy Bell übernahm. »Roy kam zu uns Burschen herüber.« Er machte große Schritte um das Lagerfeuer. »Ich sah, daß sein Haar grau war. Er hatte ein gemeines Kämpfergesicht.« Max verzog sein Gesicht und schaute finster drein, so daß wir alle lachten. Aber wie alle guten Geschichtenerzähler lachte Max über seine eigene Geschichte nicht. Er war so ernst und lebhaft, wie ich ihn noch nie gesehen hatte.

»Roy Bell hatte eine platte Nase und Blumenkohlohren.« Max drückte mit seiner Handfläche seine Nase ein und wackelte mit den Ohren, worauf die Kinder vor Lachen schrien. »Es war Freitagmorgen. So sah er, wie wir hier Känguruhs häuteten. Wir packten das Känguruhfleisch in Plastikbeutel. Ein paar Burschen häuteten. Einige entbeinten. Wir waren etwa zehn, Brüder und Cousins. Wir arbeiteten für einen Känguruhjäger, Ron Marr. Er bezahlte uns dafür, daß wir die Känguruhs häuteten, die seine Kumpel die Nacht zuvor geschossen hatten. Manchmal gab's für uns ein paar hundert Känguruhs auf einmal zu häuten. Nachdem wir sie gehäutet hatten, gaben wir die Stücke weiter, und ein anderer Bursche entbeinte sie.«

»Ekelhaft!« kreischte Chris, was Margaret veranlaßte, ihm wegen seiner Unverschämtheit auf den Kopf zu schlagen.

»Aber an diesem Morgen kam Roy rüber und sagte: ›Möchte jemand mit mir herumreisen und ein bißchen boxen?‹«

»Sofort hab' ich mein Messer fallenlassen.« Max demonstrierte das mit seinem Arm. »Ich sagte ganz schnell: ›Sehen Sie her. Ich komme mit Ihnen.‹

Alle anderen Männer dachten darüber nach. Aber ich dachte sofort: Das wird wirklich gut. Ich mußte weit weg von der Stadt kommen«, sagte Max, senkte seine Reibeisenstimme und warf einen weiteren schnellen, aber eindringlichen Blick zu Gay. Er nahm einen Schluck Bowle, hielt uns damit in Spannung und fuhr dann fort. »Ich hatte ein bißchen Faustkampf und so gemacht, und ich wußte, daß ich gut war. Ich konnte sehen, daß Roy Bell eine Menge anderer Aborigines-Burschen bei sich hatte. Ich würde mich also ihnen anschließen, und sie würden meine Kumpels sein, wenn's auf der Straße mal Randale gab.«

»Was ist Randale auf der Straße?« fragte Chris Max.

Margaret antwortete. »Manchmal können weiße Kerle schwarzen Kerlen Ärger machen«, erklärte sie ungebeten und versetzte Chris wieder einen Schlag auf den Kopf. Diesmal für die dumme Frage.

»Also schnappte ich mir zwei Decken und zog ein frisches Hemd und eine frische Hose an. Hielt mich nicht damit auf, was anderes zu packen. So aufgeregt war ich. Ich wußte, daß ich bezahlt werden würde. Mir war sogar egal, was er bezahlte. Ich war einfach wirklich glücklich, mich einer Boxertruppe anzuschließen. Ich dachte, mein Leben könnte eine gute Wendung nehmen. Ich hatte viel Leid hinter mir.« Max' Stimme sank, und er mied Gays Blick. »Aber ich wußte, daß man manchmal am besten sein kann, wenn man leidet.«

Nun warf ich einen verstohlenen Seitenblick auf Gay. Sie biß sich auf ihre Unterlippe.

»Ungefähr eine Stunde später waren wir auf dem Mitchell Highway nach Bourke unterwegs. All meine Cousins und Brüder winkten mir nach.«

An dieser Stelle begannen alle Männer, die um das Lagerfeuer saßen, perfekt choreografiert zu winken.

Ich nahm an, daß Max' Geschichte schon einige Male zuvor aufgeführt worden war.

»Ich schüttelte bereits den Boxern im Lastwagen die Hände und lernte sie gleich kennen. Einige waren aus Sydney. Andere aus Narrabri, Moree, Coonamble. Manche von ihnen sahen aus, als ob sie schon oft geboxt hätten, weil sie schiefe Nasen und keine Vorderzähne hatten. So wie ich jetzt«, sagte Max und zeigte seine Narben. Dann wischte er sich mit seinem Handrücken Schweißperlen von der Stirn und schaute zu Gay hinüber, um ihre Reaktion auf diese Enthüllungen zu sehen. Gays Gesicht zeigte große Interesse, aber eine andere Empfindung schien sie nicht zu haben.

»Zwei Tage später kamen wir nach Condobolin«, setzte Max die Geschichte fort. »Wir standen auf einer Tribüne über dem Eingang von unserem Boxzelt. Ich trug eine rote Boxerhose und mußte auf eine große Trommel schlagen.« Squeaky machte ein Trommelgeräusch, worauf alle Kinder zu pochen begannen.

»Die Tribüne war bemalt mit den ganzen Spitzenboxern von früher: Les Darcy, Jimmy Cutherers und den Aborigines-Boxern, den Sand-Brüdern. Roy hatte sie alle trainiert. Ein anderer kleiner Aborigine läutete die Glocke.« Squeaky führte die Kinder mit *»ding-ding-ding«* an.

»Ich schlug auf die Trommel«, fuhr Max fort, »und Roy posaunte ...«

»Was bedeutet posaunen?« unterbrach Chris.

Bevor Margaret eine Chance hatte, Chris wieder auf den Kopf zu schlagen, beugte Katie sich vor und flüsterte: »Posaunen bedeutet, die Menge herbeizurufen.« Sie tätschelte seinen Rücken.

»Roy war ein guter Ausrufer. Er zog eine große Menge von einem anderen Zelt an, dem von Tex Morton und von noch einem. ›Hereinspaziert, hereinspaziert! Möchte jemand boxen?‹ schrie er. ›Jeder, der drei Runden mit meinen Männern durchsteht, bekommt zwanzig Pfund!‹«

»Das war damals eine Menge Geld. Und Roy zog seine Schau auf der Tribüne ab und zog die Menge wirklich an. Die Kerle strömten zum Eingang, um Eintrittskarten zu kaufen. Ich wurde wirklich aufgeregt, als ich die Menge ringsum sah – und auch ein bißchen nervös.« Max begann theatralisch seine Hände zu ringen. »Dann hob ein Mann seine Hand und sagte: ›Ich kämpf' gegen den kleinen schwarzen Kerl, der die Trommel schlägt!‹ Und Roy sagte: ›Warum nennst du ihn kleiner schwarzer Kerl? Ich nenne ihn Schneewitchen!‹

Das war das erste Mal, daß ich den Namen hörte. Heute lache ich darüber. Aber damals gefiel mir das nicht. Ich wußte, daß ich wirklich schwarz war. Und damit wurde ich ein bißchen lächerlich gemacht. Aber der Name blieb. Ich hatte mich daran gewöhnt, nachdem wir in einigen Städten gewesen waren – selbst meine besten Kumpel fingen an, mich Schneewittchen zu nennen, und ich ließ es mir gefallen ...«

Gay sagte leise zu mir: »Ich hörte, daß er diesen Spitznamen hatte.«

»An diesem Tag war das große Zelt in Condobolin aufgebaut. Ein paar der anderen Burschen waren vor mir dran. Dann hörte ich, daß mein Name für den nächsten Kampf aufgerufen wurde. Ich dachte: ›Das ist ja ein schöner Brocken, der mich da ausgesucht hat.‹

Und ich dachte: ›Ich werd' eine schöne Tracht Prügel einstecken.‹«

»He, Schneewittchen, du hättest deinen letzten Gummibaum sehen können«, rief Squeaky, und wir lachten alle.

»Du hast recht.« Max kicherte. Er rückte seinen Buschhut zurecht und fuhr fort: »Aber Roy hatte uns trainiert, während wir unterwegs waren. Er hatte uns gelehrt, wie man eine Gerade schlägt, einen kurzen Haken, einen Schwinger, und wie man nahe rankommt und abblockt.« Er gab eine kleine Demonstration für jede Bewegung. »Als ich dann in den Ring stieg, machte ich drei schnelle Runden mit diesem Lokalmatador.« Jetzt führte er einen Boxertanz auf, wobei er seinen unsichtbaren Gegner zusammenschlug. »Dann schlug ich ihn k. o.« Max schlug einen kraftvollen linken Haken, der den armen Kerl erledigte, und unterbrach das Drama.

»Roy Bell hob meinen Arm.« Henry sprang neben mir auf und hob Max' Arm hoch in die kühle Nachtluft.

»Ich hatte den Kampf gewonnen! Es war der erste Kampf mit Handschuhen und mein erster Kampf vor einer großen Menge. Ich war ein Sieger!« rief Max.

Was für eine Vorstellung! dachte ich. Ich wandte mich an Gay, um ihre Reaktion zu sehen. Ich war mir nicht sicher, aber in ihren Augen schienen Tränen zu stehen.

»Ja«, sagte Max und schaute jetzt Gay direkt an, »das war vor langer Zeit.«

»Coole Geschichte«, meldete sich Chris. »Würdest du wieder kämpfen?«

»Dafür bin ich jetzt zu alt.«

»Ist kein ruhiger Job«, fügte Henry hinzu.

»Mike Tyson bekommt für *einen* Kampf zehn Millionen!« sagte Chris.

»Mir liegt nichts daran, viel Geld zu verdienen«, sagte Max und sah Gay direkt an. »Ich habe andere, wichtigere Dinge zu tun.«

Gay schaute weg. Ich konnte die Spannung in der Luft spüren, aber meine Sensibilität für den Augenblick wurde zerschmettert, als Roland rief: »Liza, jetzt bist du dran!«

»*Ich* bin dran?« sagte ich, über meinen neuen Schauspielernamen gleichermaßen überrascht wie amüsiert.

»Singen!« fiel Henry ein.

»Ich kann nicht singen«, sagte ich. »Henry, tu *du* etwas.«

Mehr Ermutigung brauchte Henry nicht. Ohne auch nur einen Augenblick zu zögern, zog er ein gefaltetes Blatt Papier aus seiner Gesäßtasche und stand auf. Er blickte in sein gespanntes Publikum und las: »Liebe Margaret und Mitchell, herzliche Glückwünsche zum Geburtstag.« Er blickte von dem Manuskriptpapier auf, deutete auf mich und sagte: »Ich hab' dies auf dem IBM ThinkPad unserer guten weißen Freundin geschrieben. Und Roland hat dieses Bild hier gezeichnet.« Dann hielt Henry eine Zeichnung von kleinen Tieren hoch, die in einem erdfarbenen Design ausgeführt war, das typisch für Aborigines-Kunst zu sein schien.

»Das ist wirklich eine hübsche Arbeit«, sagte Katie. Sie wandte sich an mich und nickte mir beifällig zu. Und dann marschierte Margaret heran und nahm das Blatt Papier entgegen. Sie trug das goldene Banana

Republic Sweatshirt, das ihr buchstäblich bis zu den Knien reichte.

Aus dem Nichts tauchte Squeaky neben Henry auf. Über seine Schulter hing eine Gitarre. Und gemeinsam begannen sie wie Simon und Garfunkel zu singen. In dem Lied ging es um eine Schildkröte, die mit einem Fisch streitet. Der Fisch wirft wütend einen flachen Stein auf die Schildkröte. Der Stein bleibt auf dem Rükken der Schildkröte kleben, und so bekommt die Schildkröte ihren Panzer. Während sie dies zu einer Melodie sangen, die sich sehr ähnlich anhörte wie »Puff the Magic Dragon«, spielten ein Dutzend oder mehr Kinder die Worte nach. Von den Kleinsten bis zu den Teens krochen sie auf dem Boden herum, schleuderten unsichtbare Gegenstände in die Nachtluft, hüpften und stolzierten herum – selbst Chris spielte mit. Als das Lied vorüber war, flitzten die Kinder zurück zum Lagerfeuer und warteten gespannt darauf, daß die nächste Vorstellung begann.

Roland hatte nicht die Absicht, mich vom Haken zu lassen. »Liza ist dran! Liza ist dran!« jubelte er. Alle fielen in sein Rufen ein.

Der bloße Gedanke, vor meinen neuen Freunden zu stehen und zu riskieren, mich völlig zum Trottel zu machen, war unerträglich. Ich stand auf, streckte meine Hände wie ein Schiedsrichter aus und sagte entschlossen: »Kommt nicht in Frage!«

Bestürzte, verletzte Gesichter sahen mich an. »Laßt sie in Ruhe«, hörte ich Max sagen. »Sie braucht nicht bei diesem Teil des Corroboree mitzumachen.«

Als ich das hörte, fühlte ich mich schrecklich, aber nicht schrecklich genug, um meine Meinung zu ändern. Ich ließ mich wieder auf den Boden sacken. Die Erde schien härter zu sein, die Nachtluft kühler, der Himmel schwärzer, und die Sterne leuchteten schwächer. Ich schlang meine Arme um meinen Körper und steckte mich so in einen Kokon, weniger, um mich zu wärmen, sondern um zu fliehen. Während Henry und Squeaky mit Aborigines-Worten eine Ballade zu singen begannen, saß ich da, starrte in das flackernde Feuer und war wie eine abgeschiedene Insel in mich gekauert.

Daraufhin kam Max herüber. Er setzte sich zwischen Gay und mich. Er nahm ihre Hand in seine eine Hand und meine in die andere, und dann begannen Gay und Max gemeinsam mit Henry und Squeaky zu singen. Und während sie dies taten, wurde ich mir eines feinen Kribbelns bewußt, das in meinem Kopf begann, über meinen Nacken und die Schultern rann, in meine Arme und Hände hinein und schließlich hinunter durch meine Beine bis in meine Zehen. Ich glaubte, daß eines meiner Beine eingeschlafen sei und veränderte meine Sitzhaltung. Aber nichts war eingeschlafen. Ganz im Gegenteil.

Jeder Teil von mir erwachte einfach. In Max' sanfter Berührung konnte ich die Kraft des Lebens fühlen. Ich konnte in den reinen Stimmen meiner Aborigines-Freunde einen Widerhall von perfekter Harmonie hören. Ich konnte in mir selbst eine Woge von Energie und eine unbeschreibliche Verbundenheit mit der Erde spüren. Ich merkte, daß ich mich der Fülle des Lebens öffnete wie eine Blume der Sonne. Und während die singenden Stimmen weiterklangen, schien meine Seele sich mühelos und graziös über einem weiten Ozean auszuweiten, überbrückte die Kluft zwischen meiner Isolation und der ruhigen, süßen Wärme von Freunden, die mir nahe waren.

Als das Lied vorüber war, ließ Max meine Hand los. Und als er das tat, strömten Tränen über meine Wangen. Ich wollte, daß dieses Lied ewig weiterging, und das sagte ich ihm.

»Alles wird gut werden«, flüsterte Max.

»Was ist mit mir geschehen?«

»Wir haben das Lied in dein Herz gesungen.«

Ich saß da und weinte durch die Wärme und das Hochgefühl und die Klarheit. Ich empfand Furchtlosigkeit und Vertrauen. Ich blickte in die Gesichter ringsum, die mich ansahen, und ergab mich sofort meinen Freunden. Nur Minuten zuvor hatte ich solche Angst gehabt, verwundbar zu sein. Und jetzt hatte ich die Vision, daß man das meiste teilt, wenn man am verwundbarsten ist – daß man am meisten liebt. Wie anders doch jetzt alle aussahen im Vergleich zu dem Augenblick, als Chris und ich in ihr Dorf gekommen waren. Wie anders mein eigener Sohn aussah. Wie spontan er war. Wie unkompliziert und wirklich er war. Warum hatte ich das nicht vorher gesehen? Wie konnte ich soviel Zeit damit verbracht haben, nach dem zu suchen, was er nicht war? Wie glücklich konnte ich mich schätzen, hier zu sein, umgeben von Menschen, die so wirklich waren, daß ich mich zum ersten Mal in meinem Leben so wirklich, so unkompliziert, so vorurteilsfrei fühlte und keine Angst vor Versagen hatte.

All diese Gefühle ergossen sich mit einem Gefühl solch reiner Freude in mich, daß ich auf die Füße sprang und verkündete: »Okay, Leute, ich werde einen Sketch aus meinem Stück in New York vorführen.«

»Los, Liza!« schrie Roland.

»In Ordnung«, fügte Max hinzu, der noch immer Gays Hand hielt. »Wir warten.«

Ich hörte Max Gay zuflüstern, daß ich Schauspielerin sei. Ich korrigierte ihn nicht. Ich blickte auf die gespannte Gruppe und gab eine etwas überlange Erklärung, daß ich eine berühmte Schauspielerin, Bette Davis, imitieren würde, die in einem berühmten Film, *Of Human Bondage*, die Mildred darstellte. Ich erklärte weiter, daß ich diesen Sketch für Bette Davis aufgeführt hatte, als sie in meinem Haus gewohnt hatte, und daß sie wegen meiner schlechten Schauspielkunst überhaupt nicht davon angetan gewesen war. In dem Sketch stauchte Mildred einen Mann, der sehr in sie verliebt war, zusammen. Nachdem ich sicher war – nun ja, irgendwie sicher –, daß sie wußten, es sollte amüsant sein, weil es sehr, sehr überspielt sein würde, holte ich tief Luft und gab die Vorstellung meines Lebens.

»Du Schuft!« spuckte ich in das schweigende Publikum. »Du dreckiges Schwein! Du bist mir völlig egal. Du langweilst mich zu Tode! Ich habe dich nur geküßt, weil du mich darum angefleht hast! Du verfolgst mich! Du machst mich wahnsinnig!« Ich artikulierte wie verrückt, faßte meinen Kopf und schüttelte ihn so heftig, als ob ich wirklich nicht mehr bei Verstand sei. Überrascht, weil niemand über mein schlechtes Spiel lachte, überdrehte ich noch mehr. »Und jedesmal, wenn du mich küßtest, habe ich mir meinen Mund abgewischt!« Ich machte eine weitausholende Geste und fuhr mir mit meinem Handrücken über den Mund, hielt dabei die Finger ausgestreckt in dem Bemühen, das Publikum zu einem Kichern zu bewegen. »Meinen Mund abgewischt!« wiederholte ich den völlig verwirrten Gesichtern. Ich atmete wieder tief ein und brüllte weiter: »Aber ich habe es dir heimgezahlt. Ich lache über dich. Ha! Ha! Ha!« Ich lachte dreimal laut gekünstelt, etwas, das in New York immer ein paar Buhs bewirkte. Aber hier im Outback – nichts. Man hätte eine Stecknadel fallen hören können. Ich beendete den Sketch, indem ich die ganze gereizte Dramatik von Bette Davis persönlich hineinbrachte: »Du warst ein Schurke! Ein Schurke! Ein Schurke!« Und dann machte ich eine kleine Verbeugung.

»Das war es?« fragte Henry.

»Ja«, sagte ich und dachte dabei, daß zu Hause niemand glauben würde, was ich gerade getan hatte.

»Was hat der Kerl daraufhin zu ihr gesagt?« wollte Squeaky wissen.

»War sie betrunken?« rief Fran.

Ich war entsetzt darüber, wie sehr sie sich mit der ganzen Geschichte auseinandersetzten. Ich hatte Sorge, daß sie das mißverstanden hatten. Dies war ja keine heilige Geschichte mit einer tiefen, verborgenen Bedeutung. Dies sollte lustig sein.

»Ich denke, Leslie Howard fühlte sich sehr verletzt. Er liebte Mildred wirklich. Aber Mildred erwiderte seine Liebe nie. Aber es war nur ein Film«, betonte ich.

»Haben sie das jemals in Ordnung gebracht?« fragte Max, der aus Mitgefühl über die unerwiderte Liebe seinen Kopf schüttelte.

»Wie meinst du das?«

»Sind sie jemals wieder zusammengekommen?« fragte Squeaky.

»Ohh«, sagte ich und schaute zu Max und Gay hinüber, die mich ansahen und gespannt auf das Ende der Geschichte warteten – als ob der Ausgang des Films eine Bedeutung für den Ausgang ihres eigenen Lebens habe.

Ich wollte den Abend nicht dadurch verderben, daß ich ihnen erzählte, daß Leslie Howard zur Vernunft kam und von ihr abließ und daß Mildred kurze Zeit spät, allein und elend, starb. So hob ich meine Hände, zuckte meine Schultern und sagte: »Ich kann mich wirklich nicht daran erinnern, wie der Film endet.«

»Ich glaube, ich habe diesen Film gesehen, und sie haben sich geheiratet«, sagte Roland, und so fand das Corroboree ein glückliches Ende.

10. Kapitel

Während der folgenden beiden Wochen, in denen Max und Gay ihre Liebe wieder entfachten, verbrachte ich mehr und mehr Zeit mit Chris. Zum ersten Mal seit Jahren gingen wir uns nicht an die Kehle, bereit, bei der kleinsten Kleinigkeit, die gesagt oder vermutet wurde, übereinander herzufallen. Mit meiner klareren Sichtweise konnte ich erkennen, was mein Sohn brauchte, um zu einem Mann heranzuwachsen, und das war, daß ich mich zurücknahm und ihn seinen eigenen Weg finden ließ, in dem Wissen, daß er nicht zu meinem Ziel führen müßte. Loslassen war etwas völlig Neues für mich. Und durch dieses Loslassen begannen Chris und ich unsere getrennten Leben miteinander zu leben, was sich völlig von dem unterschied, was wir vorher getan hatten – da hatten wir unser gemeinsames Leben voneinander getrennt gelebt.

Mit diesem neuen Bewußtsein fühlte ich mich, als hätte ich einen zentnerschweren Rucksack abgelegt. Ich hatte mich selbst von der Last befreit, immer meinen Willen aufzuzwingen. Ich war frei, um zu erforschen. Ich begann mein Wahrnehmungsgefühl zu verändern, nicht nur mir selbst gegenüber, sondern gegenüber der Welt um mich. Als dies geschah, begann ich mich auf den Augenblick zu konzentrieren. Ich hörte auf damit, die Vergangenheit zu bedauern, weil Bedauern mich daran hinderte, in der Gegenwart zu leben. Und je mehr ich in der Gegenwart lebte, desto weniger dachte ich an die Vergangenheit – an Johns Tod, an den Schock als ich erfuhr, daß Randy AIDS hatte und all die Dinge, die ich gerne getan oder gesagt hätte. In der Gegenwart zu leben schuf seine eigene heilende Energie. Das fühlte ich. Und Chris fühlte es auch.

»Mom«, sagte Chris eines Nachmittags auf dem Wege zum Wasserloch hinunter zu mir, »es ist echt cool, daß du Reuel kennengelernt hast.«

»Warum sagst du das?« fragte ich.

»Weil du jetzt so glücklich bist.« Er schöpfte mit seinen Händen Wasser und trank es. »Du hast Dads Tod überwunden.«

»Ich habe ihn hier in meinem Herzen«, sagte ich und tippte auf meine Brust. »Die Erinnerung an Dad erlaubt mir jetzt, richtig zu leben. Du weißt, was ich meine, Liebling?«

Chris blies seine noch immer pummeligen Wangen auf. »Ich denk' schon«, sagte er. Er schien tief in Gedanken zu sein. »Mom, es ist wie damals, als du mit mir ein paar Monate nach Dads Tod nach Disney World gefahren bist. Ich weiß noch, wieviel wir bei all den Fahrten gelacht haben. Ich glaub', das war, weil wir so glücklich waren, daß wir nicht mehr weinten. Ich glaub', ich hab' nie soviel in meinem Leben gelacht.«

»Genau das meine ich.«

Ich streckte mich auf einer Decke zarter purpurner und gelber Wildblumen aus, die in den vergangenen

Tagen wunderbarerweise aus der trockenen, rissigen Erde gesprossen waren. Ich legte mich zurück und atmete einen süßen Vanilleduft ein, genoß die Gefühle meines Sohnes, die so tief wie das Wasserloch waren, und seinen Geist, der so überschäumend sprudelte wie der Frühling. Wie passend, dachte ich, daß wir über alles dies neben dieser geheiligten Wasserstelle reden.

»Ich fühle mich, als wären wir im Paradies«, sagte ich zu Chris.

»Oder auf Gilligan's Island«, sagte Chris, während er in das blaue Wasser tauchte und einen feinen Nebel aufwarf, der die Wildblumen und mich besprühte. Einen Moment später tauchte er wieder auf. Seine großen, graugrünen Augen spähten durch die Mähne seines feuchten rotblonden Haares. »Wenn ich erwachsen bin, werde ich Berufsgolfspieler«, erklärte er.

»Ist das dein Traum?«

Mit einer schnellen Bewegung hüpfte Chris aus dem Wasser und auf ein sandiges Uferstück. »Dad sagte, das könnte ich schaffen, wenn ich mich ganz diesem Ziel widme.«

Und als Chris dies sagte, hörte ich in meinem Kopf glockenrein: Was du im Augenblick sagst, wirkt sich auf das aus, was in der Zukunft geschieht.

»Ja«, sagte ich, »ich glaube, daß Dad absolut recht hat. Mach diesen Traum wahr.«

Chris strahlte. »Mom, was war dein Traum, als du in meinem Alter warst?«

»Weißt du, Chris, du bist der erste, der mir jemals diese Frage gestellt hat.«

Chris schlang seine sonnengebräunten Arme um seine Knie und wartete auf meine Antwort.

»Mal überlegen, als ich so alt war wie du, träumte ich davon, eines Tages nach Hollywood zu gehen.«

»Um Bette Davis zu sehen?«

»Das stimmt. Zusammen mit deiner Urgroßmutter ...«

»Du meinst Old Ma?«

»Ja. Old Ma und ich phantasierten davon, daß wir eines Tages gemeinsam dorthin fahren würden. Wir standen uns sehr nahe. Wir schwärmten für Filme und Filmstars.«

Chris zuckte mit den Schultern ein ›Na und‹? »Und warum seid ihr nicht einfach dorthin gefahren?«

»Wir hatten das Geld nicht.«

»Ist ganz billig, dorthin zu fliegen.«

»Tja, aber damals war das für uns eine Menge Geld.« Eine bittersüße Erinnerung kam mir wieder. »Weißt du, wir haben in der Kirche sogar Kerzen angezündet, damit wir eines Tages dorthin fahren könnten. Die halbe Zeit hat Old Ma die Kerzen angesteckt, ohne auch nur zehn Cent in die Metalldose zu stekken. Sie sagte, sie wolle jeden Penny für unsere Reise sparen.«

Chris begann zu lachen. »Cool, ich wünschte, ich hätte Old Ma gekannt.«

»Ihr wärt bestimmt gute Freunde gewesen«, sagte ich, überzeugt davon, daß, wenn Old Ma irgendwo war, dann hier bei uns, und die Geschichte genoß.

»Erzähl mir mehr.«

»Tja, wir haben an Bette Davis Fanbriefe geschrieben und dann die Autogrammpostkarten gesammelt, die sie zurückschickte.«

»Genau so, wie ich das mit Michael Jordan mache?«

»Exakt.«

Chris kam von dem sandigen Vorsprung zu mir. »Bist du je nach Hollywood gekommen, Mom?«

»Am Ende doch. Aber unglücklicherweise war Old Ma zu gebrechlich, um mitfahren zu können. Ich habe ihr Postkarten, Souvenirs und Fotos mitgebracht. Ihr Lieblingsfoto war eins von mir vor Graumann's Chinese Theater. Ich stand hinter Bette Davis' Fußabdruck, habe wie sie posiert und hielt eine Zigarette zwischen den Fingern.«

»War Old Ma schwerkrank?«

»Sie hatte einen Schlaganfall, aber ihr Verstand blieb bis zum Ende scharf.«

Ich wußte, daß Chris an die letzten Tage seines Dad dachte. »Wie hast du dich gefühlt, als sie starb?«

»Schrecklich«, sagte ich und zog Chris an mich. »Ich lebte in Minneapolis, als ich den Anruf bekam, und flog am gleichen Abend zurück nach Cleveland. Nach der Beerdigung gingen wir zu Tante Ruths Haus, wo sie gewohnt hatte. Ich ging in ihr Schlafzimmer, und an dem Spiegel ihrer Frisierkommode war mit Klebeband das Foto befestigt, das von mir vor Graumann's Chinese Theater gemacht worden war. Das Klebeband war ganz braun und kräuselte sich an den Ecken. Und in einer kleinen Zedernholzkiste, die ich im Geschenkshop von Warner Brothers gekauft hatte, waren unsere Postkarten mit den Autogrammen von Bette Davis.«

Ein paar Augenblicke lang saßen Chris und ich schweigend und nah nebeneinander.

»Wäre es nicht cool gewesen, wenn Old Ma noch

gelebt hätte, als Bette Davis zu uns kam und bei uns wohnte?«

»Ich glaube, Old Ma wußte das.«

Chris löste sich von mir. »Wie das?«

»Ich will's dir sagen. Ein paar Tage, bevor Old Ma starb, flüsterte sie ins Telefon: ›Schätzchen, wenn ich in den Himmel komme, werde ich dir eine Nachricht schicken, daß ich noch in deiner Nähe bin.‹«

»Wau! Glaubst du, Old Ma hat dir Bette Davis geschickt?«

»Ist verrückt, aber ich glaube, das hat sie wirklich.«

Chris' Augen wurden feucht. »Vermißt du sie immer noch?«

»Sie ist hier bei mir, in meinem Herzen.«

»Direkt neben Dad?«

»Genau«, sagte ich. »Neben Dad.«

»Glaubst du, daß Randy in unseren Herzen sein wird?«

»Ich glaube, er ist jetzt schon in unseren Herzen«, sagte ich, mühsam Tränen unterdrückend.

»Mom, ich will Randy schreiben, wenn wir wieder im Lager sind.«

»Gute Idee«, sagte ich. »Wir werden ihm beide schreiben.«

»Laß uns ihm etwas von dieser roten Erde schicken«, sagte Chris und siebte den Lehm durch seine Finger.

Als wir zum Lager zurückkehrten, war Margaret auf dem Kriegspfad.

»Du hast das Basketball-Training verpaßt!« herrschte sie Chris an. »Roland kennt die Regeln nicht! Er kennt nur Filme. Der alte Henry und Squeaky glauben, sie schreiben ein Buch! Onkel Max ist zu liebeskrank, um für irgend jemand außer für Thaalangay gut zu sein!«

»Nun hör aber auf damit!« fuhr Chris sie an. »Das Entscheidungsspiel ist erst am nächsten Samstag, wenn Ian zurückkommt!« Er nahm Margaret den Basketball aus den Armen, und gemeinsam gingen sie die Straße hinunter zu dem Korb, so daß ich Zeit hatte, an Reuel und Randy zu schreiben. »Vergiß nicht, Randy etwas von der Erde mitzuschicken!« rief Chris mir zu.

Squeaky und Henry saßen auf Katies vorderer Veranda über den Computer gebeugt und waren sehr vertieft. Als sie mich kommen sahen, klappten sie den Deckel herunter und verdeckten, was sie auf dem Computer geschrieben hatten.

»Ja«, sagte Henry, »für heute sind wir mit dem Schreiben fertig. Ich speichere es noch eben. Dann kannst du wieder arbeiten.«

Ich denke, sie vertrauten darauf, daß ich Henrys Datei nicht aufrufen würde.

»Katie hat nach dir gesucht«, sagte Squeaky, während er sich eine Zigarette ansteckte. »Die Post ist gekommen, während du beim Schwimmen warst.«

Ich hatte sehnlich auf einen Brief von Reuel gewartet. »Wann ist er gekommen?«

»Vor kurzem erst«, erwiderte Henry. Er reichte seine Zigarette Squeaky, so daß er zwei Hände frei hatte, um ihre heimliche Arbeit zu speichern. »Du hast ein großes Päckchen. Das liegt auf Katies Küchentisch.«

Und tatsächlich lag da ein großer brauner Umschlag von Gladys für mich. Ich setzte mich sofort an Katies Tisch und begann die etwa ein Dutzend Umschläge durchzusehen. Ein gefaltetes Stück Papier rutschte zwischen zwei Rechnungen heraus. Es war eine Nachricht von Gladys:

Liebe Liz,

ich hoffe, Ihr Besuch verläuft gut. Hier unten hatten wir nichts als elenden Regen. Ich habe ferngesehen, und der Wetterbericht sagt, daß es oben, wo Sie sind, trockenknochen ist. Im Augenblick hätte ich lieber Fliegen und Staub. Habe übers Wochenende mit meinem Cousin gesprochen, der in der Nähe von Perth lebt – seit acht Jahren hat's dort nicht geregnet. Ich habe Chris' Skateboard in Ihren Korridor gestellt. Durch all den Wind, den wir hatten, flog es im Garten rum.

Liz, ich habe einige unerfreuliche Nachrichten. Ich wollte das nicht schreiben, aber vielleicht können Sie mit Chris darüber sprechen, bevor Sie nach Manly zurückkehren. Dann wird's nicht so schwer. Als ich gestern Ihre Post aus dem Kasten nahm und Ihren Garten aufräumte, sah ich neben Ihrem Hinterfenster etwas Weißes. Ich ging hinüber und sah, daß es ein Kakadu war. Ich denke, daß es Chris' Freund war, Prinz Charles, weil er so nahe bei der Stelle lag, wo er immer hockte, wenn er Sie besuchte. Ich hoffe, ich irre mich, glaube aber nicht, daß es so ist. Sagen Sie Chris, daß ich seinen kleinen Freund neben der Rosenpergola begraben habe. Um die Stelle zu markieren, habe ich darauf einen Eukalyptussetzling gepflanzt.

Liz, vergessen Sie nicht, diese verdammte Stromrechnung rechtzeitig zu bezahlen. Die schalten Ihnen den Strom im Handumdrehen ab. Manchmal habe ich den Eindruck, daß die Arbeitslosen, die Stempelgeld bekommen, die einzigen sind, die hier zurechtkommen. Ich werde Ihnen die Post weiter nachsenden, bis ich anderes von Ihnen höre. Ohne meine Yankee-Freunde ist es hier schrecklich ruhig.

Viele Grüße, Gladys

Das von Prinz Charles zu hören war definitiv ein Tiefschlag. Hinzu kam, daß kein Brief von Reuel da war. Und was dann die Sache noch schlimmer machte, war, daß sich dort nur unser Anrufbeantworter meldete, als ich zum Oasis rüberging und zu Hause anrief. Ich schätzte, daß es drei Uhr morgens Ortszeit war. An den drei folgenden Tagen rief ich zu Hause an, nur um Reuels Stimme vom Band zu hören.

Am sechsten Tag, nachdem ich Reuel noch immer nicht erreicht hatte, rief ich Gerald, seinen Sohn, in der Universität von Richmond an. Gerald sagte, daß er mit seinem Vater gesprochen habe und daß er in einer Flugmission in Übersee unterwegs sei, aber er sagte nicht wo. »Mach dir keine Sorgen, Liz, aber ich hab' auf CNN heute morgen gesehen, daß zwei unserer Flugzeuge in Bosnien abgeschossen worden sind. Ich glaube nicht, daß es der Typ war, den er fliegt. Dad geht's gut. Er ist einer der besten Piloten, die die Air Force hat«, sagte Gerald mit dem ganzen Optimismus eines Einundzwanzigjährigen, der kurz vor seinem Diplom steht.

Ich legte auf, rief zu Hause an und hinterließ eine verzweifelte Nachricht auf dem Anrufbeantworter:

»Reuel, bitte, hinterlaß mir eine Nachricht, damit ich weiß, was los ist. Ich bin ein Wrack. Geht es dir gut? Ich werde anrufen, bis ich dich erreiche. Ich liebe dich.«

In den nächsten vierundzwanzig Stunden wurde ich von entsetzlichen Gedanken verfolgt. Ich war mir sicher, daß Prinz Charles' Tod irgendwie ein ominöses Vorzeichen dafür war, daß schlimmere Dinge kommen würden. All meine Hochgefühle der vergangenen Woche waren uralte Geschichte. Max versuchte mich zu beruhigen. Aber mit mir war nicht vernünftig zu reden.

Am folgenden Nachmittag war ich völlig neben mir. »Max«, sagte ich, »bring mich zu dem Wasserloch.«

»Du weißt, wo es ist«, sagte er verärgert.

»Ich brauche dich aber als Begleitung.«

»Ich muß fürs Abendessen heute einen Emu beschaffen.«

»Max«, bettelte ich, »laß mich nicht allein.«

Max begann davonzugehen. Dann drehte er sich um. »Katie sagt, du hast die Fahrt mit ihr nach Bourke heute vormittag abgesagt. Sie hatte sich wirklich darauf gefreut, mit dir dorthin zu fahren.«

»Ja«, sagte ich und wich seinem Blick aus. »Ich habe Katie erklärt, daß ich in der Nähe sein muß. Du weißt doch – wegen der Post heute. Ich muß hier sein, um ...«

Max schnitt mir das Wort ab. »Hast du den Vogel gesehen?« fragte er.

»Was?«

»Der Vogel. Hast du ihn gesehen?«

»Ich weiß nicht, was du meinst.«

Er schüttelte seinen Kopf, gleichermaßen mitleidig wie empört.

»Max«, sagte ich, »ich kann dieses schreckliche Gefühl nicht abschütteln, daß Reuel etwas Entsetzliches zugestoßen ist.«

»In deinem Zustand kannst du nichts fühlen, was wirklich ist.«

»Wie?«

»Ach, ruh dich einfach aus.«

Wie konnte ich ausruhen? Wie konnte Max so gefühllos sein. Ich begann plastische Bilder davon zu beschwören, wie Reuel abgeschossen wurde. Als Max zurückkehrte, einen schlaffen, leblosen Emu schleppend, war ich am Boden zerstört. Ich sagte Max, daß wir nach Sydney zurückfahren müßten. Sofort.

Er hackte den Kopf des Vogels ab und warf ihn den geifernd wartenden Hunden zu. »Warum?«

»Warum! Etwas Schreckliches ist geschehen! Ich packe und lade den Wagen ein.« Ich brach in Tränen aus.

Max sagte kühl und beherrscht: »Hol mir ein paar Gummibaumblätter für die Füllung.«

»Gummibaumblätter?«

»Gummibaumblätter!« bellte Max so laut, daß ich tatsächlich zusammenzuckte. Meine Tränen wichen augenblicklich Entrüstung. Für wen hielt sich dieser Kerl eigentlich, daß er wie General Patton Befehle brüllte? Ich drehte mich um und wollte zu dem verlassenen Haus gehen und mit dem Packen beginnen, doch bevor ich einen Schritt in diese Richtung machen konnte, wandte ich mich ihm wieder zu. Ich wollte ihn mit eindeutigen Worten wissen lassen, daß ich es überhaupt nicht schätzte, von ihm wie in einer

Kaserne herumkommandiert zu werden. Doch als ich mich umdrehte, strahlte er etwas so Beherrschendes und Machtvolles aus, daß ich mich ohne ein Wort zu sagen auf die Suche nach Gummibaumblättern machte.

Ich suchte überall nach den Blättern, oben und unten. Da keine Eukalyptusbäume zu sehen waren, setzte ich mich auf einen großen, roten Felsen und begann, in meinem Elend zu schwelgen. Von tiefem Selbstmitleid erfüllt rieb ich meine Augen, worauf die höllisch zu brennen begannen, dann anschwollen und sich schlossen. Ich hatte mir irgendwelche Pollen in die Augen gerieben, die sofort eine allergische Reaktion bewirkten. Die bittere Ironie dieser Allergie entging mir nicht. Ich weiß nicht, wie lange ich in diesem erbärmlichen Zustand auf dem Felsen sitzenblieb. Ich weiß nur, daß ich als nächstes jemand meinen Namen rufen hörte. Max hatte gespürt, daß etwas nicht stimmte, und Squeaky geschickt, um mich zu holen. Bevor wir zurückkehrten, führte Squeaky mich zu dem Wasserloch und spülte meine Augen.

Wieder im Lager, näherte ich mich Max schüchtern. Er war an der Bratgrube und begoß seinen Emu mit dunklen, stark riechenden Kräutern aus einem Glaskrug. Er blickte nicht einmal auf, um zu zeigen, daß er wußte, daß ich da war – oder um zu sehen, wie erschöpft ich war, wie stark meine Augen geschwollen waren, daß mein Jeanshemd zerrissen war. Er beachtete mich nicht.

»Max«, sagte ich, »es tut mir wirklich leid, aber ich konnte die Blätter nicht finden.«

»Keine Blätter?« sagte Max. Er schmierte die Kräutermischung mit bloßen Händen auf die Keulen und die Brust des Emu.

»Ich sehe, daß du eine wirklich gut riechende Marinade machst«, sagte ich. Für einen Augenblick glaubte ich, mich übergeben zu müssen.

»Du konntest keine Blätter finden«, sagte Max.

»Glaub mir, ich habe überall gesucht.«

»Du hast überall gesucht?« Er kratzte den Rest der Kräutermischung mit seinen Fingerspitzen heraus und gab ihn auf den Vogel wie ein Künstler, der den letzten Pinselstrich auf eine Leinwand setzt.

»Ich bin zum Fluß hinuntergegangen«, erzählte ich ihm. »Dorthin, wo dieser ekelhafte Känguruhkadaver lag. Davon ist übrigens nichts übrig geblieben. Nur ein Skelett.« Ich war mir nicht sicher, ob er sauer war oder was. Ich berichtete ihm weiter, wie angestrengt ich gesucht hatte. »Max, ich bin sogar flußabwärts zu der Stelle gegangen, wo wir diese tollen Pflaumen geholt haben, die einem im Mund zergehen. Jetzt sind noch viel mehr reif. Hätte ich einen Beutel dabei gehabt, hätte ich welche als Nachtisch mitgebracht.«

Max stach mit einem Gabelstock in die riesige Brusthöhle des Vogels. Sekunden später sickerte fettige Flüssigkeit über die gebräunte Haut und troff ins Feuer. »Die Gummibaumblätter sind also weg«, sagte er kaum hörbar.

Ich machte einen schwachen Versuch, das Thema zu wechseln. »He, erinnerst du dich, wie wir letzte Woche eine Abkürzung zum Wasserloch genommen hatten und ich über die Wurzeln des Kempeanabusches gestolpert war und geglaubt hatte, ich sei über eine Schlange gestolpert? Erinnerst du dich, wie ich in Panik geraten war und zu schreien begonnen hatte, daß ich gesehen hätte, wie eine Schlange unter die Büsche gekrochen sei?« Ich kicherte ein paarmal schnell und fuhr fort: »Und du hast dein Taschenmesser herausgezogen und wolltest ein Kreuz in meinen Fuß schneiden und das Gift aussaugen. Aber du konntest nirgendwo an meinem Fuß eine Bißwunde finden. Und wie du dann eine zehn Zentimeter lange Wurzel entdecktest, die aus dem Boden ragte, und wir beide in Gelächter ausbrachen? Erinnerst du dich an den Tag, Max?«

Max schien sich für meine Erinnerungen nicht zu interessieren, denn er setzte den Deckel auf den leeren Glasbehälter, schraubte ihn zu und sagte unbewegt: »Es gibt keine Gummibaumblätter.«

»Was?«

»Es gibt keine Gummibaumblätter«, sagte er. Er riß ein loses Stück Haut von dem Vogel ab und reichte es mir zum Kosten.

»Nein, danke.« Ich dachte kurz an meinen Vater, der das gleiche mit unserem Erntedankfest-Truthahn machte. Ich akzeptierte das immer.

»Max, eine Sekunde lang glaubte ich, du hättest gesagt, in diesem Dorf gäbe es keine Gummibaumblätter.«

Er steckte sich die knusprige Haut in den Mund. »Das habe ich gesagt.«

Was, zum Teufel, sollte das alles? Wütend über das gemeine kleine Spiel, das Max mit mir gespielt hatte, explodierte ich. »Max, du hast mich weggeschickt, um Gummibaumblätter zu suchen, obwohl du wußtest, daß es hier keine Gummibaumblätter gibt?«

»Und du wolltest, daß ich packe, um nach Sydney zu

fahren, obwohl du wußtest, daß deinem Mann nichts zugestoßen ist!«

Für den Rest des Abends sprach Max nicht mit mir. Am folgenden Morgen brach er sein Schweigen. »Ja«, sagte er, »letzte Nacht habe ich wirklich gut geschlafen.«

»Ich auch«, sagte ich. Ich war bereits seit einer Stunde auf. Ich hatte zwei Tassen Kaffee getrunken und darauf gewartet, daß Max sich regte. Ich hatte eine Menge zu sagen. Ich begann damit, daß ich ihm sagte, daß es mir leid täte.

Max schüttelte die rote Erde von einer Pferdedecke. »Was tut dir leid?«

»Daß ich in den letzten Tagen so ausgeflippt bin.«

»Und?« sagte Max. Er faltete seine Decke zusammen und schüttelte dann eine zweite Pferdedecke aus, die ihm als Unterlage gedient hatte.

»Weißt du, die alte griesgrämige Ama hat gestern abend mit mir gesprochen«, sagte ich.

Er klemmte die Decke unter seinen Arm. »Und was hat sie zu dir gesagt?«

»Sie sagte mir, ich solle von ihrem Stuhl verschwinden.«

Max brach in Gelächter aus. »Das ist typisch für unsere Ama.«

»Max«, sagte ich, »sie ist keine böse alte Frau. Sie ist eine verängstigte alte Frau. Als sie mir befahl, ihren Stuhl frei zu machen, war ich wirklich wütend auf sie. Ich wollte ihr ordentlich die Meinung sagen. Aber dann habe ich sie angesehen, und das Feuer spiegelte sich auf ihrem Gesicht wider, und ich sah sie plötzlich ganz anders. Sie wirkte so verletzlich, wenn ich das so sagen soll. Später, als es dann kühler wurde, habe ich meinen ganzen Mut zusammengenommen und bin zu ihr gegangen und habe ihr meinen Pullover übergelegt. Und sie hat mich das tun lassen. Dann habe ich mich neben sie gesetzt, während ihr alle geplaudert habt.«

»Ja?« Max lächelte. Er legte seine Decken ab und setzte sich darauf, schenkte mir seine ungeteilte Aufmerksamkeit. »Das freut mich wirklich für dich.«

»Erinnerst du dich, daß ich dir von all diesen mystischen Offenbarungen erzählte, die ich am Wasserloch hatte, daß ich Dwangos Spiegelbild gesehen hatte und mich mit einem Licht vereint fühlte und all das?«

Max nickte. »Ich erinnere mich.«

»Na ja, dieser Frieden und dieses gute Gefühl waren einfach in der Sekunde weggeblasen, als ich keinen Brief von Reuel bekam.«

»Du warst wie ein Fuchskusu auf einem Gummibaum.«

»Aber in dem Augenblick, als ich aus mir herausging und etwas für einen anderen tat, spürte ich, daß eine Menge von diesem Durcheinander in meinem Kopf verschwand, und als das geschah, wußte ich, daß Reuel nicht in Gefahr war. Max, wenn du mich nicht auf diese aussichtslose Suche nach diesen verdammten Gummibaumblättern geschickt hättest, wäre ich nach Sydney zurückgerast, und die letzte Nacht wäre mir entgangen.«

Max lachte. »Wäre schwer für dich geworden, die Strecke mit geschlossenen Augen zu fahren.«

Max stand auf und ging zu dem verlassenen Haus hinüber, um zu duschen, doch noch bevor er die Straße erreicht hatte, machte er kehrt und kam zurück. »Ach, letzte Nacht sind ich und Squeaky zu Amas Haus gegangen. Sie gab mir den Pullover, den du ihr umgelegt hattest. Er liegt oben auf meiner Tasche«, sagte Max und deutete auf seine braune Tasche. »Sie sagt, sie möchte, daß ich dich heute irgendwann auf eine Tasse Kaffee zu ihr bringe.«

Ich war von dieser Neuigkeit so bewegt, daß ich meine Arme um Max' stämmigen Körper schlang und ihn heftig drückte, doch nur um zwei Koboldstimmen zu hören, die sangen: »Das erzählen wir Thaalangay ... Das erzählen wir Thaalangay ... Das erzählen wir Thaalangay ...«

Es waren Margaret und ihre beste Freundin Lila.

Max erwiderte die Neckerei. »Thaalangay wird am Samstag zum großen Endspiel hier sein. Laßt sie nicht im Stich. Wir alle setzen auf die Suns und die Kicks.«

»He!« schrie Lila. »Die heißen *Knicks*.«

»Ach, Onkel Max hat von Basketball überhaupt keine Ahnung«, bemerkte Margaret. Wenige Augenblicke später entdeckte sie Chris auf Katies Veranda, der dort eine Schüssel Cornflakes aß. Sie rannte zu ihm hinüber. Ich beobachtete, wie Chris sich ins Haus verzog, kaum daß er Margaret die Straße überqueren sah.

Nachdem Margaret außer Hörweite war, platzte Lila mit dem neuesten Klatsch heraus: Margaret beabsichtigte, sich mit Chris zu verloben, bevor er abreiste. Von Heirat wollte sie aber nichts wissen, bevor sie fünfzehn war. Kinder wollte sie erst haben, wenn sie mindestens sechzehn war. In »Canecktigot« würde sie niemals leben wollen. Chris müßte in Enngonia leben und für alles bezahlen, was Margaret haben wollte. Ich war höchst amüsiert, beschloß aber, Chris auch diese Information vorzuenthalten – zumindest so lange, bis wir auf dem Heimweg waren.

Max und ich genossen diesen Klatsch. Dann kam Margaret von Katie zurückgesprungen. Sie schwenkte einen großen braunen Umschlag. »Liz, das kam gestern bei Katie an.« Es war meine Post von Gladys.

Durch die gestrige Suche nach den Gummibaumblättern war ich so erschöpft gewesen, daß ich völlig vergessen hatte, daß Posttag war, als ich schließlich zum Lagerplatz zurückkehrte. Reuel war in Sicherheit! Und er hatte mir eine übergroße Postkarte geschickt, auf der eine Hawaiianerin oben ohne zu sehen war! »Rate mal, wo ich bin, Lizzy!« hatte Reuel darauf gekritzelt. »Du hast beste Aussichten, nicht mehr nach Hause zurückkommen zu müssen. Hawaiianische Mädchen lieben alternde Piloten! Unsere Maschine bekam vor drei Tagen auf der Hickam Air Force Base einen Defekt, und wir warten darauf, daß Ersatzteile eingeflogen werden ...«

Ich war überglücklich, von ihm zu hören. Die Karte roch auch deutlich nach Hawaiian Tropic-Sonnenöl.

»Ja, diese Karte riecht nach Kokosnuß«, sagte Max ganz unschuldig tuend. Mit einem teuflischen Grinsen fügte er hinzu: »An deiner Stelle würde ich mir mehr Gedanken darüber machen, daß dein Mann am Strand ist, und nicht darüber, daß er abgeschossen werden könnte.«

Am Samstag sollte das große Basketballspiel der Kinder sein, und Max hatte Gay dazu eingeladen. Er wollte nach Cunnamulla fahren, um sie abzuholen, und fragte, ob ich mitfahren wollte.

»Das würde ich sehr gerne«, sagte ich. »Wirst du ihr einen Vogel schicken, um ihr zu sagen, wann wir kommen?«

»Nein. Gay hat Telefon. Wir können sie vom Oasis aus anrufen und bei der Gelegenheit ein Sandwich essen«, sagte Max. »Annie macht gute Steaksandwiches.«

»Übrigens«, fuhr Max fort, »als Henry gestern morgen an deinem Schreibapparat arbeitete, flog ein weißer Kakadu um ihn herum. Kakadus sieht man hier nicht oft. Henry hat den Vogel nur gesehen und dachte, daß der Vogel eine Botschaft für dich hätte.«

Das war ein sonderbarer Zufall. Ich erzählte Max davon, daß Gladys geschrieben hatte, sie habe Prinz Charles begraben. Glaubte er, daß der Vogel, den Henry gesehen hatte, so etwas wie ein Geistervogel war?

»Ich war nicht dabei. Du mußt Henry fragen, was er gesehen hat.«

Im Gegensatz zu mir war Max nicht von dem erschüttert, was ich für ein sicheres Zeichen hielt. Er wandte seine Aufmerksamkeit dem Abendessen zu. »Die Boogalies laufen heute morgen wirklich gut«, sagte er und regte damit unser beider Appetit auf die köstlichen kleinen Krebse an. »Laß uns jetzt dorthin gehen. Auf dem Rückweg können wir uns bei Annie Steaksandwiches zum Mittagessen holen, und ich werde Gay anrufen und ihr sagen, daß wir kommen.«

»Und später müssen wir auch zu Amas Haus hinübergehen.«

»Wir bekommen wirklich Ärger, wenn wir nicht zur alten Ama gehen.«

Es war ein zwanzigminütiger Spaziergang zum Fluß hinunter. Der Morgen war strahlend, kristallklar und heiß. Direkt vor uns funkelte der Fluß in der Morgensonne. Max sagte nicht viel. Max sagte nie viel, wenn wir liefen. Obwohl er gesprächsbereit war, war ich meist diejenige, die ein Gespräch begann. Ein paarmal sagte ich ihm, er solle mir sagen, wenn ich zuviel rede-te. »Ja«, sagte er dann und grinste von Ohr zu Ohr, »meine weiße Freundin kann wirklich reden.«

Ungeachtet dessen, daß Max mich aufzog, schien er meine verrückten Geschichten über zu Hause zu genießen. Wenn ich still war, schaute er mich an und sagte: »Alles in Ordnung?« Ich erwiderte darauf, daß ich versuchte, mehr wie ein Aborigine zu werden. »Bleib so wie du bist«, sagte er. Max hörte besonders gern, daß ich Flugbegleiterin gewesen war und doch schreckliche Angst vorm Fliegen hatte. »Das muß so sein wie bei mir, als ich Cowboy war und Angst hatte, auf ein Pferd zu steigen.« Er lachte.

Als wir uns dem Flußufer näherten, deutete Max auf eine flache Stelle, die etwa fünfzehn Meter vom Ufer entfernt lag. »Ich möchte dir etwas zeigen«, sagte er und führte mich eine kleine felsige Anhöhe hinauf. Nachdem wir die erklommen hatten, wandte er sich zu mir, faßte meinen Arm und sagte: »Vor dieser Höhe hast du doch keine Angst, oder?« Er konnte witzig sein.

»Direkt vor dir ist die Stelle, wo das Humpy meiner Familie war.«

»Humpy?«

»Unser Haus«, erklärte Max.

»Woraus war es gebaut?«

»Ach, aus dünner Rinde«, sagte Max. »Aus Papierrinde. Blech. Das Dach war mit Lehm verschmiert. Hielt uns trocken, im Sommer wie im Winter. Ja, war ein wirklich gutes Humpy.«

Er ging zu der Stelle hinüber, hockte sich hin und betrachtete den Boden. »Ich hab' genau hier geschlafen«, sagte er und scharrte etwas Erde beiseite, fast so, als suche er nach einem vergrabenen Artefakt, um das zu bestätigen.

»Hast du beim Bauen geholfen?« Ich trat nicht zu nahe, aus Furcht, es könne eine heilige Stätte sein.

»Mein Großvater und mein Vater bauten das Humpy«, sagte Max, der noch immer hockte und noch immer nach etwas suchte.

»Ah, hier ist es.« Er zog einen kleinen Gegenstand aus dem Boden.

Er streifte die Erde davon ab. Ein ganz gewöhnlich aussehender Stein kam zum Vorschein. »Gay und ich haben ihn am Abend des Corroboree vergraben«, sagte er. »Ja, Gay erinnerte sich an dieses Humpy sehr gut. Sie saß in der Nacht, als sie weggeholt wurde, genau hier.«

»Du meinst, als sie geholt wurde, um den älteren Mann zu heiraten?«

Max nickte. »Ich gab ihr diesen Stein.«

»Sie hat ihn all die Jahre aufbewahrt?«

»Das ist richtig.«

»Sie muß sich wirklich sehr für dich interessieren«, sagte ich.

»Hör mal ganz genau hin«, sagte Max, das Thema wechselnd. »Von hier aus kann man die Boogalies hören.«

Ich stand sehr still, doch das einzige, was ich wahrnehmen konnte, war das Geräusch des Flusses. »Die Boogalies kann ich nicht hören, aber ich liebe das Geräusch des Flusses«, sagte ich. »Zu Hause in Connecticut wohnen wir an einem Fluß. Am Saugatuck River – der ist so benannt nach einem Indianerstamm, der früher einmal dort lebte.«

»Gibt's guten Fisch in dem Fluß?«

»Forelle.«

»Gutes Essen?«

»Wirklich gut.«

»Ich wette, in Amerika gibt es Fische, die ich noch nie gesehen habe«, sagte Max mit plötzlich abwesendem Blick. »Ja, da ist es wirklich anders, oder?«

»Max«, sagte ich aus einer plötzlichen Neugier heraus, »wie stellst du dir Amerika vor?«

»Ah, mal überlegen«, sagte Max. Er fuhr sich über die Stirn und strich zugleich sein Haar zurück. »Da gibt's eine Menge Gebäude wie in Sydney. Aber ihr habt mehr davon. Und die Städte sind viel, viel größer als Sydney. Wahrscheinlich gibt es auch mehr Menschen da.«

»Eine Menge mehr Menschen«, sagte ich. »Hier leben sechzehn Millionen Menschen. Wir haben über zweihundert Millionen.«

»Ja?«

»Aber die Länder sind ungefähr gleich groß. Wenn man die Karte der Vereinigten Staaten auf den Kopf stellt, sieht das wie Australien aus.«

»Ja?«

»Aber die meisten Menschen hier leben an der Küste, und in der Mitte eures Landes ist absolut *nichts*.«

»Nichts in der Mitte meines Landes?«

»Oh, ich meine das in dem Sinne, daß bei uns große Städte in der Mitte des Landes sind. Da gibt es Chicago und Cleveland und Detroit und Kansas City. Ich komme ursprünglich aus Cleveland. Das Land ist wirklich langweilig. Flach. Sehr uninteressant. Aber jetzt – in den letzten zwanzig Jahren – hat die Stadt wirklich Fortschritte gemacht.«

»Fortschritte gemacht?«

»Ja. Es gibt ein neues Stadion. Und wir haben die Rock 'n' Roll Hall of Fame – mit einer *Elvis*-Sammlung. Und dann gibt es ...«

Max fiel mir ins Wort. »Worauf stehen all diese großen Städte?«

»Was meinst du?«

»Worauf sind all diese Städte gelegen?«

»Auf Land«, sagte ich.

»Wenn ihr kein Land hättet, wo wären die großen Städte dann?«

»Na ja, ich denke, dann hätten wir keine großen Städte.«

»Ihr müßt dieses Land in der Mitte eures Landes achten«, sagte Max. »Es ist heiliges Land. Ihr müßt euch darum gut kümmern.«

Während Max weiter über die besondere Beziehung zwischen der Seele eines Menschen und seinem Geburtsort sprach, hatte ich eine rasche Abfolge von Bildern vor Augen. Ich spielte in unserem Hinterhof in Cleveland Heights. Ich half meinem Großvater beim Tomatenpflücken. »Mit dieser Tomate«, sagte er mit seinem schweren italienischen Akzent, »mache ich die beste Soße auf der ganzen Welt.« Ich pflückte Löwenzahnblätter für Salat. Meine Mutter und ich flochten Armbänder aus Löwenzahn. Ich weinte über Old Ma, als sie in die Erde gesenkt wurde.

In diesem Augenblick fragte ich mich, wie ich all diese Jahre gelebt haben und die Verbindung zwischen dem Boden und mir nicht bemerkt haben konnte. Ich hatte einst meinen kleinen Hinterhof mit dem Gemüsegarten und der verrosteten roten Schaukel geliebt. Und dann war ich Teenager geworden und hatte geglaubt, daß meine einzige Chance, wahres Glück zu finden, die sei, so weit wie möglich von Cleveland Heights wegzukommen. Und doch war es Cleveland Heights, wo ich aufgewachsen war, wo ich Liebe nahm und Liebe gab – wo ich die besten Freunde meines Lebens und die ärgsten Feinde meines Lebens hatte, die später wieder die besten Freunde wurden. Es war in der Mitte Amerikas, wo ich die Tiefen von Traurigkeit und die Höhen von Freude und die wundervolle Ruhe dazwischen erlebt hatte.

»Max«, sagte ich, »ein Land, aus dem man seine Kraft schöpft – ist das nicht heiliges Land?«

Max reichte mir den Stein. »Was fühlst du?« sagte er. Er schien meine Frage zu ignorieren.

Ich umfaßte den Stein und schloß meine Augen. Wenige Momente später reichte ich ihn zurück. »Ich fühle einen kühlen, glatten Stein«, sagte ich.

»Ja«, sagte Max. »Aber für mich fühlt er sich sehr warm an. Sind eine Menge Gefühle drin.« Er nahm den Stein und vergrub ihn wieder im Boden.

Während ich ihm dabei zuschaute, sagte ich: »Ich würde jetzt alles darum geben, einen Stein aus dem Hinterhof zu haben, in dem ich aufgewachsen bin.«

»Warum holst du dir nicht einfach einen, wenn du beim nächsten Mal dort zu Besuch bist?«

Wir spazierten zum Fluß hinunter und füllten zwei große Plastiktüten mit Krebsen. Und dann gingen wir zum Oasis.

Annies Steaksandwiches erinnerten mich an White Castle-Hamburger, rechteckige Fleischstücke mit gerösteten Zwiebeln belegt und in ein Hamburgerbrötchen gesteckt. Sie waren so gut, wie Max es gesagt hatte. Doch das beste beim Mittagessen im Oasis waren nicht die Steaksandwiches. Ich saß an der Bar und lauschte der Musikbox, während ich mit Annie plauderte, einer großen, gutaussehenden nüchternen weißen Australierin, die eine beneidenswerte Wild West-Ausstrahlung hatte. Offensichtlich war, daß Annie nirgendwo anders auf dieser Welt sein wollte. Sie hatte ihr Glück als Besitzerin und Betreiberin des Oasis Hotel and Pub gefunden.

»Annie ist eine wirklich gute Frau«, hatte Max mir auf dem Weg dorthin gesagt. »Ich sagte ihr, daß sie mich wissen lassen soll, wenn einer meiner Brüder sich nicht anständig benimmt. Ich will nicht, daß jemand Annie Ärger macht.«

Es gab gegenseitigen Respekt zwischen Annie und Max. Als Max ging, um Gay anzurufen, beugte Annie sich vor und sagte: »Max ist das Salz der Erde. Er sorgt dafür, daß seine Brüder auf dem Tugendpfad wandeln. Mein Geschäft leidet, wenn er in der Stadt ist.« Sie lachte herzlich.

Ich erzählte Annie, daß Vater Ted, Schwester Pat und Schwester Dorothy das gleiche über Max gesagt hatten. Und dann fragte ich: »Annie, warum ist er so besonders?«

»Das Herz dieses Burschen ist größer als das jedes anderen Menschen, dem ich begegnet bin«, sagte Annie mit gedämpfter Stimme, so daß die beiden Einheimischen, die am Ende der Bar saßen, das nicht hören konnten. »Er hat ein schweres Leben gehabt. Darüber spricht er aber nicht. Alle Aborigines hier haben's schwer. Die meisten sind arbeitslos und leben vom Stempelgeld. In der Gegend gibt's nur Gelegenheitsjobs.«

Ich wollte Annie erzählen, wie ich Max kennengelernt hatte, als er zu uns zurückkam. Er strahlte über das ganze Gesicht. »Ja«, sagte er und sprang so lebhaft wie ein Siebzehnjähriger auf den Barhocker. »Gay wird am Samstagmorgen auf uns warten.«

»Wer ist Gay?« fragte Annie, die den Tresen abwischte.

»Ach, Gay ist eine alte Dame, eine Freundin von mir«, sagte Max, der noch immer auf Wolke sieben war.

»Eine alte Dame!« sagte Annie lachend. »Wahrscheinlich ist sie jünger als ich.«

Max lachte. Dann zog er seine Brieftasche heraus. »Was schulde ich dir, Annie?«

Ich griff nach meinem Geld. »Ich bin dran«, sagte ich.

»Dein Geld gilt hier nicht«, sagte Max. Er reichte Annie einen Fünfdollarschein, bevor ich etwas tun konnte. »Wir müssen die reinigen«, sagte er und hielt die beiden Plastiktüten mit den Krebsen hoch, während wir uns auf den Weg nach draußen machten.

In genau diesem Augenblick begann die Musikbox, geradezu auf magische Weise »She's Got Bette Davis Eyes« zu spielen.

»Nun hör sich einer das an. Habt ihr das für mich gewählt?«

»Ich hab' das.« Roland tauchte plötzlich aus dem Nebenraum auf, in dem sich eine größere Bar, ein kleiner Tanzboden und ein Billardtisch befanden. »Ihr könnt erst gehen, wenn das Lied vorbei ist«, sagte er und versperrte uns den Weg zur Tür. Er hatte einen Billardqueue in der einen Hand und eine Zigarette in der anderen. Während Kim Carnes sang, führte Roland seine Zigarette zum Mund. Er bewegte seine Hand wie ein Scheibenwischer, und seine Augen quollen ihm förmlich aus dem Kopf, als er den Text sprach. »Sie liebt dich ... Sie verläßt dich ... Sie hatte diese Bette Davis-Augen.«

»Roland«, schrie ich durch das brausende Gelächter, »du hast die Rolle!«

Und bei diesen Worten hatte ich eine brillante Idee. Ich würde Randy anrufen. Es war zwar mitten in der Nacht Ortszeit, aber das würde ihn nicht stören. Zudem standen die Chancen gut, daß Randy sich einen alten Film ansah oder eine Wiederholung von *I Love Lucy*. Er nahm nach dem ersten Läuten das Telefons ab.

»Randy«, sagte ich und winkte Max und Roland ans Telefon, »klingt so, als seist du direkt nebenan.«

»Laß mich eben den Fernseher leiser stellen«, sagte Randy. Ich hörte ihn im Hintergrund murmeln: »Wo ist diese verdammte Fernbedienung?« Sekunden später sagte er: »Liz, bist du zu Hause?«

»Ich bin im Outback. In einem Pub namens Oasis. Ich bin mit Aborigines-Freunden hier. Einer von ihnen hat gerade Bette Davis phantastisch imitiert.«

»Was?«

»Roland, ein reinrassiger Aborigine kann *Bette Davis* imitieren.«

»Muß ich mir Sorgen um Konkurrenz machen?« sagte Randy mit einer Lockerheit, die mir sofort verriet, daß er sich ganz gut fühlte. Dann sagte er: »Okay, gib ihn mir. Ich werd's beurteilen.«

Ich reichte Roland den Hörer. »Roland«, sagte ich, »imitiere für meinen Freund in Philadelphia Bette Davis.«

Aber Roland hatte offensichtlich eine bessere Idee. »*Du dreckige Ratte*«, sagte er und gab mir den Hörer zurück.

»Sag James Cagney, er soll seinen Job nicht aufgeben«, Randy kicherte. »Liz, wann kommst du nach Hause?«

»Frag den Mann, der mich hierher gebracht hat«, sagte ich und reichte jetzt Max den Hörer.

Max verdeckte die Sprechmuschel mit seiner Handfläche. »Ist dies dein schwerkranker Freund?«

Ich nickte.

»Ich denke viel an Sie, Bruder«, sagte Max zu Randy. »Ich wäre gern mit Ihnen zusammen hier.«

Meine erste Reaktion war, ihm den Hörer aus der Hand zu nehmen. Dieser Anruf sollte Randy aufmuntern und ihn nicht daran erinnern, wie krank er war.

»Können Sie in der Sonne mit denen spazierengehen, die Sie lieben?«

»Ja«, konnte ich Randy sagen hören.

»Bruder, ich werde mit meinen Leuten in der Sonne spazierengehen und die Geister bitten, Sie zu begleiten.« Eine lange Pause entstand, in der weder Randy noch Max sprachen. Max wischte sich eine Träne aus dem Auge. »Passen Sie gut auf sich auf, Bruder«, sagte Max und gab mir endlich den Hörer zurück.

In Randys Stimme waren Tränen. »Danke, Schätzchen«, sagte er.

11. Kapitel

Ama wohnte mit ihrem Neffen Henry in einem Zimmer an der Frontseite. Sie liebte das große Fenster neben ihrem Doppelbett. Sie konnte auf der geflickten Matratze liegen und im Auge behalten, was auf der Straße vorging. Wenn sie sich im Bett aufrichtete, konnte sie die Kinder im Gebüsch Ball spielen sehen. Sie pflegte in einem Zimmer an der Rückseite des Hauses zu schlafen, von wo aus sie Ausblick auf die schmutzige Küche ihrer Schwägerin hatte. Wenn Ama nicht in dem Zimmer war, das sie mit ihrer Nichte teilte, saß sie auf der Veranda vor dem Haus in ihrem metallenen Schaukelstuhl, der mit Schaumgummikissen, bezogen mit rotem Kord, gepolstert war. Die Kissen waren in Neuseeland hergestellt. Henry hatte sie ihr zum Geburtstag geschenkt. Sie hatte schwere Arthritis in ihren Fingern, im Nacken und an den Hüften. Doch Dank Toms Medizin litt sie nicht sehr.

Ama zufolge waren Kinder nirgendwo so wohlerzogen wie zu der Zeit, als sie ein Mädchen war und in Eulo aufwuchs. »Die Jungen haben heute zuviel.« Margaret war typisch dafür mit all den Kleidern, die sie hatte, und wie sie im Dorf herummarschierte und ›angab‹. Sie könnte vielleicht etwas von dem kleinen weißen Kerl mit der Mütze und den Metallzähnen lernen. Er käme immer auf dem Weg zu dem Korb bei ihr vorbei und hätte etwas Nettes zu sagen.

Diese Neuigkeiten verblüfften mich. Chris hatte nie ein Wort davon erwähnt, daß er Ama besuchte.

»Er gab mir das gestern«, sagte Ama. Sie hob ihr Handgelenk und zeigte stolz ein rotgelb gewebtes Surferarmband, das Chris als Geschenk bekommen hatte, als ich ihm in Manly das Boogie Board gekauft hatte.

Max inspizierte Chris' Geschenk. »Da hast du ein wirklich gutes Armband, Ama. Diese leuchtenden Farben sehen hübsch auf deiner Haut aus.«

»Ist direkt aus Amerika gekommen«, sagte Ama mit einem bewundernden Blick auf die Baumwolle.

»Tatsächlich«, sagte ich, »wurde es in ...« Ich beherrschte mich noch gerade rechtzeitig. »Ja, es kommt aus Amerika.«

»Hat dein Sohn dir gezeigt, was ich ihm gegeben habe?« fragte Ama. Sie rieb sich ihren Nacken und schnitt eine Grimasse. Ihr Gesicht verzerrte sich derart, daß sie geradezu geisterhaft wirkte. »Nein, das hat er nicht«, sagte ich, von großer Herzlichkeit ihr gegenüber erfüllt.

»Was ich ihm gab, kam durch Wurekker.«

»Wurekker?«

»Sie sagt, daß sie dem Jungen etwas gegeben hat, das durch einen Boten kam«, erklärte Max mir.

»Ist es mit der Post gekommen?«

»Aaaach!« rief Ama verärgert. Sie deutete mit ihrem entstellten Zeigefinger zum Himmel. »Vogel.«

»Vogel?«

Ama rasselte etwas auf Aborigines zu Max, und dann sagte Max zu mir: »Du erinnerst dich, daß ich dir von dem Kakadu erzählte, den Henry gestern um deinen Schreibapparat fliegen sah?«

»Ja.«

»Ama sagt, daß sie den Vogel gesehen hat und daß der Vogel eine alte Muschelschale in ihren Schoß fallenließ. Sie wußte in ihrem Kopf, daß der Vogel aus Sydney kam und daß die Muschel eine Nachricht für dich ist. Dein Sohn hat sie in seine Hosentasche gesteckt.«

Das war die Bestätigung, die ich brauchte: Der Vogel war von der Geisterwelt geschickt worden. Ich war sprachlos, zum ersten Mal vielleicht, was Max ein wenig besorgt machte.

»Alles in Ordnung mit dir?« fragte Max. Er faßte mich beim Ellenbogen und schaute mir in die Augen, als wolle er mir Erste Hilfe leisten.

»Mir geht's gut«, sagte ich. Ich hätte alles dafür gegeben, wenn Reuel dagewesen wäre und das hätte hören können. Ich hätte alles für ein Glas Rotwein gegeben.

»Ich finde, du siehst nicht gut aus«, sagte Max. »Trink deinen Tee.«

Ich nippte von dem grünlich braunen Tee, den Ama bei unserer Ankunft aufgegossen hatte. Ama tadelte uns fortwährend, weil wir sie den ganzen Nachmittag hatten warten lassen, und erzählte mir dann, daß der Tee gut für meine Augen sei. In dem Tee trieb eine winzige goldene Blüte, die etwa die Größe einer Erbse hatte. Wir sollten die Blüte essen, wenn wir den Tee ausgetrunken hatten. Dadurch könnten wir die Geister sehen, die an unserer Seite gehen. Alles dies durch Max, der für Ama übersetzte.

»Nimm ein Stück von dem Zuckerkuchen«, sagte Max. Er nahm sich selbst ein großes Stück von dem glasierten und mit Puderzucker bestreuten Orangenkuchen und reichte mir dann das Blechtablett.

»Kann ich den Kuchen und diese gelbe Blüte essen, die in meinem Tee schwimmt?« fragte ich. Ich hoffte, nicht wie eine Klugschwätzerin zu klingen. Doch mehr als das hoffte ich, daß die Blüte nicht so etwas wie ein Rauschpilz war.

»Ist schon recht.« Ama winkte beruhigend. Auch sie nahm sich ein Stück von dem Kuchen. »Orangen aus dem Hain«, sagte sie, wobei die Glasur an ihrem Kinn heruntertroff und auf ein ansonsten sauberes braunes Kleid tropfte. Der Nachteil, wenn man keine Zähne hat.

Nach meinem letzten Schluck Tee nahm ich mit meinen Fingern ohne Umschweife die winzige Blüte vom Boden des Bechers und aß sie. Sie schmeckte wie eine dieser eßbaren Blüten, mit denen in eleganten Restaurants zuweilen Speisen garniert werden. Im Laufe der nächsten zehn Minuten, auf dem Rückweg, kontrollierte ich immer wieder sehr skeptisch mein Verhalten, erwartete einerseits Geister, hatte andererseits Angst. Nichts geschah. Nachdem die Sonne untergegangen war, hatte ich die Blüte völlig vergessen. Aber ich dachte daran, Chris nach der alten Muschelschale zu fragen, die Ama ihm gegeben hatte.

»Die ist hier«, sagte Chris und holte sie aus seiner Hosentasche.

Ich sah mir die Muschel eingehend an. Sie sah genau wie die versteinerte Muschel aus, die Prinz Charles auf meinen Computer fallengelassen hatte. »Hat sie gesagt, woher sie die hat?«

»Ich verstehe kein Wort von dem, was sie sagt, Mom.«

»Aber du hast sie besucht?«

»Wenn ich sie auf der Veranda sehe, gehe ich zu ihr und sage hallo«, sagte er und drehte seine Baseballkappe nach hinten. »Das erste Mal bin ich nur zu ihr gegangen, weil Margaret mich dazu herausgefordert hat.«

»Sie hat dich herausgefordert?«

Chris grinste böse. »Mom, Margaret sagt, sie würde Kinder essen, und ihr Schlafzimmer sei mit Kinderknochen gefüllt. Die Augäpfel und die Leber bewahrt sie in ihrem Kühlschrank auf. Margaret sagte, sie hätte zwölf Brüder und Schwestern gehabt, und nun seien sie alle verschwunden.«

»Und daraufhin bist du zu ihr gegangen?«

»Ja«, sagte Chris. »Margaret und Lila hatten sich in Rolands Lastwagen versteckt und zugeschaut, wie ich zu ihrer Veranda ging.«

»Hattest du Angst?«

»*Ama* sah aus, als hätte sie Angst. Ich hab' wie blöd da gestanden und ›hallo‹ gesagt.«

»Was hat sie getan?«

»Sie ist aus ihrem Stuhl aufgestanden und hat mir gesagt, ich soll mich setzen.«

»Sie hat dich in ihrem Stuhl sitzen lassen?«

»Ja.«

»Und dann?«

»Nichts.«

»Ihr zwei habt nur da gesessen und *nichts* gesagt?«

»Es gab nichts zu sagen.«

»Hast du dich nicht ein bißchen unbehaglich gefühlt?«

»Nein«, sagte Chris. »Sie hat einen wirklich bequemen Stuhl.«

»Ich meine, hast du dich nicht unbehaglich gefühlt, weil ihr zwei nur dagesessen seid und nicht geredet habt?«

»Wieso?«

»Ich verstehe«, sagte ich. In diesem Augenblick verstand ich. Ich sah die Einstellung meines Sohnes auf so wundervolle Weise, daß ich nachdem er gegangen war, einen kleinen Notizblock aus meinem L. L. Bean Geldgürtel zog und unter meine Einkaufsliste für Erdnußbutter, Kekse, Milch, Eier, Chips, Mineralwasser, Orangen und Toilettenpapier folgendes schrieb:

> Heute »sah« ich Chris' Ruhe des Geistes, seinen ruhigen Blick, sein offenes Herz. Und mit diesem plötzlichen Bewußtsein um seine spirituellen Gaben entfachen sich meine eigenen. Ich habe das unglaubliche Verlangen, nur das Beste in jedem Menschen zu suchen, dem ich begegne. Und dafür will ich nur mein Bestes geben. Ich will das Gute in jedem Menschen bewundern, und ich will keine Energie auf ihre Fehler verschwenden. Ich will mich nicht mehr für meine eigenen Fehler schlagen. Ich will die engen Grenzen der Familienliebe öffnen und mein Herz für jedes Lebewesen auftun, dem ich auf meiner Reise begegne.

Als ich diese ganz tollen Zeilen geschrieben hatte, suchte ich Max auf und las sie ihm vor. Ich las sie ihm sogar zweimal vor, um sicherzugehen, daß er nicht nur Chris' Gefühlstiefe, sondern auch meine Gefühlstiefe erkannte.

Max' Reaktion: »Ja, das ist wirklich ein ganz handlicher kleiner Notizblock, den du mit dir herumträgst.«

Mein Gedanke: Hat dieser Kerl das nicht verstanden? Ich wollte es ihm gerade zum dritten Mal vorlesen, als er sagte: »Sieht aus, als sei Chris hochgesprungen und hätte Squeakys Korb von dem Stahlpfosten abgebrochen.«

»Was?«

»Dein Sohn und der alte Squeaky waren verschiedener Ansicht darüber, wie dieser Korb befestigt werden soll, und Chris hat ihn abgerissen.«

Das klang gewiß nicht nach meinem Kind mit der Ruhe des Geistes, ruhigem Blick und offenem Herzen. »Willst du damit sagen, Chris habe sich mit Squeaky gestritten und den Korb abgerissen?«

»Denke schon. Er sagte Squeaky, er solle sich zum Teufel scheren.«

Als ich das hörte, sank mein Herz in die verdorrte Erde. Ich setzte mich stumm hin. Ich fühlte mich so töricht wegen all dem, was ich Max gerade über Chris vorgelesen hatte.

»Kinder sind wirklich schon eigenartige Wesen«, sagte Max und betonte jedes Wort. »Genau in dem Augenblick, wenn man glaubt, sie genau zu kennen, tun sie etwas, was einen zu einem verdammten Lügner macht. Das ist das Verrückte bei Kindern. Manchmal sind sie richtig gut, und ein anderes Mal sind sie wirklich schlecht. Ja.« Max kicherte. »Aber ich denke, anders will man es gar nicht.«

Zu dem Zeitpunkt, als Max diese Worte sprach, war ich über das Verhalten meines Sohnes so aufgebracht gewesen, daß ich ihm eigentlich gar nicht zuhörte. Am folgenden Morgen aber wachte ich auf, ging zu Max und platzte heraus: »Es geht allein um Gleichgewicht, nicht wahr?«

»Gleichgewicht?« fragte er halbwach.

»Das ist meine Lektion!« rief ich aus, so laut, daß Henry mit dem aufhörte, was er unter der Motorhaube von Rolands Lastwagen tat, und zu unserem Lagerplatz herübergeeilt kam, der etwa drei Meter entfernt war.

»Habe ich eine Schreiblektion verpaßt?« fragte Henry, den Ölmeßstab in seiner Hand.

»Nein«, sagte ich, »aber ich hätte fast eine Lektion verpaßt.«

Henry schaute verblüfft drein. Aber Max wußte genau, was ich meinte, obwohl er noch in einem Nebel war.

»Ihr – ihr alle – jeder Aborigine, dem ich hier begegnet bin, hat Gleichgewicht, inneres *Gleichgewicht*. Es ist Teil eures ganzen Wesens. Ich sehe es daran, wie ihr euch selbst seht. Wie ihr andere seht. Wie ihr all die behandelt, die um euch sind – selbst die Toten. Niemand hier interessiert sich für richtig oder falsch, sondern nur dafür, das Beste zu geben.«

»Das Beste?« fragte Henry.

»Ja«, sagte ich, »in meinem Land geht es nur darum, den Nächsten aus dem Feld zu schlagen. In absolut allem besser zu sein. Zu siegen. Die Nummer eins zu sein. Glückliche Tage. Prozac!«

»Prozac?«

»Prozac. Das ist eine Droge, die einen immer bei Laune hält. Es gibt keine Tage, an denen man down ist.«

»Woher weiß man, daß man down ist, wenn man steht?« sagte Max, der aufrichtig eine Antwort wollte.

»Mit Prozac ist man nie down.«

»Wozu führt dieses Down?« fragte Max. Es war eine tiefsinnigere Frage, als ihm bewußt war.

»Ich denke, daß es alles verdeckt«, sagte ich. »So wie gestern im Oasis, als wir mit Randy telefonierten. Ich wollte bei dem Gespräch nur oberflächlich plaudern, weil das sicher war. Niemand würde verletzt werden. Tatsache war aber, daß dadurch auch nichts besser werden würde. Aber ihr habt aus dem Herzen gesprochen. Und als ich den Hörer auflegte, fühlte ich mich leicht. So hoffnungsvoll. Ich fühlte mich verbunden.« Ich hielt inne und sagte dann: »Alles dieses wurde mir schlagartig klar, als ich heute morgen aufwachte.«

Max schüttelte seinen Kopf. »Das ist dir klar, weil der Geist heute nacht mit dir gesprochen hat.«

»Wie?«

»Ja, der Geist kam auch, um mit mir zu sprechen.«

Ich hatte lange gebraucht, bis ich die Realität der Geisterwelt akzeptiert hatte, doch jedes Mal, wenn Max oder sonst jemand erwähnte, daß Geister im Dorf umherstreiften, sträubten sich mir die Haare.

Max wandte sich an Henry. »Ama hat uns gestern die gelbe Blüte in unsere Tasse gegeben.«

»Ahhh«, sagte Henry, als ob das völlig einleuchtend sei.

»Ja«, sagte Max, »der Geist, der mich letzte Nacht besucht hat, sagte, ich soll dich später zu einem Ort führen.«

Wieder sträubte sich mir das Haar. »Zu dem Wasserloch?« fragte ich. Dort fühlte ich mich immer sicher und gut.

»Nee, zu einem anderen Ort.«

»Wo ist der?«

Aber Max war schon wieder bei einem anderen Thema. Er deutete auf den Ölmeßstab, den Henry hielt. »Was kochst du?«

Henry und ich lachten. »Der alte Max versteht von Lastwagenreparatur so wenig wie der alte Squeaky von Korbreparatur.«

»Da wir gerade von Körben sprechen«, sagte ich mit einem Blick auf den leeren Schlafsack meines Sohnes, »hast du meinen Chris gesehen?«

»Er ist mit Squeaky weggegangen, um einen neuen Korb zu machen«, sagte Henry.

Ich war erleichtert zu hören, daß sie ihre kleine Auseinandersetzung beigelegt hatten. »Was nehmen sie diesmal für den Korb?«

»Etwas, das Tom aus Tinnenburra mitgebracht hat.«

»Medicine Tom ist zurück!« kreischte ich und schleuderte meine Decke förmlich beiseite.

»Ja, heute morgen um zwei kam er mit seinem Lastwagen. Neue Windschutzscheibe. Neue Scheinwerfer. Ist wirklich gut repariert.«

»Wieso ist er zurück?«

»Er lebt hier«, sagte Henry und sah mich an, als sei ich unfähig, offensichtliche Zusammenhänge zu begreifen.

»Dann wird er also eine Weile hier sein?« sagte ich,

wild darauf, ihm hallo zu sagen, mehr von der Allergiemedizin zu bekommen und ihn nach der gelben Blüte zu fragen, die Ama Max und mir gegeben hatte.

»Er fährt nirgendwohin, außer am Freitag.«

»Wohin fährt er am Freitag?« fragte ich.

»Freitag fahren wir runter nach Bourke, um Greg und ein paar andere für das Basketballendspiel am Samstag abzuholen.«

»Wer macht denn bei dem Endspiel mit?« fragte ich, amüsiert darüber, wie Henry das Wort Basketball über die Lippen brachte, als habe er das sein Leben lang gesagt.

Henry zuckte die Schultern. »Wer immer kommt.«

Es war klar, daß Henry niemals Trainer bei der Western Middle School werden würde. »Und um wieviel Uhr wird das sein?« fragte ich.

»Wenn alle da sind«, sagte Henry und schlenderte zu Rolands Lastwagen zurück. Ich hingegen schwelgte in meiner neu entdeckten Welt von Zeitlosigkeit, in der es keinen Druck gab. Ich nahm meine wasserdichte Timex mit Kalender und Leuchtzifferblatt ab und steckte sie in meine Tasche.

Während Henry bei Rolands Wagen den Ölwechsel machte und Max Wasser für unseren Kaffee kochte, zog ich meinen kleinen Notizblock heraus und schrieb in großen Druckbuchstaben über das Kauderwelsch, das ich Max vorgelesen hatte: »HEUTIGE LEKTION: SEI UNBESCHWERT, LIZ!«

Doch ich war ein Zeitjunkie. Zeitsüchtig. Ohne meine Armbanduhr war ich völlig hilflos. Ich fühlte mich physisch aus dem Gleichgewicht gebracht. Ich wußte nicht, ob ich hungrig oder müde sein sollte. Ich wußte nicht, ob Dienstag oder Donnerstag war. April oder Mai. Der vierzehnte oder der vierundzwanzigste. Ich wußte nicht, ob es die Tageszeit war, zu der ich immer abschlaffte, oder die Tageszeit, zu der ich mich wieder steigerte. Ich war mir nicht einmal sicher, ob ich Appetit auf Kaffee oder Chardonnay hatte.

Am folgenden Morgen war ich völlig entsetzt darüber, wie sehr ich mich auf dieses achtzig Dollar teure Stück rostfreien Stahls nebst Gummiband verlassen hatte. Einmal mußte ich laut darüber lachen, für was es alles benutzt werden konnte. Wie sollte ich ohne meine Armbanduhr prüfen können, ob ich nicht vielleicht unter Gehörverlust litt? Und bei dem Gedanken an Gehörverlust begann ich über mein ganzes neurotisches Verhalten nachzudenken. Wie oft prüfte ich mich auf Symptome nach irgendeiner schrecklichen Krankheit? Brustkrebs stand da an erster Stelle. Ewig tastete ich mich nach Knötchen ab. Es war völlig egal, wo ich diese Selbstuntersuchung vornahm – in Aufzügen, beim Mittagessen mit Freunden, beim Autofahren. Natürlich war ich stets diskret. Ein Jahr zuvor war ich davon überzeugt gewesen, multiple Sklerose zu haben, und dann stellte ich fest, daß die Schuhe, die ich trug, einfach zu spitz und sie die Ursache für mein Stolpern waren. Noch schlimmer war ich mit meinen Einbildungen von Krankheiten, die mein Sohn und meine Eltern haben könnten. Es verging keine Nacht, in der ich mir nicht Sorgen darüber machte, daß ich einen Anruf bekommen könnte, daß mein Vater oder meine Mutter gestorben sei. Während ich über all dies nachdachte, folgte ich

Max zu Katies Veranda – wo er üblicherweise saß – und fragte ihn, ob er sich je darum Sorgen mache, krank zu werden. Max kam augenblicklich zu dem irrigen Schluß, ich wolle ihm damit sagen, daß er krank aussähe.

»Überhaupt nicht«, korrigierte ich ihn. »Ich wollte nur wissen, ob du dir je *Sorgen* darüber gemacht hast, daß du an etwas erkranken könntest, wenn du *nicht* krank bist.«

Max runzelte die Stirn. Er fuhr sich mit der Hand übers Kinn. »Wenn ich mich gut fühle, warum sollte ich mir Gedanken darüber machen, wie es wäre, wenn ich mich schlecht fühlte?«

»Das ist ein sehr guter Standpunkt.«

Max saß unbewegt da, während er darauf wartete, daß ich ihm erklärte, warum ich ihm eine so verrückte Frage gestellt hatte. Aber ich erklärte mich nicht. Ich war zu sehr darauf fixiert, daß hier ein Mann war, der wahrhaftig keine Angst davor hatte, krank zu werden. »Du hast also niemals Angst davor, daß du eine schreckliche Krankheit bekommen könntest?«

Max' Gesichtsausdruck wandelte sich plötzlich von Besorgnis um meinen Geisteszustand zu Besorgnis über meine Gesundheit. »Fehlt dir etwas?« fragte er und rückte etwas näher heran, nicht von mir weg.

»O nein.« Ich lachte. »Ich bin völlig gesund. Zumindest glaube ich das.«

Max schaute verblüfft drein. »Du weißt das nicht?«

»Woher weiß man das sicher?«

»Das weiß man einfach«, sagte Max und nahm sich eins von den Schokoladenbiskuits, die ich zu unserem Kaffee mitgebracht hatte. Er trennte die beiden Biskuithälften vorsichtig voneinander und leckte die Vanillecremefüllung heraus.

»He, das mache ich auch immer.«

»Was machst du?«

»Die Füllung herauslecken, bevor ich es esse.«

Max brach in Gelächter aus.

Ich liebte es, Max lachen zu hören. Er hatte ein herrliches, herzliches, unbekümmertes Lachen. Die meisten der Aborigines, die ich kennengelernt hatte, beherrschten die Kunst des Lachens, das von Herzen kommt. Zuweilen, wenn wir alle lachten, erinnerte mich das an meine italienischen und irischen Verwandten bei Familientreffen. Es schien, als ob die Menschen, die ein schweres Leben hatten, am herzlichsten lachen konnten. Meine Großmutter zum Beispiel. In der Zeit der Depression zog sie vier Kinder groß, arbeitete als Kellnerin in einer Imbißstube. »Ich verdiente sieben Dollar die Woche. Manchmal hatten wir nur Zwiebeln zu essen«, sagte sie mit leichtem irischen Akzent. Wann immer Old Ma sich in Erinnerungen erging, klang darin ein Sehnen an, so daß der Eindruck entstand, diese Zeiten seinen wirklich gut gewesen. Jedenfalls konnte sie lachen. Wir pflegten uns so sehr gegenseitig zu erheitern, daß wir buchstäblich auf den rosa Teppichboden in meinem Schlafzimmer fielen und uns vor Lachen die Seite hielten. Sie sagte immer: »Wenn man nicht lachen kann, kann man sich ebensogut hinlegen und sterben.«

»Sind das die Biskuits, die wir mitgebracht haben?« fragte Max, der jeden Bissen genoß.

»Ja«, sagte ich. »Wenn die weg sind, ist es Zeit zu gehen.«

Max' Lächeln verschwand. »Du willst abreisen?«

Dies war das erste Mal seit meiner kleinen Episode wegen Reuels Sicherheit, daß das Thema Abreise angesprochen wurde. Ich wußte jedoch, daß die Frage uns unterbewußt beide beschäftigte. Aber im Augenblick wollte ich nicht an Abreise denken. Ich hatte das nagende Gefühl, daß da noch etwas Unerledigtes war. Ich wußte einfach nur nicht, was dieses Unerledigte sein könnte.

Ich drehte den Spieß um. »Bist *du* zur Abreise bereit?«

Max spielte den Ball sofort zurück. »Laß mich wissen, wenn du dazu bereit bist.«

Perfekt, dachte ich. Kein Druck zum Bleiben oder zum Gehen. Und da der ganze Druck genommen war, lehnte ich mich neben Max zurück und genoß den Augenblick – bis Max sagte: »Du fürchtest dich also davor, hier krank zu werden?«

»Oh, ich hab' keine Angst davor, *hier* krank zu werden. Ich hab' nur ganz allgemein Angst, krank zu werden.«

»Ahhh«, sagte Max und schüttelte seinen Kopf. Ich vermochte nicht zu sagen, worüber er nachdachte.

»Max«, sagte ich, »wissen Aborigines, wann sie sterben werden?«

Er stippte sein drittes Biskuit in den Kaffee. »Ja, das weiß man.«

»Wie?«

»Man spürt, daß viel Raum zwischen dem Körper und der Seele ist«, sagte er und tippte auf seine Brust.

Eine solche Erklärung von Tod hatte ich noch nie gehört. Aber sie leuchtete völlig ein. »Ich werde das aufschreiben, Max«, sagte ich.

Er lächelte und nahm sich noch ein Biskuit. »Von diesen Süßigkeiten kann ich gar nicht genug bekommen«, sagte Max und fügte hinzu, »sie sind nicht gut für die Zähne.«

»Max, du hast keine Angst vorm Sterben, nicht wahr?«

»Ich denke einfach nie ans Sterben.«

»Das ist gut. Das bedeutet, daß du nicht davon besessen bist oder so.«

»Besessen?«

»Weißt du, Angst, richtige Angst vorm Sterben haben.«

»Richtig«, sagte er und schlug seine dünnen Beine übereinander. »Ich hab' keine Angst vorm Sterben.«

»Das ist doch nicht nur so ein Machospruch, so ein Aborigines-Cowboygerede, nicht wahr, Max? Du sagst mir die Wahrheit. Du hast keine Angst vorm Tod.«

Max lächelte mit einer solchen Gelassenheit, daß ich mich plötzlich albern fühlte, ihn gefragt zu haben. »Ich sehe, daß du keine Angst vorm Tod hast«, sagte ich. »Ich sehe es in allem, was du tust. Ich sehe es in deinen Augen. Ich sehe es in ...«

Max unterbrach mich. »Ich hatte Angst vorm Sterben«, gab er zu. »Als ich noch an der Flasche hing. Ich hab' dir ja erzählt, daß ich eines Nachts in das Feuer gerollt und fast verbrannt bin. Die Narben sind hier, die das beweisen.« Er hob sein Hemd hoch. Ich zuckte beim Anblick der schrecklich vernarbten Brust und des Rückens zusammen. Sie sahen noch gräßlicher aus durch die Tatsache, daß seine Haut so schwarz und die Narben so weiß waren. »Ja, damals wäre ich fast gestorben. Als ich nicht richtig lebte, hatte ich wirklich schreckliche Angst vorm Sterben. Alles hat sich geändert, als ich vom Alkohol weg war.«

»Max«, sagte ich. »Ich hänge nicht an der Flasche. Ich habe nie an der Flasche gehangen. Aber ich habe dennoch Angst vorm Sterben.«

»Ja?« Er schien überrascht zu sein.

»Ich fürchte mich davor, daß jemand, der mir sehr nahe steht, so wie Chris, Reuel, Randy, meine Eltern sterben werden. Ich will nicht, daß sie sterben. Ich will, daß alles friedlich weitergeht, so wie es ist.«

Er warf seinen Kopf zurück. »Daß alles genauso weitergeht, wie es ist?«

»Ja, richtig.«

»Du willst weiter leben und Angst vorm Sterben haben?«

»Oh, nein«, sagte ich. »Ich will, daß alles so bleibt wie es ist, *außer* daß ich Angst vorm Sterben habe.«

»Ich dachte, genau das hättest du gerade gesagt.«

»Max, *was* habe ich deiner Meinung nach gesagt?«

Max setzte seine Kaffeetasse ab und verscheuchte eine streunende Katze. »Nach meiner Meinung bedeutet es, Angst vorm Leben zu haben, wenn man Angst vorm Sterben hat.«

Er hatte meinen wunden Punkt getroffen. »Max«, schnappte ich, »ich habe ganz gewiß keine Angst vorm Leben.« Und ich stieß ein bitteres Lachen in der drükkenden Nachmittagshitze aus. »Das ist ja wohl ein Scherz.«

Max verschränkte seine Arme, stützte sein Kinn auf eine Hand, saß da und betrachtete mich, als sei er Sigmund Freud und ich ein mitleiderregender Patient.

»Nach meinem Verständnis hat eine Frau, die mit ihrem Sohn um die halbe Welt reist, keine Angst vorm Leben«, sagte ich so anmaßend wie ich nur konnte.

Noch immer keine Veränderung des Gesichtsausdrucks oder ein Kommentar von Max. Es machte mich immer wahnsinnig, wenn Menschen nicht antworteten – wenn ich nicht genau wußte, was sie von mir hielten. Max' ›weise‹ Passivität löste bei mir das Verlangen aus, zu untermauern, wie lebenslustig ich war. »Wenn ich solche Angst vorm Leben hätte, glaubtest du dann auch nur eine Sekunde, daß ich hier wäre? Das bezweifle ich.« Daraufhin erhob sich Freud. Meine fünfundvierzig Minuten waren vorbei, und er zeigte mir ruhig die Tür.

»Ich sehe dich dann später!« rief ich Max nach, kurz bevor er auf dem staubigen Weg, der zur Stadt führte, verschwand. Obwohl ich so eingeschnappt war, wollte ich es keinesfalls riskieren, mich diesem einssechzig großen Aborigine zu entfremden, der den Schlüssel zu etwas zu besitzen schien – auch wenn ich nicht wußte, was dieses Etwas war.

Für den Rest des Tages sah ich Max nicht. An diesem Abend, als ich an Henrys Lagerfeuer saß und einer von Katies alten Geschichten darüber lauschte, wie der Fluß entstanden war, nahm Max mich beim Arm. »Komm mit mir«, sagte er.

»Wohin gehen wir?« fragte ich.

Max antwortete nicht, aber die Geräusche des Outback taten das. Das Heulen eines fernen Dingo und der Schrei eines Beuteldachses im Chor mit den Grillen ringsum lockten mich.

»Ich wette, du bringst mich an einen ganz besonderen Ort«, sagte ich in Erwartung einer gefährlichen Wanderung durch dorniges Grasland zu einer prachtvollen heiligen Stätte – zu einem Shangri-la. Ja, dachte ich, alles was ich zuvor zu Max über meine Angst vorm Sterben gesagt habe, ist ihm durch den Kopf gegangen, und jetzt führt er mich zu einem magischen Ort, wo ein für alle Male diese Furcht von mir genommen wird. Bald würde ich an eine Stelle gelangen, wo ich heiliges Wasser trinken könnte oder mich auf der roten Erde rollte oder eine Wildblume pflückte, und wenn ich das tat, würde meine Seele von dieser fortwährenden, nie endenden Furcht vor Krankheit und Tod befreit werden. Denn deshalb war ich ja schließlich hier.

»Soll ich meine Turnschuhe anziehen?« fragte ich etwas aufgeregt.

»Schon gut so«, sagte Max zurückhaltend, ohne mir einen weiteren Hinweis zu geben.

Während ich neben ihm lief, hatte ich plötzlich Schuldgefühle, weil ich früher an diesem Tag so überaus heftig reagiert hatte, und das sagte ich Max. Max antwortete darauf nicht. Er sprach nicht viel, wenn wir liefen. »Gehen ohne reden«, hatte er mir einmal gesagt, »läßt einen genau sehen, wohin man gehen soll. Wenn man richtig still ist, lernt man Dinge, die man für den Tag lernen soll. Alles, was man gestern gelernt hat, nimmt viel Platz im Kopf ein.«

Als er mir das gesagt hatte, hatte ich ihn gefragt, ob er meditiere, wenn er stumm liefe. Max wußte nicht, was Meditation war, und so erklärte ich ihm das, so gut ich konnte: »Es kommt auf das Atmen an. Man schließt das linke Nasenloch mit einem Finger. Dann atmet man tief durch das rechte Nasenloch ein und hält den

Atem für einen Moment an. Dann schließt man das rechte Nasenloch mit einem Finger und atmet langsam durch das linke Nasenloch aus. Ebenso wichtig ist, daß man seinen Verstand von allen Gedanken frei macht. Man denkt an nichts.«

»Soviel kann ich mir nicht merken«, sagte er und fügte hinzu: »Ich weiß nicht, warum du über nichts nachdenken willst.«

Ich erzählte Max, daß es für mich am schwersten sei, meinen Verstand von allen Gedanken zu befreien. Daß dies für mich tatsächlich *unmöglich* gewesen sei. Dann fragte ich ihn, was er während seiner langen, stummen Spaziergänge dächte.

»Aborigines lassen ihre Gedanken einfach dahin gehen, wohin sie gehen sollen. Wir finden unseren Weg und laufen darauf.«

Über all dies dachte ich nach, als Max plötzlich vor dem verlassenen Haus stehenblieb. »Warte hier«, sagte er. »Ich bin gleich wieder bei dir.«

Mein erster Gedanke war, daß Max zur Toilette müsse. Drei Wochen zuvor hatten Max und ich uns daran gemacht, das Bad so zu schrubben, wie es noch nie zuvor geschrubbt worden war. Unser Reinigungsmittel war die rote Erde, vermischt mit einer Flasche Methylalkohol, die Katie bei einem ihrer Neffen beschlagnahmt hatte. Max und ich waren gemeinsam auf die Idee gekommen. Um die Toilette zu reinigen, hatte ich aus einem Stock und Lumpen eine Klobürste gemacht. Ich tauchte den Lumpen in den Reinigungsbrei und reichte ihn Max. Während Max die Klobürste in der schwarzen Schüssel schwenkte, bis sie fast wieder toilettenweiß war, ließ ich mich auf Hände und Knie nieder und schrubbte die verklebte, mit Haaren verstopfte und verschimmelte Dusche so lange, bis sie sogar eine Inspektion meiner Mutter bestanden hätte. Diese Arbeit konnte ich erst in Angriff nehmen, nachdem ich mir Noxzema Hautreiniger unter meine Nase geschmiert hatte, damit ich außer dem Kampfer nichts roch. Es war ein kleiner Trick, den ich von einem Sanitäter gelernt hatte. Man sollte das machen, wenn man ein Haus betrat, in dem eine Weile ein Toter gelegen hatte. Es wirkte im Prinzip ähnlich wie das Blatt, das Medicine Tom mir gegeben hatte, als wir bei dem verwesenden Känguruhkadaver gewesen waren. Als Max und ich schließlich mit dem Schrubben fertig waren, hängte ich einen kleinen Kranz aus Orangenblüten an den Spiegel und legte meine kleinen Hotelseifenstücke in eine hübsche Blechdose, in der Bonbons gewesen waren. Den letzten Schliff erhielt es mit den Fotos, die ich über dem Lichtschalter anbrachte. Ich befestigte drei Fotos von Max, Chris und mir am Strand von Manly. Max und ich verbrachten den Rest des Tages damit, Führungen zu machen. Max erinnerte jeden, der den Wunsch nach Benutzung des Badezimmers äußerte, daran, seine eigene Seife und Handtücher mitzubringen und das Bad anschließend zu reinigen. Ich hoffte plötzlich, daß ich Max nicht zu einer Cleveland Heights-Hausfrau machte.

Jetzt, während ich draußen vor dem verlassenen Haus wartete, meinte ich drinnen Stimmen zu hören. O ja, dachte ich, Max ist hineingegangen, um nach Bampu zu sehen. Vor und in Bampus Hinterzimmer war immer viel los. Aber ich hatte das nie miterlebt. Wegen seines unheimlichen Gejammers war ich froh darüber. Mir war die Qual erspart worden, einen kranken alten Mann besuchen zu müssen, der wahrscheinlich nicht mehr bei Verstand war.

»Hallo!« rief Max vom Eingang aus. »Komm rein.«

Als ich den Weg hochlief, spürte ich, daß Max eine Nadel in meinen Ballon von himmlischem Frieden gestochen hatte. Ein Ausflug, um Bampu zu sehen, war *keine* Reise nach Shangri-la. »Was ist denn?« stammelte ich.

»Bampu möchte dich jetzt kennenlernen«, sagte Max im Tonfall eines Dieners – als ob der Herr des Hauses bereit sei, mich zu empfangen.

»Wirklich?« sagte ich. Ich versuchte, Zeit zu gewinnen, hoffte, daß Max mein Zögern spüren und es sich dann anders überlegen würde.

»Ja«, sagte Max. Er bedeutete mir, einzutreten.

Ich ging durch die Tür, hörte das Echo des Didgeridoo vom Ende des Korridors und bekam sofort eine Gänsehaut. Ich sagte Max, daß ich dringend ins Bad müßte. Ein sicherer Hafen.

»Wenn du fertig bist, geh nach hinten zum letzten Zimmer«, sagte er.

Ich schaute zu, wie Max Bampus Sanktuarium betrat, und dann ging ich ins Badezimmer, um meine Gedanken zu sammeln – mir einen Weg einfallen zu lassen, wie ich so elegant wie möglich aus dieser Situation herauskommen könnte. Meine Gedanken wurden aber vorübergehend durch einen Haufen schmutziger Kleidungsstücke abgelenkt, die Chris mitten auf dem Boden verstreut hatte. Was für ein Ferkel das Kind doch war. Ich hob sie auf und stopfte sie in eine Plastiktüte, die an der Türklinke hing. Darüber würde Chris etwas zu hören bekommen. Abgesehen von der schmutzigen Kleidung und Resten von Chris' Zahnpasta mit Kaugummigeschmack, die im Waschbecken verschmiert waren, wirkte und roch das Badezimmer tadellos, dank Max und mir. Den Latrinendienst verrichteten wir gemeinsam. Nun ja, das war nicht ganz korrekt. Wir wechselten uns mit der Arbeit ab, doch am dritten Tage verlor Max das Interesse. Typisch Mann.

Jetzt, während ich meine Hände wusch, blickte ich in den Spiegel und probte, wie ich mich vor einer Begegnung mit Bampu drücken könnte. »Mir ist von Katies Fleischpastete übel geworden«, würde ich sagen. Ich probierte das vor dem Spiegel aus, fand aber dann, daß es nicht nett wäre, der armen Katie Schuld zuzuweisen – obwohl ihre Fleischpastete förmlich in Fett geschwommen hatte. Ich würde den alten Standardspruch wählen: »Es war ein langer Tag, und ich bin groggy.«

Nachdem das geklärt war, spritzte ich Wasser auf mein trockenes, rissiges Gesicht und beobachtete, wie es seinen Weg über und um die sanften Hügel und Täler meines Mittvierzigergesichts und schließlich in das Waschbecken nahm, wo es einen roten Schmutzrückstand hinterließ, der mich daran erinnerte, daß ich im Outback war, Lichtjahre von meinem wohlgefüllten Medikamentenschrank entfernt, in dem ich Feuchtigkeitscreme, die dem Altern der Haut vorbeugte, Retin-A und zahlreiche andere Produkte aufbewahrte, die das zu reparieren versprachen, was ich vor meinen Augen sah. Während ich meine Haut trockenklopfte, begann ich in meinem Gesicht nach Altersspuren zu suchen – ein sehr unbeliebter und neurotischer Zeitvertreib, seitdem ich die schrecklichen Vierzig überschritten hatte. Wie ich aussah, war sehr wichtig für mich. Das war immer schon so gewesen. Ich wünschte vergessen zu können, wie ich für mich und andere aussah. Ich wünschte, ich könnte die *Vogue* durchblättern und mich nicht für das schlagen, was ich nicht war. Was ich nie sein würde. Es war eine solche Zeitvergeudung, nach meinen Makeln zu suchen – tatsächlichen und eingebildeten. Vielleicht entwickelte in diesem Augenblick irgendeine pharmazeutische Firma ein Gift, das einem erlaubte, damit zufrieden zu sein, wie man aussah.

Mit diesem albernen Gedanken griff ich nach dem Handtuch, und als ich das tat, blitzte ein gleißender, greller Lichtstrahl vor mir auf und löschte buchstäblich mein Spiegelbild aus. Mein erster Gedanke war, daß die Glühbirne explodiert sei. Das war nicht der Fall. Ich schloß meine Augen fest, öffnete sie dann wieder und versuchte, klar zu sehen. Ich war *nicht* in dem Spiegel! Vor Furcht erstarrt, betastete ich mein Gesicht und meine Gesichtszüge, als ob ich durch Säure geblendet sei. Nichts fühlte sich anders an. Ich blickte auf meine Hände. Auf meinen Ehering. Auf meine Arme. Auf meine Beine. Ich war fraglos da. Ich war nur nicht *dort* – im Spiegel. Vielleicht hatte die Blüte in Amas Tee das bewirkt, und ich würde wie Leute, die LSD genommen hatten, in einer Klapsmühle enden und für den Rest meines Lebens in Pantoffeln herumlatschen. Bei diesem Gedanken stieß ich einen markerschütternden Schrei aus, der bewirkte, daß Max und seine Verwandten herbeigeeilt kamen.

»Alles in Ordnung?« rief Max, schlug gegen die Tür und riß sie gleichzeitig auf. Tom war nur Zentimeter hinter ihm, und Greg war hinter dem.

Ich klammerte mich in Todesangst an Max. »Max, ich kann mich nicht sehen!«

Max hielt mich fest, als sei ich ein verängstigtes Kind, das gerade durch einen Alptraum aus dem Schlaf gerissen war.

Ich vergrub meinen Kopf an seiner Brust. »Ich kann mich nicht in dem Spiegel sehen«, jammerte ich.

Er fragte nicht nach einer Erklärung. »Alles wird gut«, sagte er und hielt mich weiter fest.

Schließlich hatte ich mich soweit beruhigt, daß ich Max erzählen konnte, was passiert war. Er – und Tom und Greg – hörten wortlos zu. Dann sprach Tom zu Max auf Aborigines, und dann wurde ich, Tom an meiner einen Seite und Max an der anderen, zurück zum Spiegel geführt. Greg hatte begonnen, auf dem Korridor in sein Didgeridoo zu blasen.

Ich stand vor dem Spiegel, wagte aber nicht aufzuschauen. Ich zitterte noch immer. Max drehte den Wasserhahn auf und begann, mit seinen Fingerspitzen kühles Wasser auf mein Gesicht zu tupfen. »Alles wird gut«, wiederholte er ständig mit einer so beruhigenden Stimme, daß meine Furcht sich legte und ich wieder denken konnte.

»Max«, sagte ich, »war das Amas Blüte?«

»Was ist damit?« sagte Max.

»Du erinnerst dich doch, daß Ama uns erzählte, wenn ich die Blüte äße, könnte ich Geister an meiner Seite sehen.«

»Hast du Geister an deiner Seite gesehen?«

»Vielleicht.« Den Blick noch immer gesenkt, in dem Versuch, einen klaren Kopf zu bekommen, erzählte ich Max noch einmal von den ganzen Erscheinungen von Licht seit Beginn dieser Reise in das Outback. Zuerst die Lichtkugel auf dem Mitchell Highway auf unserer Fahrt nach Enngonia. Dann das Licht an dem heiligen Wasserloch, das mich emporzuheben schien. Dann dies. »Glaubst du, daß Dwango etwas damit zu tun hat?«

»Hast du Dwango hier gesehen?«

»Nein«, sagte ich, »aber ich habe einfach das Gefühl, er könnte hier sein.«

Während Max und Tom miteinander sprachen, hob ich vorsichtig meinen Kopf, um in den Spiegel zu schauen. Zuerst sah ich meinen Scheitel. Ein grünes Licht waberte direkt darüber. Hypnotisiert von der weichen, smaragdgrünen Strahlung hob ich meinen Kopf ein wenig höher, bis meine Augen ins Blickfeld kamen. Sie waren so klar, so hell, daß ich sie für einen kurzen Moment nicht als meine erkannte. Doch je länger ich hinschaute, desto mehr verband ich mich mit ihnen. Auf diese Art hatte ich mich zuvor nur ein einziges Mal blicken sehen. Auf einem Foto von meinem Bruder und mir auf unserer roten Schaukel. Ich war fünf. Gary war sechs. Ich liebte dieses Foto. Ich liebte die Art, wie meine Augen leuchteten, so groß und frei und unkompliziert wirkten, so unberührt von den Tragödien des Lebens. Als ich eben diese Kinderaugen wieder sah, breitete sich ein freudiges Lächeln aus, das so breit und spontan war, daß es mich überraschte. Und als ich dieses unschuldige und vertrauensvolle Lächeln reflektiert sah, wußte ich, daß ich auch dies schon einmal gesehen hatte. Auf einem anderen Foto, das auf der Anrichte meiner Eltern stand. Ich stand in meinem Kommunionskleid draußen vor der Kirche. Ich war so glücklich. Kommunion – die Verbindung mit allen. Ich war erst sieben, aber selbst damals wußte ich, daß ich verbunden war. Ich wußte, als ich den Gang hinunterging, die Hände aneinander gepreßt, den verschleierten Kopf gesenkt, die Oblate auf meiner Zunge schmelzend, als meine Mutter und mein Vater, Onkel Bud, Tante Betty und Old Ma mich mit Tränen in den Augen beobachteten, daß ich Teil des großen Ganzen war.

Vor dem Spiegel stehend erinnerte ich mich an den Tag meiner ersten Heiligen Kommunion, erinnerte mich an das Abendmahl vor wenigen Wochen erst in St. Vincent's in Redfern. Als ich das Sakrament von Vater Ted entgegennahm, hatte ich um Führung gebetet. »Bitte, Gott, was soll ich tun? Soll ich hier bleiben oder nach Hause fahren? Kommuniziere ich mit dem Geist? Gibt es wirklich einen Geist? Bin ich nicht mehr bei Verstand? Führe du mich, wohin immer ich auch gehen soll.« Kurz zuvor hatte ich mich zu der Kirchenbank hinter mir umgedreht und hatte Max kennengelernt. »Friede sei mit dir«, sagten wir und schüttelten unsere Hände – verbanden uns.

Hier waren wir, noch immer verbunden – verbunden auf eine Art, die ich nicht einmal im Traum für möglich gehalten hätte.

»Bampu wartet auf dich«, sagte Max, drehte den Wasserhahn zu und riß mich aus meinen Träumereien. Er schaute in den Spiegel, um seinen Cowboyhut zurechtzurücken.

Ich folgte ihm aus dem Badezimmer und den Korridor hinunter – ein siebenjähriges Mädchen in meinem perlenbestickten seidenen Kommunionskleid, das ohne Mühe und Furcht ging –, begleitet von Gregs Didgeridoo.

Durch das Mondlicht, das durch Bampus Fenster fiel und sein Gesicht illuminierte, konnte ich sofort sehen, daß Max' Onkel tatsächlich ein sehr kranker Mann war. Als Bampu sein eingefallenes Gesicht der Tür zuwandte, wo ich auf die Aufforderung zum Eintreten wartete, erkannte ich den gleichen abwesenden Blick, den mein Mann gehabt hatte, kurz bevor er starb. Plötzlich war die Erinnerung an Johns Tod – etwas, gegen das ich seit Jahren angekämpft hatte – wieder da.

Chris und ich waren an dem Nachmittag, als John starb, bei ihm. Er hatte uns um zwanzig vor sechs verlassen. Diesen Zeitpunkt werde ich nie vergessen. Denn um fünf Uhr, nachdem er den ganzen Tag über in Bewußtlosigkeit versunken und wieder daraus erwacht war, öffnete er seine Augen, suchte im Zimmer nach Chris und bedeutete der Krankenschwester, ihm die Sauerstoffmaske abzunehmen.

»Komm her, Scooter«, sagte er mit schwacher, aber vernehmbarer Stimme.

Scooter war ein lange vergessener Kosename, den John Chris gegeben hatte, als der noch ein Kleinkind war.

Chris trat verängstigt, aber tapfer an das Bett seines Dad. Und dann, mit einer Energie, die aus einer göttlichen Quelle kam, begann John ein Lied zu singen, das er gesungen hatte, als er Chris erstmals in seinen Armen hielt. Es war Cole Porter's »You're the Top« – Du bist das Größte. Im Lauf der Jahre war es ›ihr‹ Lied geworden.

»Du bist das Größte!« sang John mit trockenen Lippen. »Du bist das Kolosseum. Du bist das Größte! Du bist das Louvre Museum ... Du bist das Lächeln der Mona Lisa ...«

Chris streichelte zärtlich den von blauen Druckstellen übersäten dünnen Arm seines Vaters, während er darauf wartete, seinen Lieblingspart singen zu können.

John nickte Chris zu.

»Du bist Micky Maus!« schmetterte Chris genauso heraus, wie er es in den Tagen getan hatte, als es seinem Vater besser ging.

Ich hingegen war viel zu verängstigt, auch nur die Hand meines sterbenden Mannes zu halten. Ich stand drei Meter entfernt und schaute voller Verzweiflung und Entsetzen zu, wie John um seine letzten Atemzüge rang.

Jetzt, während ich an Bampus Bett trat, tief im Outback, zwölftausend Meilen von Weston, Connecticut, entfernt und von Angesicht zu Angesicht mit einem reinblütigen Aborigine, der die gleichen blauen, blauen Augen und die gleiche schwarze, schwarze Haut wie Max hatte, verbanden wir uns. Und ohne auch nur eine Sekunde nachzudenken, nahm ich Bampus papierdünne Hand in meine, als sei er ein geliebter Verwandter. Und während ich das tat, wußte ich ohne jeden Schatten eines Zweifels, daß ich eine verströmende Seele berührte und daß Bampus Seele mit anderen Seelen verbunden war und daß dieses Zimmer von Geistern erfüllt war. Und so, wie ich noch nie in meinem Leben etwas gefühlt hatte, spürte ich John an meiner einen Seite und meine Großmutter an der anderen. Sie überschütteten mich mit der Energie ihrer Liebe, die so vertraut und doch so neu war. Ich war derart intensiv von ihrer Anwesenheit überzeugt, daß ich laut sprach. »Ihr seid hier«, sagte ich, streichelte Bampus gekrümmte Finger, sprach aber zu John und Old Ma. Und bei Bampus nächstem Atemzug ›hörte‹ ich glockenklar: »Liebling, du bist hier.«

Ich verstand. Ich war hier. In mir. Ich, mein wirkliches Ich, war *hier*. Ich – das Kind mit den leuchtenden Augen, dem vorurteilsfreien Blick und dem vertrauensvollen Lächeln – war hier. Ich war hier ohne Angst vor dem Tod. Ich war hier in dem vollen Bewußtsein, daß Randy sterben würde – so wie John und Old Ma – und doch weiter da sein und mit den Lebenden würde kommunizieren können. Ich war hier in der vollen Erkenntnis, daß die nächste Welt keine Ortsveränderung ist, sondern eine Veränderung des Bewußtseins, und daß wir, um diese Kluft überbrücken zu können, über die Grenzen unseres Bewußtseins hinausgehen müssen. Oder wie Max so viele Wochen zuvor gesagt hatte, als ich ihn fragte, warum der Geisterdoktor Dwango beschlossen hatte, durch mich zu sprechen: »Manchmal sprechen Geister zu denen, die zuhören wollen.«

Während ich weiter Bampus Hand hielt und seinem abgehackten, doch scheinbar schmerzlosen Atmen lauschte, hatte ich plötzlich die Klarheit und das Verständnis zu wissen, daß man, wenn man wirklich hier ist – in der Gegenwart –, zugleich dort ist. Hier zu sein erlaubte mir, einen Schritt um den eisernen Zaun der materiellen Welt herum zu machen, hinein in die ganze Fülle des Seins, in der die Welt plötzlich ein einziger großer Gedanke statt eine große Maschine zu sein scheint.

Wir standen eine Weile bei Bampu – ich hatte kein Zeitgefühl mehr –, bevor Max sagte, es sei besser, wenn wir gingen. Bevor wir gingen, sagte ich zu Bampu: »Ich habe das Gefühl, daß wir uns schon lange, lange Zeit kennen.«

Bampu drückte meine Hand, sanft, aber fest. »Eine sehr lange Zeit«, erwiderte er.

Von John und Old Ma umarmt, sagte ich: »Meine Verwandten sind jetzt hier bei uns.«

»Ja«, erwiderte Bampu, »meine sind auch hier. Wenn du sie einlädst, werden sie mit dir gehen.«

»Deine Familie wird mit mir gehen?«

Bampu nickte. Ja.

»Werden sie mit einem sehr guten Freund von mir gehen, der stirbt?«

»Wenn sie darum gebeten werden.«

Tränen strömten über meine Wangen. »Danke. Oh, ich danke dir so sehr. Ich hatte vorher solche Angst, hierher zu kommen.«

Bampu musterte mein Gesicht, das jetzt völlig schwerelos zu sein schien – falls das irgendeinen Sinn ergibt. »Ich sah, daß du Angst hattest«, sagte er freundlich.

»Darf ich wiederkommen?«

»So oft du magst«, sagte er, drehte seinen Kopf zum Fenster und schloß seine Augen.

Daraufhin hörte Greg auf, das Didgeridoo zu spielen, und Tom tupfte eine Art Blättermischung auf Bampus geschlossene Augen.

»Toms Medizin ist für blinde Augen wirklich wohltuend«, flüsterte Max.

Bestürzt über diese Enthüllung sagte ich: »Bampu ist nicht blind.«

»Blind seit fast zwanzig Jahren.«

»Aber – aber er hat mich doch eindeutig sehen können.«

»Ja, er kann dich sehen. Das stimmt«, sagte Tom, während er grünen Brei auf Bampus Augenlider preßte. »Er schaut dich nur nicht mit seinen Augen an.«

»Er ist auch taub«, sagte Greg.

»Aber er hat mir doch geantwortet. Er hat ganz klar und deutlich gesagt, daß seine Geisterverwandten mit mir gehen werden. Sie werden mit Randy gehen.«

»Aborigines brauchen nicht mit ihren Augen zu sehen und mit ihren Ohren zu hören, um mit dir zu reden«, sagte Max. »Komm jetzt, wir machen uns auf den Weg. Morgen ist ein wirklich großer Tag für alle.«

12. Kapitel

Am folgenden Morgen schrieb ich in mein Tagebuch:

Heute. Irgendwann Samstagmorgen. Kann sein. Meine Uhr bleibt ganz unten in meiner Tasche. Ich bin von der Tyrannei der Zeit befreit! In diesem Augenblick knallt die Sonne rachsüchtig auf Katies Blechdach. Die Fliegen versuchen in meinen Mund und in meine Nase zu krabbeln, während ich etwas von Chris' widerlich süßen Schokoladencornflakes esse, die wir gestern in Bourke besorgt haben. Ich wünschte, ich hätte einen dieser Buschhüte gekauft, an deren Krempe Korken an Fäden baumeln, um die Fliegen zu verscheuchen. Ich sitze auf Katies Veranda vorm Haus, auf ihrem Metallschaukelstuhl, und warte darauf, daß Max mit dem Duschen fertig wird, damit wir Gay für das große Basketballspiel später abholen können.

Der Besuch gestern abend bei Bampu ist in mir noch sehr lebendig. Wenn ich meine Augen schließe, kann ich noch Bampus blaue Augen sehen, die mit meinen im Blick fest verhaftet sind. Ich fühle die Adern auf seinen Handrücken, einzementiert in meinen Fingerspitzen. Ich fühle die Wärme seiner Seele, die sich an meine Seele drückt. Die Fliegen, die Hitze, der Schweiß und die rote, staubige Erde sagen mir, daß dieser Ort nicht Shangri-la ist, aber überzeugt davon bin ich noch nicht. Ich bin hier zu Hause. Ich fühle mich völlig eins mit mir und diesen Menschen, die manchmal größer als das Leben und dann wieder denn gleichen Schwachheiten unterworfen sind wie der Rest der Welt.

Chris und Ian liegen ausgestreckt und tief schlafend auf dem Boden in Katies Wohnzimmer. Greg, Roland und zwei andere, die ich nie zuvor gesehen habe, haben sich ebenfalls auf den Boden gelegt, wie in einer billigen Absteige. Ich bin einen langen Weg gegangen. Ich habe nicht einmal Angst davor, daß Chris auf der Matratze von Ungeziefer befallen wird. Meine Mutter würde vor Entsetzen sterben, könnte sie ihren Enkel jetzt sehen. Ich habe gerade kurz bei ihm reingeschaut und mußte kichern. Die Szene erinnert mich an *The Jerk*, in dem Steve Martin einen weißen Jungen spielt, der von einer armen schwarzen Familie im Süden adoptiert wird.

Ich kann Katie hören, die in der Küche über die leeren Schnapsflaschen schimpft, die sie auf der vorderen Veranda gefunden hat. Ich weiß, daß sie sich ungeheure Mühe gibt, damit alles für Chris und mich ideal ist. Es ist nicht perfekt hier. Vielleicht liebe ich diesen Ort deshalb so sehr. Ich sehe, daß Max jetzt kommt. Er wirkt sehr ernst. Später mehr ...

Max hatte allen Grund, ernst dreinzuschauen. »Wir werden nicht nach Cunnamulla fahren«, sagte er, als ich mich auf den Weg zum Wagen machte.

Das erregte meine ungeteilte Aufmerksamkeit. »*Was* hast du gesagt?«

»Ich sage: Wir werden Gay nicht holen.«

Ich hatte das Gefühl, als hätte ich gerade eine Sahnetorte ins Gesicht bekommen. »Ich verstehe.«

Max nickte und sah mich mit einem Blick an, der sagte: ›Endlich hat sie's kapiert.‹

Ich öffnete die Autotür, warf die Landkarte und die Autoschlüssel auf den Sitz und schlug dann die Tür wieder zu. »Warum fahren wir nicht?«

Max nahm seinen Buschhut ab, schaute auf die kekke kleine Feder, die in der Krempe steckte, und sagte: »Hast du Hunger?«

Wie lange wollte er mich im Ungewissen lassen? »Eine Tasse Kaffee wäre nicht schlecht.«

»Dann gehen wir runter zu der Milchbar und bestellen uns bei Dorothy einen Eierteller.«

Wieso war er hungrig? »Sollen wir fahren?«

»Mir ist nach Laufen.«

Es war sein Machostolz. Sie mußte sich von ihm getrennt haben. »Mir ist auch nach Laufen«, sagte ich.

Durch die Hitze und die Windstille schien der Weg ungewöhnlich lang zu sein. Doch Max lief wie üblich ohne zu sprechen. Er schien in einer Art Trancezustand zu sein. Ich schaute ihn verstohlen von der Seite an. Einmal glaubte ich, eine Träne über seine Wange laufen zu sehen, aber das hätte ebensogut Schweiß sein können. Es war so heiß, daß ich meinen eigenen Schweiß schmeckte. Ich rannte praktisch, um mit ihm Schritt halten zu können.

Auf halbem Wege sprach Max schließlich. »Frische Dingospuren«, sagte er und hockte sich hin, um sie näher zu untersuchen. Ich konnte die Abdrücke der Pfoten im Boden kaum erkennen. Ich fragte Max, woher er wisse, daß es nicht einfach ein streunender Hund sei. »Das weiß man.«

Das war typisch für Max, praktisch alles mit einem »Das weiß man« zu beantworten. Gewiß, normalerweise störte mich das nicht, aber jetzt beschäftigte es mich, und ich sagte ihm das.

»*Wie* weiß man das, Max?«

Max verlangsamte seinen Schritt nicht. »Ach, *du* kannst das nicht wissen«, sagte er. »Ein *Aborigine* weiß das.«

Was für eine anmaßende Antwort. Er ließ seine Enttäuschung über Gay an mir aus. Okay, er fühlte sich mir also nahe genug, um sich wie ein Klugscheißer zu verhalten, und befürchtete nicht, damit unsere Freundschaft zu gefährden. Perverserweise freute mich das.

»Ich hab' den Dingo letzte Nacht gehört«, sagte ich in die stille Luft.

»Du hast keinen Dingo gehört«, sagte Max in dem gleichen Tonfall, den Reuel an sich hatte, wenn ich ihm erzählte, ich hätte unten Einbrecher gehört.

Ich gab nicht nach. »Ich hörte einen Dingo«, sagte ich.

»Du hast einen Beuteldachs gehört.«

Männer. Sie lieben nichts mehr, als einem zu sagen, was man gehört und gesehen hat. »Ich weiß, was ich hörte, Max. Es war ein Dingo.«

»Beuteldachs.«

Wir waren schlimmer als Chris und Margaret. »Dingo!«

»Beuteldachs!«

Es wurde einfach lächerlich. Ich fand es nicht mehr

komisch, und deswegen sagte ich, was ich dachte. »Du bist ein Arschloch, Max.«

Max zuckte nicht zusammen. »Du wirst recht haben«, sagte er und marschierte weiter wie Napoleon, als der seine Truppen in die russischen Steppen führte.

»Was zum Teufel soll das ›Du wirst recht haben‹ bedeuten?«

»Es bedeutet, ›du wirst recht haben‹.«

»Für mich ist das nur Geschwafel.«

Ohne seinen Schritt zu verlangsamen, ging Max zur Gegenattacke über. »Das Problem mit dir ist, daß du eingebildet redest und überhaupt nichts verstehst, wenn etwas klar gesagt wird.«

»Was?!« sagte ich. Ich faßte seinen Hemdsärmel und verlangsamte so seinen Schritt. »Ich spreche eingebildet?«

»Ja, das machst du manchmal.«

»Ich hab' dir gerade gesagt, daß du ein Arschloch bist.«

Max blieb jäh stehen. Er sah mich an, als stünde die Inkarnation des Teufels vor ihm. Ich wußte nicht, was er tun oder sagen würde. Sein Mund war zu einem schmalen Schlitz zusammengepreßt. Ich verschränkte meine Arme und musterte sein angespanntes Gesicht, forderte ihn heraus, diese knallharte Tatsache zu leugnen. Gemessen an der Hitze, die aus Max' Augen strahlte, war die Sonne des Outback ein Witz. Langsam, ganz langsam, lösten sich seine angespannten Kiefernmuskeln.

»Schön für dich«, murmelte Max, begann zu grinsen, dann zu kichern und brach schließlich in tosendes Gelächter aus, das dazu führte, daß wir beide auf dem roten Boden lagen und uns wie zwei völlig verrückte Kinder vor Lachen wälzten. Seit Old Ma's Lebzeiten hatte ich nicht mehr so gelacht. Dieser wahnsinnige Lachanfall, bei dem ich mir fast die Hose voll machte, war eine aberwitzige Episode, die im nachhinein betrachtet der Wendepunkt auf meiner Reise hätte sein können.

Während wir in der Aborigine Milchbar Dorothys phantastische Spiegeleier mit Speck verschlangen, sagte Max zu mir: »Du bist eine wirklich komische weiße Frau.«

»Ich? Wieso bin ich komisch?« Erst eingebildet, jetzt komisch.

Max strich sich genug Butter auf seinen Toast, um jede Arterie zu verstopfen. »Du sagst, was du denkst.«

Ich überlegte eine Minute lang, ob er das sarkastisch meinte. »Ist das gut?« fragte ich.

»Wirklich gut«, sagte Max. Er rief Dorothy zu, sie solle uns noch eine Tasse Kaffee bringen. »Ja, ich soll dir von Gay sagen, daß es ihr wirklich Freude gemacht hat, dich kennenzulernen. Und solltest du je nach Cunnamulla kommen, möchte sie dich sehen.«

Ich nahm einen Schluck von dem starken Kaffee und überwand mich dazu, die nächsten Worte zu sagen. »Es ist also aus mit dir und Gay, nicht wahr?«

Max schüttete drei Päckchen Zucker in seinen Kaffee. »Was meinst du damit – es ist aus?« fragte er mit einem so durchdringenden Blick, daß ich glaubte, es bestünde durchaus die Chance, daß ich gerade meine Grenze überschritten hatte.

Ich machte einen Rückzieher. »Also, was ich meine

ist, da wir sie heute vormittag nicht hierher holen, daß, also vielleicht du und – du weißt schon – du und Gay vielleicht, nun ja, daß die Beziehung vielleicht ein wenig kühler geworden ist.«

Max reagierte nicht böse. »Rede weiter. Was meinst du mit ›kühler geworden‹?«

Dorothy rettete mich dadurch, daß sie herüberkam und sich zu uns gesellte. Und nachdem wir ein paar Minuten geplaudert haben, fuhr ein Achtachser vor dem Laden vor, und das bedeutete, daß drei, vier, womöglich fünf Lastwagen in einem ›Roadtrain‹ folgen würden, alle mit Schafen beladen. Ein Typ wie Crocodile Dundee, mit Jeans, einem Khakihemd, dessen Ärmel an den Achselhöhlen abgeschnitten waren, und einem Buschhut, der eine Mähne blonden Haares bedeckte, sprang aus dem Fahrerhaus. Er betrat die winzige, blitzsaubere Milchbar, sah müde, sexy und verhungert aus. Dorothy, die den Burschen offensichtlich kannte, rief ihm zu: »Bei uns gibt's nichts zu futtern, Lester!«

Lester ging hinter den Tresen, holte sich ein Päckchen Zigaretten und rief zurück: »Hör auf damit, Mädchen. Verarsch mich nicht!«

Bevor Dorothy in die Küche ging, wandte sie sich an Max und mich, vor allem aber direkt an mich. »Zu schade, daß der alte Tom nicht beim Basketballspiel hier sein kann.«

»Fährt Medicine Tom wieder weg?« fragte ich. Ich dachte sofort an das Naheliegende.

Ein äußerst vielsagender Ausdruck zeigte sich auf Dorothys ballonrundem Gesicht. »Sein Lastwagen hat wieder eine Panne. Diesmal in der Nähe von Brewirrana.« Sie schaute mich noch einmal kurz auf eine Weise an, die alles besagte und doch nichts. Daraufhin stand sie auf, band sich ihre weiße Schürze um, die mit Fett bespritzt war, und begab sich zum Herd, um ›bangers and bumnuts‹ zu zaubern – Würstchen und Eier, wie Max übersetzte.

Max nahm den Faden da wieder auf, wo wir aufgehört hatten. »Ja«, sagte er, »wenn du nicht hierher gekommen wärst, hätte ich Gay nie wiedergesehen.«

Max hatte mir das schon einmal vorher erzählt. Aber jetzt sprach ich ihn darauf an. »Hast du dich *wirklich* mit Gay in Verbindung gesetzt, weil du wolltest, daß sie *mich* kennenlernt?«

»Das ist richtig«, sagte er, ohne auch nur eine Sekunde zu zögern.

»Ich fühle mich geschmeichelt.«

»Geschmeichelt?«

»Ja, weil du so viel von mir hältst, daß du wolltest, daß ich eine Frau kennenlerne, die in deinem Leben eine sehr wichtige Rolle spielt.« Ich hoffte, daß dies nicht eingebildet *oder* komisch klang.

»Ja.« Er trank seinen Kaffee aus und wandte sich zum Fenster. »Sind 'ne Menge Schafe da draußen«, sagte er. Er begab sich wieder auf sicheren Boden. Seine Augen waren feucht.

Ich wußte nicht, was ich sagen sollte, und so versuchte ich etwas anderes: Ich hielt einfach den Mund.

»Ja«, sagte Max, »diese Schafe wissen, wohin sie gehen. Sie sind wirklich nervös.«

»Max«, sagte ich und begab mich auf neues Territorium, »weißt du, wohin du gehst?«

Ein tiefes Schweigen folgte darauf. Schließlich drehte sich Max zu mir und sagte: »Ich gehe dahin, wohin ich gehen soll.«

»Und wo ist das?«

»Zurück nach Redfern«, sagte Max ohne die geringste Spur von Widerwillen, »um mit Vater Ted, Schwester Pat und Schwester Dorothy zu arbeiten und meinen Brüdern zu helfen.«

»Heißt das, Gay wollte, daß du in Cunnamulla lebst?«

»Ich bin am besten für meine Brüder, wenn ich frei bin«, sagte Max. Er deutete auf den Lastzug, der draußen stand und fügte mit einer etwas teuflischen Miene hinzu: »Diese Schafe sind nicht frei und wissen nicht, wo's hingeht.«

»Okay«, sagte ich. Ich dachte, daß seine lockere Stimmung für mich ein Freibrief sei, brutal offen zu reden. »Du sagst also, daß es mit Gay aus ist?«

Max schaute mich ungläubig an. »Wie kann es mit einem Menschen, den man wirklich tief liebt, aus sein?« Er hielt kurz inne. »Wozu führt denn dieses ›aus sein‹? Thaalangay ist hier«, sagte Max und tippte auf sein Herz. »Ich gehe mit all der Liebe, die ich empfinde. Ich gehe einfach im Augenblick nicht nach Back o'Bourke, und sie geht im Augenblick nicht nach Redfern.«

»Das gefällt mir.«

»Was gefällt dir?«

»Daß du all die Liebe nimmst, die du fühlst, und mit ihr gehst«, sagte ich. »Und ich liebe das, was du über dieses ›Gehen im Augenblick‹ gesagt hast. Ich dachte, daß ihr entweder zusammen oder getrennt seid. Und wenn ihr getrennt seid, na ja, dann ist es eben aus. Ich glaube, dein Weg gefällt mir besser.«

Max nickte. »Ja, wenn ich nicht nach Redfern gegangen wäre, wäre ich dir nie in Vater Teds Kirche begegnet, und du bist in meinem Leben ein wirklich wichtiger Mensch. Ich hab' nie zuvor eine amerikanische Frau gekannt. Wenn du dich nicht tot denkst, dann bist du ganz von Erde erfüllt. Ja«, sagte er, »du bist wirklich weit weg und doch wirklich ganz nah. Genau wie die Sterne. Du wirst in meinem Leben sein, solange ich lebe.«

Ich war davon so gerührt, daß ich mich vorbeugte und Max umarmte. Es war mir egal, daß Lester sich gerade an den Nebentisch gesetzt hatte und kicherte und über unsere Umarmung den Kopf schüttelte. Und es kümmerte mich auch nicht, daß Max, der Lesters anzüglichen Blick bemerkte, sich aus meiner Umarmung löste und sich an seinen Landsmann wandte. »Wie geht's denn, Kumpel?« sagte er. Worauf Lester erwiderte: »Nicht schlecht, Mann.«

Während die Männer über Männerthemen redeten, ging ich zum Tresen, um mit Dorothy zu plaudern. Ich hoffte, mehr über Medicine Tom zu erfahren. Statt dessen sagte sie ganz sachlich: »Wie ich sehe, hast du Weiße mit hierher gebracht.«

»Ich habe *wen* mit hierher gebracht?« Ich dachte, ich hätte sie mißverstanden.

Dorothy schnitt eine dunkle Stelle aus einer der Orangen. Sie nahm die Schale und rieb damit eine Stelle an ihrem Arm ein, an der sie sich mit Fett verbrannt hatte. »Ein Mann und eine Frau sind dir hierher gefolgt«, sagte sie.

»Nein, wir sind allein gekommen«, korrigierte ich sie.

Aber einen Augenblick später wurde mir bewußt, daß Dorothy etwas anderes gemeint haben könnte. Wieder sträubte sich mir das Haar. »Willst du mir damit sagen, du hättest weiße *Geister* gesehen?« flüsterte ich. Dabei war mein Blick auf die Schokoriegel auf dem Tresen gerichtet. Ich verhielt mich, als ob Cadbury-Schokolade mein Prüfstein für Wirklichkeit sei.

»Richtig. Ein wirklich großer Mann und eine sehr kleine Frau – sie beide waren wirklich, wirklich weiß«, sagte Dorothy undramatisch.

Ich atmete tief ein und roch dabei den Duft des Bratenfetts von Würstchen – als ob das den Augenblick normal machen würde. Ob das John und Old Ma gewesen waren? Wie hatten sie ausgesehen? Warum hatte ich sie nicht gesehen? Hatten sie versucht, meine Aufmerksamkeit zu wecken? Trugen sie *Straßenkleidung*? War dies eine Botschaft? Wäre ich ohnmächtig geworden, wenn ich sie gesehen hätte? Seitdem ich mit Bampu an seinem Bett gesprochen hatte, spürte ich sie ganz nahe.

Ich schaute mich vorsichtig um. »Dorothy«, ich zögerte, »sind sie noch hier?«

Sie blickte sich flüchtig im Laden um. »Ich sehe jetzt niemand.«

Ich wußte nicht, ob ich darüber erfreut war oder nicht. Das war wieder neues Terrain für mich. Aus unerfindlichem Grunde dachte ich an Topper. Ich war ungläubig, verängstigt und von Freude erfüllt, und alles dies gleichzeitig. Wußten sie, daß ich jeden Tag an sie dachte? Hatte ich die Chance vertan, ihnen dies zu sagen?

Ich reagierte wahrscheinlich unangemessen, aber ich fragte dennoch: »Dorothy, warum können Aborigines Geister sehen und Weiße nicht?«

Dorothy wandte kurz ihren Blick von den Orangen ab. Sie sah mich mit Augen an, die grenzenloses Wissen über die Geisterwelt zu reflektieren schienen. »Aborigines sehen mit Augen hinter ihren Augen«, sagte sie.

Ich wollte nicht impertinent sein, aber ich mußte mehr wissen. »Kann ich lernen, wie man das macht?«

Ihre Antwort erfolgte augenblicklich. »Schau einfach.«

Da hatte ich meine Antwort und einen Verweis für meine hartnäckige Weigerung, das zu sehen, was bereits da war.

»Und wie schaue ich einfach?«

»Von unten nach oben«, sagte Dorothy. »Von innen nach außen.«

Auf dem Rückweg, eine Fleischpastete für Katie in der Hand, fragte Max, ob wir einen Umweg nehmen könnten, zum Fluß hinunter, zu der Stelle, wo einst die Hütte seiner Familie gestanden hatte. Wir gingen fast das ganze Stück des Weges wortlos. Ich übte mich im »Gedankengehen« der Aborigines, und Max schien das gleiche zu tun. Doch als wir einen niedrigen, von Büschen bewachsenen Hang hinuntergingen, der mit Ameisenhügeln und schwarzen, kräftigen Wurzeln übersät war, schoß eine Echse unter einem Grasbaum hervor. Ich stolperte fast. Da ich glaubte, es sei eine Giftschlange, schrie ich auf.

»Ach, Goanna«, sagte Max und klappte sein Taschenmesser zu. Er packte blitzschnell die zwanzig Zentimeter lange Echse und hob sie hoch. Für einen kurzen Augenblick überlegte ich, ob dies unser Abendessen werden würde.

»Beißt die?« fragte ich, während ich von dem geschuppten Reptil zurückwich.

»Wirklich nette Tiere«, sagte Max, streichelte die Echse und hielt sie mir hin, damit ich das auch machte.

Ich war nie eine naturverbundene Frau gewesen. »Nett«, sagte ich, meine Arme an meinen Körper geklemmt.

»Ja, er ist dir über den Weg gelaufen, weil er dich sehen wollte.« Er lächelte und streichelte den zufriedenen Goanna weiter.

Um Max' willen zwang ich mich dazu, zögerlich mit zwei Fingern über den Rücken des Viechs zu streichen. Es fühlte sich genauso an wie die Krokodillederhandtasche meiner Mutter, mit der mein Bruder mich ums Haus zu jagen pflegte, als ich noch klein war. »Ich wäre fast auf dich getreten, kleiner Kerl«, sagte ich. Ich hatte Angst, Warzen zu bekommen.

»Er mag dich«, kicherte Max. Er war von der Echse völlig hingerissen.

»He«, sagte ich, »warum nehmen wir ihn nicht mit für Chris?«

»Wozu?«

»Als Haustier.«

»Er gehört hierher«, sagte Max tadelnd. Er setzte das Tier behutsam ab, und die Echse huschte zurück unter den Busch und verschwand in einem Loch.

Und in diesem Augenblick waren plötzlich die Worte wieder da, die Dwango durch mich in unserem Keller in Manly gesprochen hatte: »Wenn die Echse erscheint, wirst du wissen, daß du auf dem richtigen Wege bist. Bleibe dicht am Boden und folge der Quelle. Öffne dich der Erde und schau in den Himmel.«

»Max«, sagte ich, während wir unseren Weg fortsetzten, »wie öffne ich mich der Erde?«

In Max' Gesicht trat ein Ausdruck, den ich nie zuvor gesehen hatte. Es war ein Ausdruck, mit dem vielleicht ein Lehrer einen Schüler ansah, der etwas nicht ganz begriffen hatte, aber das unbedingt wollte. »Du machst eine lange Reise tief in dich selbst. Respektiere auf dieser Reise alles, was um dich ist. Die Erde, die Bäume, Felsen, Blumen, Goannas, Schlangen, kleine Kinder, alte, kranke, sterbende Menschen. Höre ihnen zu. Sie singen Lieder. Und sie warten darauf, daß du mit ihnen singst.«

Alles, was Max sagte, war so einfach und so leicht und so richtig, aber ich begriff das Konzept noch nicht. »Wie hört eine weiße Frau sie?«

»Genauso, wie Aborigines sie hören«, sagte Max. »Mit Ohren hinter den Ohren.«

»Woher weiß man, wann man sie gehört hat?«

»Wenn du dich leichter bei deinem Schritt fühlst. Dann ist dein Herz wirklich groß. Lachen und Weinen ist leicht. Und Lebewohl sagen ist leicht.«

Ein Schreck durchfuhr mich. »Lebewohl sagen? Das kann leicht sein?«

»Wenn du dich frei in dir selbst fühlst.«

»Du bist in dir selbst frei, Max«, sagte ich. »Das sehe ich in allem, was du tust.«

»Ich denke nicht an das, was gestern geschehen ist«, sagte Max und langte nach einem Blatt des *Cunjevoi*-Baumes, das den Schmerz in Amas Gelenken lindern würde.

»Weißt du, Max, zum ersten Mal in meinem Leben bin ich tatsächlich glücklich darüber, daß ich so bin wie ich bin.«

»Das ist wirklich schön«, sagte Max, »denn wenn du du selbst bist, dann lebst du am intensivsten.«

»Max«, sagte ich, »ich möchte jeden Tag im Sonnenschein spazierengehen. Selbst wenn ich wieder in Connecticut bin und es in Strömen gießt oder ein Schneesturm tobt, werde ich hinausgehen und laufen. Ich will dahin zurückgehen, wo ich aufgewachsen bin, und einen Stein aus unserem Garten holen.«

»Das hast du beim letzten Mal gesagt, als ich dich hierher brachte«, sagte Max. Er überraschte mich damit, daß er sich daran erinnerte. »Ich erinnere mich an alles, was du zu mir gesagt hast. Es ist alles hier in meinem Herzen. Ja, dadurch, daß du bei mir bist, hast du mein Herz größer gemacht.«

Als ich Max diese Worte sagen hörte, spürte ich, daß mein Herz sich in nie gekanntem Maße weitete. »Max«, sagte ich und schaute ihm tief in die Augen, »ich habe plötzlich das Gefühl, daß kein Raum zwischen uns ist.«

»Ach«, sagte Max und schlang seinen Arm um meine Schulter auf eine Art, die nichts Physisches an sich hatte, »jetzt sprichst du wie ein Aborigine.«

»Ich habe das Gefühl, als hätte ich viel über Aborigines gelernt.«

»Ja?« Max kicherte, als wir Arm in Arm zum Fluß hinuntergingen. »Es ist schön, daß du das fühlst.«

Als wir unseren Bestimmungsort erreicht hatten, holte Max den vergrabenen Stein von dem Platz, an dem einst die Hütte seiner Familie gestanden hatte. Dann gingen wir das kurze Stück hinüber zu dem heiligen Wasserloch. Max warf den Stein in aller Förmlichkeit mitten in die Quelle. Während die kleinen Wellen sich ringförmig zum Rande des Wasserloches ausbreiteten, fielen Tausende von Tränen graziös herunter, schufen einen glühenden Halo über der Stelle, an welcher der Stein ins Wasser gefallen war.

Als er sein Ritual beendet hatte, fragte er mich, ob ich schwimmen wolle. Ich sagte ihm, daß ich das gerne täte. Natürlich. Er sagte, daß er unter »seinem« Baum auf mich warten würde, der etwas entfernt stand. So wie er es beim ersten Mal getan hatte, als er mich hierher gebracht hatte.

»Laß dir soviel Zeit wie du brauchst«, sagte er mit einem Ausdruck erleuchteter Ruhe, die man von einem buddhistischen Mönch erwartet. »Ich werde vielleicht ein bißchen dösen.«

Ich zog meine Kleidung aus und tauchte in die klare, kühle, blaue Quelle. In dem Augenblick, als das reine Wasser mich umfing, wußte ich, daß ich Teil von Max' Ritual war. Ich *verstand* die Aborigines-Worte, die er gesungen hatte, nachdem er den Stein geworfen hatte. Die Worte waren aus den Tiefen des Wassers emporgesprudelt. »Es ist an der Zeit, zu deinem Platz zurückzukehren«, hörte ich mit Ohren hinter meinen Ohren.

Und ich wußte, daß genauso wie der Baum, unter dem Max jetzt döste, und das Wasserloch, in dem ich schwamm, durch etwas weit Größeres miteinander vereint waren, Max' Seele und meine Seele miteinander verbunden waren und wir immer »aufeinander aufpassen würden«.

13. Kapitel

Am späten Nachmittag wurden die Erwachsenen zu dem Platz für das langerwartete Basketballendspiel gerufen. Ama und Fran waren als erste da. Ihnen folgten Dorothy, Pat, Lou, Roland, Greg und eine Gruppe von Menschen, die ich zum ersten Mal sah. Ama war fröhlicher, als ich sie je zuvor erlebt hatte. Dafür gab es einen Grund. Es schien, als habe das Cunjevoiblatt auf Amas arthritische Gelenke gewirkt. Was sie anbelangte, konnten Medicine Tom und sein Lastwagen in Brewarrina verrotten. Ama vermutete offensichtlich, was jeder in der Stadt vermutete. Fran hingegen schien die übliche Panne mit dem Lastwagen zu glauben. »Er wird traurig sein, weil er dieses Spiel verpaßt«, sagte sie und schüttelte voller Mitleid den Kopf über das Pech, das ihr armer Ehemann hatte. Natürlich kam mir auch der Gedanke, daß Fran wie viele andere Frauen, deren Männer Affären haben, einfach froh war, ihn für eine Weile los zu sein.

Aborigines-Kinder waren wie amerikanische Kinder. Sie spielten viel besser vor einer jubelnden Menge, und so gab uns Chris, der junge Impresario, die Anweisung, laut und lange zu jubeln. Nachdem er sicher war, daß wir begriffen hatten, was wir rufen sollten, teilte er das Publikum in Heimmannschaft und Gäste ein. Das war eine Szene für sich. Niemand konnte sich entscheiden, auf welcher Seite er sein wollte – niemand außer Ama. Sie blieb einfach da, wo sie ihren Stuhl hingestellt hatte: unter dem einzigen schattenspendenden Baum. Schließlich wurden wir gleichmäßig auf die gegenüberliegenden Seiten des Feldes verteilt, und Chris begann damit, die Startaufstellung bekanntzugeben. Augenblicke später schossen die winzigen New York Nicks und Phoenix Sundra aus dem hohen Gebüsch und auf das roterdige Spielfeld. Ian führte die Bande an. Er trug Chris' Michael Jordan Shorts. Margaret schwamm in einem Orlando Magic T-Shirt. Der kleine Henry rannte in Chris' Pumps-Basketballschuhen herum. Fred trug die Knicks Baseballmütze meines Sohnes. Dem Aussehen der Bande nach zu urteilen, hatte Chris kein einziges Kleidungsstück in seinem Rucksack gelassen.

Henry und Squeaky waren die Trainer, die zugleich als Schiedsrichter fungierten. Henry hatte kühn THE KNICKS auf seine nackte Brust und seinen Nacken gemalt. Squeaky hatte das gleiche mit THE SUNS getan. Jeder hatte eine Rohrpfeife. Keiner der beiden hatte Angst davor, sie zu benutzen. Ich wußte kaum etwas über die offiziellen Basketballregeln, aber ich wußte, daß keinesfalls beide Parteien über dasselbe jubeln. Tatsächlich war dies das Zauberhafteste und Vielsagendste bei diesem Aborigines-Spiel: Niemand wollte Partei ergreifen. Jedesmal, wenn ein Kind einen Korb verfehlte, senkten beide Seiten betrübt ihre Köpfe und murmelten: »Ach, daneben.« Und wenn immer eines der Kinder einen Korb machte, sprangen die Fans der

Heimmannschaft wie die der Gäste auf, die Fäuste in die Luft gehoben, rannten im Kreis herum und jubelten: »Ja! Ja! Du bist der Mann! Du bist der Mann!« Selbst Ama hob ihre arthritische Faust hoch in den Nachmittagshimmel. »Du bist der Mann!« rief sie laut und lange.

Das Spiel zog sich bis weit nach Sonnenuntergang hin. Auf dem Rückweg zu Katie's, wo wir Fleischpastete und Damper essen wollten, holte ich Chris ein. »He«, sagte ich zu meinem verschmutzten Sohn, »tolles Spiel. Du hast wirklich Superarbeit damit geleistet, daß du allen das Spiel beigebracht hast.«

»Danke, Mom«, sagte er und gab mir einen schnellen, verschwitzten Kuß. »He, hast du gesehen, was für einen tollen Weitwurf Fred gemacht hat, damit das Spiel unentschieden endete?«

Da ich mir wegen der Regeln nicht sicher war, fragte ich: »Kann ein Basketballspiel denn unentschieden enden?«

»Nur Aborigines-Basketball«, sagte Chris, womit er diese Regel beschrieb. Dann sagte er: »Mom, werde nicht böse, aber ich hab' den Kindern gesagt, daß sie die Kleidungsstücke behalten können.«

Ich war nicht sicher, ob ich richtig gehört hatte. Chris' Basketballhose und Trikot und Mützen waren für ihn so wichtig gewesen, daß er sich geweigert hatte, sie in dem Haus in Manly zu lassen aus Angst davor, es könnte dort eingebrochen und sie könnten gestohlen werden. Und jetzt verschenkte er sie einfach? Ich mußte da etwas mißverstanden haben. »Du gibst *was* weg?«

»Bitte, sei nicht böse«, bettelte Chris. »Sie sind so glücklich mit dem Zeug.«

Nachdem ich diese Worte verinnerlicht hatte, konnte ich nicht sprechen. Es gab zu viele verschiedene Emotionen, die mich durchströmten. Ich ließ die Plastiktüte, die mit leeren Sodadosen gefüllt war, fallen, nahm Chris in meine Arme und hielt ihn ganz fest. Während ich sein junges Herz heftig an meinem pochen spürte, nahm ich eine Kraft und Freude in mich auf, die in mir den Wunsch weckten, mit noch mehr Vitalität und Begeisterung in dieses Leben einzutauchen.

»Du bist der Mann«, flüsterte ich.

»Du bist die Mom«, erwiderte er.

Während ich zusah, wie Chris weiterrannte und sich zu seinen Freunden gesellte, wußte ich, daß ich den letzten Schritt auf meiner Reise getan hatte. Meine innere Stimme sprach. Die kostbarsten Geschenke des Lebens sind die, die man in den strahlenden Gesichtern unserer Kinder sehen kann – ihre Liebe, die ganz spontan ausbricht, unterscheidet sich nicht von einem Vogel, der singt, einer Blume, die blüht, und dem Wind, der weht. Ich darf nie vergessen, meinen Sohn freizulassen, damit er forschen kann. Und *ich* muß weiter furchtlos *meinen* eigenen Weg weitergehen.

Nach der Fleischpastete und dem Damper saßen wir um Katies Lagerfeuer, und das übliche Singen und Geschichtenerzählen begann. Während ich in Gedanken eine Liste von all dem machte, was für unsere Abreise am frühen Morgen zurück nach Dubbo nötig war, erzählte Katie etwas aus der Traumzeit. Es ging um das Krokodil und die Eule, die darüber stritten, wer der bessere Jäger sei. Katie benutzte so viele Aborigines-Worte, daß ich nur den tiefen Sinn, der dahintersteckte, verstand und das Ende der Geschichte, wonach man noch immer am Grunde des Flusses Eulenspuren sehen kann und manchmal in einem Akazienbaum Krokodilzähne findet.

Ich war tief in Gedanken darüber versunken, wie ich die Emublutflecken aus dem Kofferraum entfernen sollte, bevor wir den Mietwagen zurückgaben, als Roland rief: »Liza, mach deine Bette Davis für uns!«

»Ja, das ist wirklich gut«, hörte ich Dorothy sagen. Sie meinte damit zweifellos das letzte Mal, als ich diesen verrückten Sketch aufgeführt hatte. Obwohl mir nicht danach war, herumzualbern, wollte ich mich mit meinen Freunden teilen – Freunden, das wurde mir bewußt, die ich vielleicht niemals wiedersehen würde. Ich nahm Rolands Zigarette und war kurz davor, Bette Davis zu werden, als ich meine Meinung änderte. Ich reichte Roland seine Zigarette zurück und sagte, ohne auch nur einen Augenblick weiter nachzudenken oder zu proben, was ich wirklich in meinem Herzen hatte.

»Ich möchte euch eine meiner ganz persönlichen Geschichten erzählen«, begann ich. Ich hatte nicht die geringste Ahnung, wohin mich das führen würde. »Es geht um eine Frau, die mit ihrem jungen Sohn um die halbe Welt gereist ist, um ganz besondere Menschen tief im Outback zu besuchen. Doch bei ihrer Ankunft fürchteten sie und ihr Sohn sich so sehr vor den Menschen, die sie zum erstenmal sahen, daß sie nicht einmal aus dem Auto steigen wollten. Und gerade jetzt ängstigt sie der Gedanke daran, ins Auto zu steigen und abzureisen, sehr. Jede Person, die diese Frau auf ihrer Reise getroffen hat, hat ihren Schritt leichter und ihr Herz größer gemacht und sie gelehrt, daß im Sonnenschein mit den Menschen zu laufen, die man liebt, das einzige ist, was im Leben wichtig ist. Sie hatte eine Reise in ein fernes Land ohne ihren Mann gemacht, um zu ihm zurückzukehren und mit ihm zu reisen, frei von Ballast, frei von einer beengten Betrachtungsweise der Welt, frei, um all ihre Leidenschaften erblühen zu lassen.

Sie lernte von diesen Menschen, wie man lacht, liebt, teilt, lebt – und stirbt. Sie lernte, daß man, wenn man achtet, was um einen ist – jeden und alles –, einen inneren Respekt und eine Lebenskraft gewinnt, die einem erlauben, sich mit allem zu verbinden, was um einen ist. Sie traf Kinder. Alte Menschen. Kranke Menschen. Sterbende Menschen. Alle waren Lichtengel. Während sie in diesem wunderschönen Dorf mit der roten Erde war, wurde das Unbekannte Bekanntes. Das Leben danach wurde zum Leben jetzt. Mein Freund Randy, der jetzt in Amerika ist, der krank ist und stirbt, ist jetzt lebendiger in meinem Herzen denn je. Gestern abend habe ich ihn aus dem Oasis angerufen, um ihm zu sagen, daß ich in einer Woche daheim sein werde, und er bat mich, euch allen zu sagen, daß er die Liebe spürt, die ihr geschickt habt.«

Ein Chor von »Ahhhhhhhhhhhhh« erfüllte die milde Nachtluft.

Ich fuhr fort: »Dank jeder Person hier weiß ich, wie man besser hört und klarer sieht. Jede Seele, auf die ich schaue, ist ein kostbares Juwel in meinem Herzen, das bei mir leuchten wird, solange ich gehe.« Und mit diesen Worten setzte ich mich wieder.

Das einzige Geräusch war das Knistern des Feuers.

Dann hörte ich Max etwas zu Lou murmeln, die aufstand und fortging, um etwas zu holen.

»Max«, sagte ich und blickte im flackernden Licht auf sein Profil, »während meines ganzen Aufenthaltes habe ich dich immer wieder gebeten, mich zu jemand zu führen, der Randy helfen könnte.«

»Das ist richtig«, sagte Max, seinen Blick auf die Flammen gerichtet.

»Und jetzt weiß ich, daß du das getan hast.«

»Ach, ja?« Max wandte mir sein Gesicht zu. In seinen tiefblauen Augen spiegelten sich keine Geheimnisse mehr wider.

»Max, du hast mich zu mir selbst geführt.«

Max lächelte, und Greg ergriff sein Didgeridoo, um zu spielen. Dann weiß ich nur, daß Lou von da zurückkam, wo immer sie gewesen sein mochte, und neben mir stand. »Dies ist für dich«, sagte sie und überreichte mir ein Emuei mit kunstvollen Schnitzereien.

Wortlos nahm ich das Geschenk an. Ich hielt das zerbrechliche Stück mit beiden Händen, während Max mir die Geschichte erzählte, die damit verbunden war. Sechs Monate vor meiner Ankunft war Lou eines Morgens sehr früh erwacht und war tief in das Gestrüpp gegangen, wo sie zu dem Ei geführt worden war. Sie hatte es aufgehoben und, auf einem Felsen sitzend, damit begonnen, in das Ei das Gesicht eines Geisterdoktors zu schnitzen, der viele, viele Jahre zuvor gelebt hatte. Als es fertig war, drehte sie das Ei, so daß das geschnitzte Bild auf dem Kopf stand, und fuhr fort, geleitet von dem Geist, zu schnitzen. Es war das Gesicht einer Frau mit Gesichtszügen, die sich völlig von denen von jedem, den sie kannte, unterschieden. Im richtigen Augenblick, so erzählte der Geist ihr, würde sie das Ei der Person überreichen, deren Gesicht sie geschnitzt hatte.

»Komm damit ins Licht«, sagte Max und führte mich an das Feuer.

Als ich das Ei nahe an die Flammen hielt, bestand kein Zweifel daran, welches Gesicht Lou geschnitzt hatte. Es war Dwango. Ich hatte ihn in dem Haus in Manly gesehen und dann wieder an dem heiligen Wasserloch.

Lou kam zu mir herüber und drehte das Ei so, daß Dwangos Gesicht auf dem Kopf stand. »Schau«, sagte sie, »es ist dein Gesicht. Du bist die blonde Buschprinzessin.«

Mein Bild war auf Anhieb deutlich. Ich schaute mich rings um das Lagerfeuer um. Alle schauten mich umgekehrt an, gerade so, als ob Lous Erklärung mich plötzlich zu etwas Besonderem gemacht hätte. Ich fühlte mich ein bißchen verlegen, als ich fragte: »Wann wußtest du, daß du mir dies geben solltest?«

»An dem ersten Abend, als dein Auto ins Dorf fuhr«, erwiderte Lou.

Alle nickten zustimmend. »Das wußtet ihr schon da?«

»Das ist richtig. Aber wir mußten warten, bevor wir es dir gaben.«

»Warten?«

»Als du damals herkamst, hast du uns angeschaut, aber du hast uns nicht gesehen«, sagte Dorothy.

»Ich wußte nicht, wie ich das machen sollte«, sagte ich.

»Wir mußten warten, bis du Dinge gelernt hattest, die du lernen mußtest«, sagte Max. »Man kann einfach nicht jemand etwas geben, bevor er dazu bereit ist, es zu besitzen.«

Diese Worte lösten Tränen bei mir aus, die Gelächter auslösten, was Tanz auslöste. Und während Roland die Gitarre schlug und Henry und Squeaky sangen, tanzten Max und ich. Wir tanzten auf der roten Erde unter dem sternübersäten Himmel. Ich fühlte mich der Erde und dem Himmel näher denn je. »Max«, sagte ich, »meine Seele hat Wurzeln und Schwingen.«

»Jetzt bist du eine Aborigine«, flüsterte Max, Augenblicke bevor er spürte, daß ihm jemand auf den Arm klopfte. »Margaret will auch tanzen.«

Und in dieser Nacht tanzte ich mit jedem. Selbst Ama machte einen munteren Zweischritthüpfer um das Lagerfeuer. Am überraschendsten aber war zu sehen, wie Chris und Margaret sich bei einem Aborigines-Volkslied aneinander schmiegten.

Chris sagte später: »Es war nur ein Tanz.«

14. Kapitel

Um fünf Uhr am nächsten Morgen läutete Max' innerer Wecker. »Zeit zum Aufstehen.« Er schüttelte meinen Arm und riß mich aus einem tiefen Schlaf.

Für einen kurzen Moment war ich durch den Weckruf völlig verwirrt. »Wie? Was?«

»Du sagtest mir, ich soll dich um fünf wecken«, sagte Max. Seine Hand hielt noch immer meinen Arm umfaßt.

Langsam gewöhnten sich meine Augen an die Dunkelheit. Max war bereits angezogen, trug sein Westernhemd, sein rotes Halstuch und den Buschhut. »Hast du darin geschlafen?« fragte ich.

»Ich habe mich gerade geduscht«, sagte Max munter. Er wollte schnellstens auf die Straße.

Ich schaute neben mich. Chris lag zusammengekuschelt seelenruhig in seinem Schlafsack. Unser Lagerfeuer war zu einem Haufen schwarzer Asche heruntergebrannt. »Es ist noch dunkel«, murrte ich.

»In etwa zwanzig Minuten wird es hell«, sagte Max. Er schaute zum Himmel, als wolle er nachsehen, wie spät es genau sei. »Ich koch' uns eine Tasse Kaffee, und dann sollten wir besser aufbrechen.«

Ich ertastete mir den Weg aus meinem mit Reißverschluß verschlossenen Schlafsack und stolperte zu dem verlassenen Haus hinüber, um schnell zu duschen. Endlich wach, kehrte ich zum Lagerfeuer zurück, weckte Chris und sagte ihm, er solle sein Kissen nehmen und in den Wagen steigen. Wir würden in Bourke halten, um dort zu frühstücken.

»Aber ich will mich noch von meinen Freunden verabschieden« sagte Chris noch halb schlafend.

Ich blickte die Straße hinauf und hinunter. »In keinem der Häuser brennt auch nur ein einziges Licht«, sagte ich. »Du wirst ihnen schreiben müssen, wenn wir wieder daheim sind.«

»Können wir nicht einfach noch einen Tag länger bleiben?« bettelte er, während er sich tiefer in seinen Schlafsack kuschelte.

Der Gedanke war sehr verlockend. Hätten wir nicht bereits am Tage zuvor unsere Reservierung für den Zug geändert und ich dem Mietwagenverleih nicht gesagt, daß wir gegen Mittag dort eintreffen würden, hätte ich vielleicht nachgegeben und wäre geblieben.

Als wir endlich am Wagen waren, zählten Max und ich zum letzten Mal unser Gepäck. »Haben wir genug Wasserflaschen?« fragte ich.

»Drei Flaschen werden für uns reichen.« Er klemmte sie zwischen zwei Reisetaschen.

»Reifen okay?« fragte ich meinen Copiloten.

»Greg und ich haben sie gestern überprüft. Henry hat den Ölstand gemessen.«

»Tja, ich denke, dann fahren wir los«, sagte ich. Meine Hand war an der Fahrertür. Irgendwie hoffte ich, daß der Wagen nicht anspringen würde.

In diesem Moment schrie Chris: »Da kommen sie!«

Ich blickte die Straße hinunter und sah praktisch eine Menschenparade näherkommen. Ich blickte die Straße hinauf. Dort waren weitere Menschen. Alle Häuser waren erleuchtet, und Türen öffneten und schlossen sich, als ob es drei Uhr nachmittags sei. Da waren Roland, Greg, Pat, Fran, Lou, Dorothy und die ganze Kinderbande. Selbst das schlafende Baby Matthew kam auf Margarets Hüfte. Aus der Ferne humpelte Ama auf uns zu, auf einen langen Stab gestützt. Henry war an ihrer Seite, und Squeaky war an seiner Seite. Unter Squeakys Arm war etwas geklemmt, das wie ein Buch aussah. Bei näherem Hinschauen sah ich, daß es Computerpapier war. Und bei noch genauerer Inspektion sah ich, daß darauf etwas geschrieben war. Als sich schließlich alle um den Wagen versammelt hatten, reichte Squeaky jeder Person ein Blatt von dem Papier.

Dann begann der bittersüße Schmerz des Abschiednehmens. Katie sagte uns, wir sollten daran denken, daß man, wenn man Johnnykuchen backt, sie nur einmal auf jeder Seite wenden darf, nicht öfter. Fran sagte, sie würde dafür sorgen, daß Tom mehr Allergiemedizin schicken würde, sobald sein Lastwagen repariert wäre. Ian, der den Basketball umklammerte, den Chris ihm dagelassen hatte, sagte: »Sag Michael Jordan, er soll nach Enngonia kommen, wenn er je in Australien ist!« Roland sagte: »Das gilt auch für Paul Newman!« Greg sagte, er werde ein Bild für uns malen und wir würden es bekommen, wenn es fertig wäre. Ama sagte nichts, sondern winkte nur. Sie trug das Surferarmband, das Chris ihr geschenkt hatte. Margaret trug Chris' Knicks-Mütze, den Schirm nach hinten gedreht. Lila flüsterte mir zu, daß Margaret sich in den Schlaf weine. Chris, der das hörte, ging zu Margaret hinüber und sagte zu ihr: »He, laß uns einander schreiben und uns gegenseitig erzählen, was wir machen, und vielleicht komme ich irgendwann, wenn ich erwachsen bin, wieder nach Enngonia zurück, und dann bleiben wir vielleicht zusammen.« Margaret strahlte.

Als ich diese sanften Menschen zum letzten Mal umarmte, war ich von Tränen überwältigt. »Wann werde ich euch wiedersehen?« fragte ich kläglich.

Für einen Augenblick sprach niemand. Dann blickte Henry auf und sagte: »Wenn du den Emu am Himmel siehst.«

Und damit stiegen Max, Chris und ich ins Auto. Ich ließ den Motor an. Und als wir die rote, unbefestigte Straße hinunterfahren wollten, sang ein Chor vertrauter Stimmen laut »America, the Beautiful«.

Ein großer Abenteuerroman über eine stürmische Liebesgeschichte zur Zeit der Napoleonischen Kriege.

Auf der Suche nach ihrem unbekannten Vater reist die selbstbewußte Regal Hayes von Boston nach London. Auf einer Abendgesellschaft begegnet sie dort dem dänischen Kapitän Jorge Jorgensen. Er platzt unangemeldet herein und zieht durch seine mächtige Statur und seinen überwältigenden Charme sofort alle Aufmerksamkeit auf sich. Doch Jorgensen interessiert sich nur für Regal, und eine stürmische Liebesgeschichte beginnt.
Der ruhelose Seefahrer bestimmt fortan das Leben der schönen jungen Frau. Für Jorgensen wird Regal zur Spionin in seinem Kampf gegen Englands Flotte, und damit ist plötzlich nicht nur ihr Seelenheil, sondern auch ihr Leben in Gefahr ...

ISBN 3-404-14293-4

BASTEI LÜBBE

Queenie Hanlon, einundzwanzig Jahre alt und einzige Tochter auf Tingulla Station, einer einträglichen Farm im australischen Outback, zählt zu den Privilegierten. Sie ist schön, intelligent, die Eltern lesen ihr jeden Wunsch von den Augen ab, und der attraktive TR Hamilton ist für sie Freund, Beschützer und Geliebter in einem.
Doch dann kommt der Tag, an dem Queenie Hanlons Welt zerbricht. Eine Reihe von Schicksalsschlägen raubt ihr alles, was sie liebt – bis auf Tingulla Station, ihre Heimat. Aus dem verwöhnten Mädchen wird eine Frau, die mit Mut und Entschlossenheit kämpft: gegen Lüge, Verrat und die bösen Geister, die nach dem Glauben der Aborigines jetzt über Tingulla herrschen ...

ISBN 3-404-12857-5

BASTEI LÜBBE